SMÅ MOTORER

reparationshandbok

Martynn Randall

**Haynes handbok för underhåll, felsökning och reparationer av de flesta
småmotorer upp till och med 5,5 hk**

Haynes Group Limited
Haynes North America, Inc

www.haynes.com

Tack till

Vi vill tacka Rochford Garden Machinery Ltd. i Wincanton, Somerset, och Loxton Garden Machinery Ltd.
i Barrington, Somerset, för deras ovärderliga hjälp. Tack också till Briggs & Stratton UK Ltd (www.briggsandstratton.com) och till Tecumseh UK (www.tecumsehuk.co.uk) för att de har hjälpt oss med teknisk information.

Den här boken är inte någon direkt återgivning av någon motortillverkares data, och läsaren kan inte anta att den har fått tekniskt godkännande av tillverkare eller importörer av motorerna.

En bok i Haynes serie Gör-det-själv handböcker

ISBN 978 1 78521 491 2

Alla ansträngningar har gjorts för att informationen i denna handbok skall vara korrekt. Författaren och förlaget tar dock inte på sig något ansvar för förluster, materiella skador eller personskador orsakade av eventuellt felaktig eller bristfällig information i boken.

(SV4274-240/4250)

Ansvarsfriskrivning

Det finns risker i samband med fordonsreparationer. Förmågan att utföra reparationer beror på individuell skicklighet, erfarenhet och lämpliga verktyg. Enskilda personer bör handla med vederbörlig omsorg samt inse och ta på sig risken som utförandet av bilreparationer medför.

Syftet med den här handboken är att tillhandahålla omfattande, användbar och lättillgänglig information om fordonsreparationer för att hjälpa dig få ut mesta möjliga av ditt fordon. Den här handboken kan dock inte ersätta en professionell certifierad tekniker eller mekaniker. Det finns risker i samband med fordonsreparationer.

Den här reparationshandboken är framtagen av en tredje part och är inte kopplad till någon enskild fordonstillverkare. Om det finns några tveksamheter eller avvikelser mellan den här handboken och ägarhandboken eller fabriksservicehandboken, se fabriksservicehandboken eller ta hjälp av en professionell certifierad tekniker eller mekaniker.

Även om vi har utarbetat denna handbok med stor omsorg och alla ansträngningar har gjorts för att se till att informationen i denna handbok är korrekt, kan varken utgivaren eller författaren ta ansvar för förlust, materiella skador eller personskador som orsakats av eventuell felaktig eller utelämnad information.

Inledning

Inledning

Det ligger bokstavligen hundratusentals småmotorer i garage och förråd runt om i landet idag. De är monterade i gräsklippare, jordfräsar, generatorer, luftkompressorer, pumpar, mini-bikes, go-karts och diverse andra bruksmaskiner och hobbyfordon...och många av dem är väldigt eftersatta – – i behov av någon typ av underhåll eller reparationer (ofta både och). Med tanke på att dessa motorer måste arbeta under ganska svåra förhållanden (damm, värme, överbelastning och i många fall utan ordentlig smörjning), måste man ge en eloge till dem som designar, och även till dem som tillverkar motorerna, för att de fungerar så bra och så länge som de ändå gör! Det finns dock inte längre någon anledning att försumma småmotorerna i din ägo, nu när Haynes – världsledande utgivare av verkstadshandböcker – har publicerat den här reparationshandboken, som täcker de populäraste och mest använda småmotorerna från de ledande tillverkarna. Dess välbeprövade utformning, med enkla tillvägagångssätt för felsökning, underhåll och reparationer, generöst illustrerade med fotografier tagna i vår egen verkstad, har förfinats under årens lopp i våra gör-det-själv handböcker för bilar och motorcyklar.

Syftet med den här boken är att hjälpa dig att underhålla och reparera små bensinmotorer. Den kan göra det på många sätt. Boken kan hjälpa dig att fastställa vad som måste göras, även om du väljer att lämna in motorn på en verkstad, den ger information om service och rutinunderhåll och den visar hur man kan gå tillväga för att diagnostisera och reparera fel när problem uppstår.

Förhoppningen är att du ska använda boken till att ta dig an arbetet på egen hand. När det gäller många jobb går det fortare att göra det själv, än att boka in motorn på en verkstad och sedan åka dit två gånger för att lämna och hämta den. Men ännu viktigare är förstås att mycket pengar kan sparas, genom att man undviker de kostnader för arbetskraft och fasta utgifter som verkstaden tar betalt för. En bonus är känslan av tillfredsställelse och fullbordande efter det att du har utfört jobbet själv. Vi hoppas också att arbetet med småmotorer ska ge dig den erfarenhet och det självförtroende du behöver för att sedan försöka dig på enklare underhåll och reparationer av motorcyklar, bilar eller lastbilar. När du gör det, kan Haynes förse dig med så gott som all serviceinformation du behöver.

Hur den här boken ska användas

Boken är indelad i kapitel, som i sin tur är är indelade i tydligt definierade avsnitt, många uppdelade i numrerade stycken (ofta kallade "steg" eftersom de i normala fall är en del av en underhålls- eller reparationsåtgärd). Om texten snarare är informativ, än ett moment som beskrivs steg för steg, är styckena inte numrerade.

De fem första kapitlen innehåller information som gäller alla motorer, oavsett tillverkare. Övriga kapitel behandlar material som är specifikt för de olika märkena. Eftersom arbete med småmotorer ofta är det första tillfället då många kommer i kontakt med praktisk maskinlära, har vi inkluderat omfattande information om verktygsval och -användning, säkerhet och allmän verkstadspraxis. *Kom ihåg att läsa igenom dessa kapitel noggrant innan arbetet påbörjas.*

Uttrycket "se bild" används i texten för att indikera att ett foto eller annan illustration har satts in för att göra informationen mer lättförståelig (den gamla klyschan "en bild säger mer än tusen ord" är särskilt träffande när det gäller praktiska gör-det-själv åtgärder). Vi har också försökt

att i största möjliga mån placera bilderna nära den text de illustrerar, för att minimera risken för förvirring.

Uttrycken "Observera", "Försiktighet" och "Varning" används i texten av en särskilt anledning – att dra till sig läsarens uppmärksamhet. Ett "Observera" ger helt enkelt information som krävs för att ett moment ska kunna utföras korrekt eller som gör arbetsuppgiften enklare att förstå. "Försiktighet" gäller en särskild procedur som måste utföras i samband med ett arbetsmoment. Om man inte uppmärksammar den här informationen kan resultatet bli skador på den del som repareras eller på verktyg som används. En "Varning" används när personskador kan bli följden om man inte noggrant följer särskilda instruktioner.

Vi har gjort allt i vår makt för att informationen i den här boken ska vara korrekt, men varken utgivaren eller författaren tar på sig något ansvar för personskador, materiella skador eller andra förluster som är ett resultat av felaktig eller otillräcklig information i boken.

0•4

Motorer som behandlas

Informationen i den här reparationshandboken är begränsad till encylindriga, luftkylda motorer på upp till 5,5 hästkrafter, som vanligtvis används för att driva gräsklippare, trädgårdsjordfräsar, generatorer, luftkompressorer, pumpar och andra typer av vanligen använda maskiner. Följande tillverkares motorer inkluderas.

Briggs & Stratton encylindriga fyrtaktsmotorer (sidventil och OHV)
Tecumseh encylindriga fyrtaktsmotorer (endast sidventil)
Tecumseh encylindriga tvåtaktsmotorer
Honda encylindriga fyrtaktsmotorer (OHV och OHC)

Följande är en lista över populära tillämpningar för de motorer som behandlas i den här handboken. Tänk dock på att på grund av kontinuerliga ändringar av modeller och tillgången på motorer, kan det hända att du har en maskin som inte finns i listan. Om du är tveksam, kontakta närmaste återförsäljare av trädgårdsmaskiner för att få hjälp med identifiering av motorn.

AL-CO
Motorer: E-31, E-41, E-36, E-46, E-56
Tecumseh 3,5 hk/Vantage 35

AL-CO 42/48
Motor: GJAF
Honda OHC GCV135 4,5 hk (3,3 kW)

AL-CO Euroline 4200/4700
Motor: GJAF
Honda OHC GCV135 4,5 hk (3,3 kW)

Allen 216/218
Modell/spec. nummer på motor: E-16
Tecumseh MV100S

Ariens LM serien
Motorer: 128802, 127702, 12H802, 12F802
Briggs & Stratton Quantum 55 "L Head"

Atco
Motorer: 110700, 111700, 112700, 114700
Briggs & Stratton MAX 4 hk

Atco Admiral
Motorer: 128802, 127702, 12H802, 12F802
Briggs & Stratton Quantum 55 "L Head"

Atco Club
Motor: 135232
Briggs & Stratton I/C horisontell vevaxel "L Head" 5 hk

Atco Royale
Motor: 135232
Briggs & Stratton I/C horisontell vevaxel "L Head" 5 hk

Atco Viscount
Motorer: 128802, 127702, 12H802, 12F802
Briggs & Stratton Quantum 55 "L Head"

Bearcat BC serien
Motorer: 128802, 127702, 12H802, 12F802
Briggs & Stratton Quantum 55 "L Head"

BRILL Hattrick
Motorer: 128802, 127702, 12H802, 12F802
Briggs & Stratton Quantum 55 "L Head"

Castel
Motorer: E-31, E-41, E-36, E-46, E-56
Tecumseh 3,5 hk/Vantage 35

Efco LR series
Motorer: 9D902, 10D902, 98902
Briggs & Stratton 35 Sprint/Classic 2,6 kW
Motorer: E-31, E-41, E-36, E-46, E-56
Tecumseh 3,5 hk/Vantage 35

Efco LR/MR series
Motorer: 128802, 127702, 12H802, 12F802
Briggs & Stratton Quantum 55 "L Head"

Flymo
Motorer: 110700, 111700, 112700, 114700
Briggs and Stratton MAX 4 hk

Flymo 42cm/46cm
Motorer: E-31, E-41, E-36, E-46, E-56
Tecumseh 3,5 hk/Vantage 35

Flymo L50/L38/L47/L470
Motor: E-16
Tecumseh MV100S

Harry
Motorer: E-31, E-41, E-36, E-46, E-56
Tecumseh 3,5 hk/Vantage 35

Harry 302/C48/322/C49C50/424
Motorer: 128802, 127702, 12H802, 12F802
Briggs & Stratton Quantum 55 "L Head"

Harry 313
Motorer: 9D902, 10D902, 98902
Briggs & Stratton 35 Sprint/Classic 2,6 kW

Hayter
Motor: GXV120
Honda GXV120

Hayter Harrier
Motorer: 110700, 111700, 112700, 114700
Briggs & Stratton MAX 4 hk

Hayter Harrier 2
Motorer: 110700, 111700, 112700, 114700
Briggs & Stratton MAX 4 hk

Hayter Harrier 41
Motorer: 128802, 127702, 12H802, 12F802
Briggs & Stratton Quantum 55 "L Head"

Inledning

Hayter Harrier 48
Motor: 121602
Briggs & Stratton Intek/Europa OHV

Hayter Hawk
Motorer: 110700, 111700, 112700, 114700
Briggs & Stratton MAX 4 hk

Hayter Hayterette
Motorer: 128802, 127702, 12H802, 12F802
Briggs & Stratton Quantum 55 "L Head"

Hayter Hobby
Motorer: E-31, E-41, E-36, E-46, E-56
Tecumseh 3,5 hk/Vantage 35

Hayter Hunter 48
Motorer: 110700, 111700, 112700, 114700
Briggs & Stratton MAX 4 hk

Hayter Jubilee
Motorer: 128802, 127702, 12H802, 12F802
Briggs & Stratton Quantum 55 "L Head"

Hayter Ranger
Motorer: 128802, 127702, 12H802, 12F802
Briggs & Stratton Quantum 55 "L Head"

Honda HR194
Motor: GXV120
Honda GXV120

Honda HRA214
Motor: GXV120
Honda GXV120

Honda HRB425C
Motor: GJAF
Honda OHC GCV135 4,5 hk (3,3 kW)

Honda HRG415C
Motor: GJAF
Honda OHC GCV135 4,5 hk (3,3 kW)

Honda HRG465C
Motor: GJAF
Honda OHC GCV135 4,5 hk (3,3 kW)

HondaHR214
Motor: GXV120
Honda GXV120

Husqvarna
Motorer: 110700, 111700, 112700, 114700
Briggs & Stratton MAX 4 hk

IBEA 4221/4237/4238/4204/4704/4721
Motorer: 128802, 127702, 12H802, 12F802
Briggs & Stratton Quantum 55 "L Head"

IBEA 5361
Motor: 121602
Briggs & Stratton Intek/Europa OHV

IPU 400 serien
Motor: GXV120
Honda GXV120

Kompact 90
Motorer: E-31, E-41, E-36, E-46, E-56
Tecumseh 3,5 hk/Vantage 35

Kompact 90S
Motor: 135232
Briggs & Stratton I/C horisontell vevaxel "L Head" 5 hk

Lawn-Boy 400
Motorer: 128802, 127702, 12H802, 12F802
Briggs & Stratton Quantum 55 "L Head"

Lawnflite by MTD 383
Motorer: 9D902, 10D902, 98902
Briggs & Stratton 35 Sprint/Classic 2,6 kW

Lawnflite by MTD 384
Motorer: 128802, 127702, 12H802, 12F802
Briggs & Stratton Quantum 55 "L Head"

Lawnflite by MTD 991 SP6
Motorer: 128802, 127702, 12H802, 12F802
Briggs & Stratton Quantum 55 "L Head"

Lawnflite by MTD GE40
Motorer: 9D902, 10D902, 98902
Briggs & Stratton 35 Sprint/Classic 2,6 kW

Lawnflite by MTD GES 45 C
Motorer: 128802, 127702, 12H802, 12F802
Briggs & Stratton Quantum 55 "L Head"

Lawnflite by MTD GES 53
Motorer: 128802, 127702, 12H802, 12F802
Briggs & Stratton Quantum 55 "L Head"

Lawn-King NG series
Motorer: 9D902, 10D902, 98902
Briggs & Stratton 35 Sprint/Classic 2,6 kW

Lawn-King PA/NP/T484 series
Motorer: 128802, 127702, 12H802, 12F802
Briggs & Stratton Quantum 55 "L Head"

McCulloch ML857
Motorer: 128802, 127702, 12H802, 12F802
Briggs & Stratton Quantum 55 "L Head"

Mountfield Emblem
Motorer: E-31, E-41, E-36, E-46, E-56
Tecumseh 3,5 hk/Vantage 35

Mountfield Emblem 15
Motorer: 9D902, 10D902, 98902
Briggs & Stratton 35 Sprint/Classic 2,6 kW

Mountfield Emperor
Motorer: 110700, 111700, 112700, 114700
Briggs & Stratton MAX 4 hk
Motorer: 128802, 127702, 12H802, 12F802
Briggs & Stratton Quantum 55 "L Head"

Mountfield Empress
Motorer: 110700, 111700, 112700, 114700
Briggs & Stratton MAX 4 hk
Motorer: E-31, E-41, E-36, E-46, E-56
Tecumseh 3,5 hk/Vantage 35

Mountfield Empress 16
Motorer: 128802, 127702, 12H802, 12F802
Briggs & Stratton Quantum 55 "L Head"

Mountfield Empress 18
Motorer: 128802, 127702, 12H802, 12F802
Briggs & Stratton Quantum 55 "L Head"

Mountfield Laser
Motorer: E-31, E-41, E-36, E-46, E-56
Tecumseh 3,5 hk/Vantage 35

Mountfield Laser Delta 42/46
Motorer: 9D902, 10D902, 98902
Briggs & Stratton 35 Sprint/Classic 2,6 kW

Mountfield M3
Motorer: E-31, E-41, E-36, E-46, E-56
Tecumseh 3,5 hk/Vantage 35

Mountfield MPR serien
Motor: 121602
Briggs & Stratton Intek/Europa OHV

Oleomac G43
Motorer: 9D902, 10D902, 98902
Briggs & Stratton 35 Sprint/Classic 2,6 kW
Motorer: E-31, E-41, E-36, E-46, E-56
Tecumseh 3,5 hk/Vantage 35

Oleomac G47
Motor: GJAF
Honda OHC GCV135 4,5 hk (3,3 kW)
Motorer: 128802, 127702, 12H802, 12F802
Briggs & Stratton Quantum 55 "L Head"

Oleomac MAX 53
Motorer: 128802, 127702, 12H802, 12F802
Briggs & Stratton Quantum 55 "L Head"

Partner 431
Motorer: 9D902, 10D902, 98902
Briggs & Stratton 35 Sprint/Classic 2.6 kW

Qualcast Quadtrak 45
Motorer: E-31, E-41, E-36, E-46, E-56
Tecumseh 3,5 hk/Vantage 35

Qualcast Trojan
Motorer: E-31, E-41, E-36, E-46, E-56
Tecumseh 3,5 hk/Vantage 35

Rally 21/MR series
Motorer: 128802, 127702, 12H802, 12F802
Briggs & Stratton Quantum 55 "L Head"

Rover
Motor: GXV120 – Honda GXV120

Rover 100
Motorer: 9D902, 10D902, 98902
Briggs & Stratton 35 Sprint/Classic 2,6 kW

Rover 100/200/260
Motorer: 128802, 127702, 12H802, 12F802
Briggs & Stratton Quantum 55 "L Head"

Rover 200 18"
Motor: GJAF
Honda OHC GCV135 4,5 hk (3,3 kW)

SARP 484
Motor: GJAF
Honda OHC GCV135 4,5 hk (3,3 kW)

Stiga Multiclip Pro 48
Motor: GJAF
Honda OHC GCV135 4,5 hk (3,3 kW)
Motorer: 9D902, 10D902, 98902
Briggs & Stratton 35 Sprint/Classic 2,6 kW

Stiga Turbo 48/55
Motorer: 128802, 127702, 12H802, 12F802
Briggs & Stratton Quantum 55 "L Head"

Suffolk Punch P16
Motorer: 9D902, 10D902, 98902
Briggs & Stratton 35 Sprint/Classic 2,6 kW

Suffolk Punch P19
Motorer: 128802, 127702, 12H802, 12F802
Briggs & Stratton Quantum 55 "L Head"

Suffolk Punch P19S
Motorer: 128802, 127702, 12H802, 12F802
Briggs & Stratton Quantum 55 "L Head"

The Club 470 T35/40
Motorer: E-31, E-41, E-36, E-46, E-56
Tecumseh 3,5 hk/Vantage 35

TORO Re-cycler 20776
Motorer: 128802, 127702, 12H802, 12F802
Briggs & Stratton Quantum 55 "L Head"

TORO Re-cycler 26637/20791/20789/20826/20827
Motor: 121602
Briggs & Stratton Intek/Europa OHV

Tracmaster Camon
Motor: GXV120
Honda GXV120

Valex Daytona
Motorer: E-31, E-41, E-36, E-46, E-56
Tecumseh 3,5 hk/Vantage 35

Viva PB seies
Motorer: 128802, 127702, 12H802, 12F802
Briggs & Stratton Quantum 55 "L Head"

Yardman by MTD YM series
Motorer: 128802, 127702, 12H802, 12F802
Briggs & Stratton Quantum 55 "L Head"

Inledning

Hur man identifierar en motor

För att avgöra vilka specifikationer och vilken reparationsinformation man ska använda, och för att köpa nya delar, måsta man kunna identifiera exakt vilken motor man har. Varje motor, oavsett tillverkare, levereras från fabrik med ett modellnummer – det kan vara instansat eller ingjutet, eller tryckt på en etikett (se bild).

Den vanligaste platsen är på kåpan som styr kylluften runt cylindern (leta efter snörstarten – den sitter också oftast fast på kåpan). På vissa motorer kan modellnumret finnas på

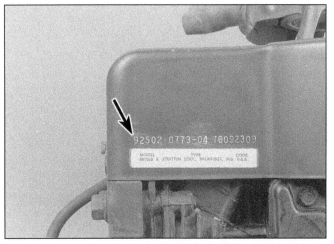

Motorns modell/serienummer återfinns vanligtvis på kylkåpan (som visas här), men det kan också sitta på själva gjutgodset

själva motorns gjutgods och vara mycket svårt att se, särskilt om motorn är smutsig.

Om du inte kan hitta något modellnummer eller någon etikett, kan du fastställa om motorn är en tvåtaktare eller en fyrtaktare (vilket kan hjälpa en återförsäljare att avgöra vilken modell det handlar om) med hjälp av följande snabba kontroller:

Leta efter ett lock som används för kontroll av oljenivån och påfyllning av olja – om motorn har ett lock eller en plugg som gängas fast eller har tät passning och bara trycks fast, som uppenbart används för att tillföra olja i vevhuset (se bild), är det en fyrtaktsmotor (locket kan vara märkt "Engine oil" eller "Oil fill" och kan också vara försedd med en oljemätsticka).

Leta efter instruktioner för att blanda oljan med bensin – om motorn kräver olja i bensinen (se bild), är det en tvåtaktsmotor.

Leta efter en ljuddämpare nära topplocket – om ljuddämparen (vanligtvis en cylinderformad enhet med flera hål eller skåror i änden) är ingängad eller fastskruvad i motorn nära den ena änden, är det en fyrtaktare. Tvåtaktare har avgasportar på själva cylindern, nära mitten.

Använd snörstarten för att känna efter kompressionstakten – koppla loss kabeln från tändstiftet och jorda den på motorn, dra sedan långsamt i snöret. Om du kan känna motstånd från cylinderkompression vid varje vevaxelvarv, är motorn en tvåtaktsmotor. Om kompressionsmotstånd känns vartannat varv är det en fyrtaktsmotor.

Fyrtaktsmotorer har en oljenivå-/påfyllningsplugg som den här någonstans på den nedre delen av motorn

På tvåtaktsmotorer måste man blanda olja i bränslet som smörjmedel

Köpa reservdelar

Det bästa stället (och ibland det enda stället) att köpa delar till små motorer på, är hos den återförsäljare som säljer och reparerar motorer av ditt märke eller den utrustning motorn är monterad i. Vissa grossister lagerhåller också reservdelar till små motorer, men oftast har de bara material för service och underhåll. Leta i telefonkatalogen eller Gula Sidorna under "Trädgårdsmaskiner" för att hitta återförsäljare i din närhet.

Köp alltid märkesdelar. De flesta tillverkare marknadsför nya, kompletta ersättningsmotorer och också något som kallas "kort block". Ett kort block är en ny motorenhet bestående av vevhusets gjutgods, kolv, ringar och vevstake, ventiler med tillhörande komponenter, cylinder och kamaxel. Om du köper en sådan motor måste du flytta över de yttre delarna från den gamla motorn, som topplock, tändspole, förgasare, bränsletank och startapparat-/kylkåpa. I typfallet kostar ett kort block ungefär hälften så mycket som en hel ny motor och ungefär två gånger så mycket som en ny vevaxel. Om du har en motor som är utsliten, allvarligt skadad eller kräver mer arbete än du är beredd att lägga ned, kan ett kort block – eller en hel ny motor – vara det bästa alternativet till en renovering eller övergripande reparationer.

Se till att ha motorns modell- och serienummer till hands när nya delar inhandlas, och ta helst med dig de gamla delarna till återförsäljaren. Du kan då jämföra de nya delarna med de gamla och försärkra dig om att du får tag i rätt komponenter. Kom ihåg att vissa delar kanske måste beställas, så när du inser att du kommer att behöva nya delar, kontrollera först om dessa finns i lager, och beräkna sedan tiden för reparationsarbetet med eventuell väntetid i åtanke.

Ibland kan det vara möjligt att köpa begagnade delar i användbart skick och på så sätt spara lite pengar. En välrenommerad återförsäljare säljer inte delar av dålig kvalitét, så tveka inte att fråga om begagnade delar.

Anteckningar

Komma igång

Hitta en arbetsplats

Innan du överväger vilka verktyg du ska införskaffa, eller funderar på hur de används, bör du leta reda på en säker, ren, väl belyst plats att arbeta på. Om mer än bara rutinunderhåll ska utföras, är det viktigt att ha någon typ av särskild arbetsyta. Utrymmet måste inte vara särskilt stort, men det måste vara rent, välorganiserat och utrustat särskilt för den här typen av arbete. Vi är medvetna om att många hemmamekaniker inte har en bra verkstad, eller kanske ens ett garage, till förfogande, utan helt enkelt får jobba utomhus. Renovering eller mer omfattande reparationer bör dock utföras på en skyddad plats, under tak (huvudsakligen för att skydda delarna mot smuts, som kan orsaka slitage om det kommer in i motorn).

Verkstadslokalen

Verkstadens storlek, utformning och placering bestäms vanligen av omständigheterna, snarare än personligt val. I idealfallet skulle varje gör-det-självare ha en rymlig, ren, väl belyst byggnad särskilt anpassad och utrustad för arbete på allt från småmotorer på trädgårdsmaskiner, till bilar och andra fordon. I det verkliga livet måste de flesta av oss dock nöja oss med ett hörn i garaget eller ett litet skjul i trädgården.

Som nämnts ovan bör alla åtgärder utöver rutinunderhåll och mindre justeringar i vackert väder göras inomhus. Det bästa utrymme som de flesta kan tänkas ha till hands är ett (större eller mindre) garage, och det bör helst vara ett som är fristående från huset. I ett garage bör du kunna skapa tillräckligt med arbets- och förvaringsutrymme, och plats för en arbetsbänk. Om man inte har något annat val, bör alltså även det mest omfattande arbete på en liten motor kunna utföras i ett hörn i garaget eller i ett trädgårdsskjul.

Slutsatsen är att du helt enkelt måste hålla till godo med de utrymmen du har, och anpassa din utrustning och dina arbetsmetoder efter dem.

Oavsett vilka begränsningar som gäller för din egen planerade eller existerande verkstad, fundera lite på utrymmets möjligheter och dess nackdelar; även en redan väl etablerad verkstad kan dra fördel av en omorganisering då och då. De flesta hemmamekaniker tycker att bristen på utrymme är ett problem; detta kan överkommas med god planering av hur man placerar bänkar, hyllor och annan förvaring. Resten av detta avsnitt behandlar några av de alternativ som finns när det gäller att sätta upp eller omorganisera en verkstad. Kanske det bästa man kan göra inledningsvis när man ska utforma ett arbetsutrymme är att titta på hur andra gör det. Kontakta en verkstadsägare i närheten och be att få ta en titt på hans lokaler; notera hur man har arrangerat arbetsytor, förvaring och belysning, och försök sedan att dra ner det hela till en skala som passar dina egna utrymmen, behov och ekonomiska tillgångar.

Allmänna krav på lokal

Ett fast betonggolv är förmodligen den bästa ytan för ett utrymme avsett för verkstadsarbete. Golvet ska vara så jämnt som möjligt och måste också vara torrt. Även om det inte är absolut nödvändigt, kan det vara bra att lägga på ett lager färg eller tätningsmedel särskilt utformat för betonggolv. Detta gör det mycket lättare att torka upp oljespill och annan smuts och det minskar också uppkomsten av damm – vilket alltid är ett problem när det gäller betonggolv. Ett trägolv är inte lika bra och det kan ge vika under eller skadas av tung utrustning eller tunga verktyg. Golvet kan förstärkas genom att man lägger tjock plywood eller spånplatta över det. Ett jordgolv ska absolut inte användas, eftersom det producerar nötande damm, omöjligt att hålla borta från inre motordelar. Jordgolv är inte heller mycket bättre än grus eller

Kapitel 1

gräs när det gäller att plocka upp små tappade delar, som kullager och små fjädrar.

Väggar och tak ska vara så ljusa som möjligt. Det är en bra idé att rengöra dem och måla dem vita (gärna två varv). Färgen minimerar uppkomsten av damm och reflekterar också ljuset i verkstaden. Och när vi ändå är inne på ämnet ljus – ju mer naturligt ljus, desto bättre. Lampor kommer också att behövas, men du behöver en förvånansvärd mängd artificiellt ljus för att kompensera för naturligt dagsljus.

En normal dörröppning är precis bred nog för att man ska kunna lyfta in allt utom de största maskinerna, men inte bred nog för att det ska gå lätt. Om så är möjligt, bör en garageport (som öppnas uppåt eller delas och har gångjärn på båda sidor) utgöra ingången till din verkstad. Trappor (även om det bara är ett trappsteg) kan utgöra ett hinder – tillverka en ramp av plankor om du inte på annat sätt kan undvika trappstegen.

Se till att byggnaden är väl ventilerad, särskilt under vintern. Detta är väsentligt för att undvika kondensation och det är också oerhört viktigt för din personliga säkerhet om lösningsmedel, bensin och andra brandfarliga vätskor ska användas. Du måste kunna öppna ett eller flera fönster för att ventilera. Utöver det är det önskvärt att ha ventiler i väggarna.

Förvaring och hyllor

Alla delar från en liten motor kan uppta mycket mer utrymme än du tror när den har tagits isär helt – någon typ av organiserad förvaring behövs för att delar inte ska tappas bort. Dessutom behöver du någon typ av förvaring för smörj- och lösningsmedel, trasor, verktyg och annan utrustning.

Om utrymmet och budgeten tillåter, montera någon typ av stålhyllor längs väggarna. Arrangera hyllorna med stora

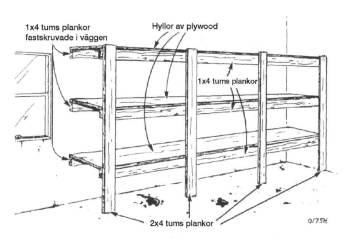

1x4 tums plankor fastskruvade i väggen

Hyllor av plywood

1x4 tums plankor

2x4 tums plankor

O/75H

Hemgjorda trähyllor kan vara det mest passande alternativet för förvaring – de är relativt billiga och kan designas så att de passar in i tillgängligt utrymme. Håll dock i åtanke att de också utgör en viss brandfara

mellanrum nedtill, för förvaring av stora eller tunga föremål. Stålhyllor är dyra men med dem utnyttjar du tillgängligt utrymme på bästa sätt. Hyllornas positioner är dessutom inte fixerade, utan kan ändras när så behövs.

En billigare (men mer tidskrävande) lösning är att bygga hyllor av trä (se bild). Kom ihåg att trähyllor måste vara mycket kraftigare än stålhyllor för att kunna bära upp samma vikt, och att det blir svårare att flytta runt hyllplanen. Trä suger också upp olja och andra vätskor och utgör förstås en mycket större brandfara.

Små delar kan förvaras i plastlådor eller backar monterade på metallskenor som fästs direkt på väggen. Dessa finns hos de flesta byggvaruhus och även järnhandlar. Förvaringsbackarna finns i olika storlekar och har oftast plats för en etikett så att de lätt kan märkas.

Andra behållare kan användas om man vill hålla kostnaden nere, men undvik om möjligt runda burkar, eftersom dessa inte använder utrymmet effektivt. Glasburkar rekommenderas ofta som billiga förvaringsbehållare, men de går lätt sönder. Pappkartonger är okej för tillfällig förvaring, men så småningom ger botten vika, särskilt om de blir blöta. De flesta plastbehållare är dock användbara och större glaslådor är ovärderliga för att hålla ihop små delar under en ombyggnad eller övergripande reparationer (samla på den typ av lådor som har lock som snäpper på plats).

Elektricitet och lampor

Av alla användbara hjälpmedel man kan ha i en verkstad, är elektricitet det mest väsentliga. Det är relativt enkelt att installera om verkstaden är nära, eller utgör en del av, huset, men det kan bli besvärligt och dyrt om så inte är fallet. Det måste påpekas att säkerheten är det som först och främst ska prioriteras när man handskas med elektricitet; såvida du inte har mycket goda kunskaper om elinstallationer, ska allt arbete som krävs för inkoppling av ström och belysning utföras av en elektriker.

Du måste beräkna det totala elbehovet för verkstaden, och räkna med eventuella utökningar av belysning och utrustning längre fram. Använd inte förlängningssladdar istället för säker, permanent ledningsdragning. Om elen inte är tillräcklig, eller om den är undermålig (kanske mycket gammal), låt dra om den.

Överväg noga hur belysningen ska arrangeras (två 150W glödlampor eller två 1,2 m långa 40W lysrör nedhängda ungefär 1,2 m ovanför arbetsbänken är ett minimum). I regel är lysrör det bästa valet för jämn, skuggfri belysning. Placeringen av lamporna är viktig; placera t.ex. inte en lampa direkt ovanför den yta där motorn (eller den maskin den är monterad i) kommer att ligga under arbetet – detta kommer att skapa skuggor även med lysrör. Sätt lampan eller lamporna något bakom eller på sidorna om arbetsbänken/-ytan för att skapa så jämn belysning som möjligt. En sladdlampa är mycket användbar om takbelysningen inte är tillräcklig. Notera att om lösningsmedel, bensin eller andra brandfarliga vätskor finns i närheten, vilket ofta är fallet i en mekanikers verkstad, ska särskilda elinstallationer användas så att risken för brand minimeras. Använd inte heller lysrör ovanför maskinverktyg (som t.ex. en bänkfräs). Det flimmer som skapas av växelström är särskilt påtagligt i den här typen av belysning och det kan få en roterande chuck att se ut som om den står stilla – en mycket farlig situation.

Utrusting

Brandsläckare

Eftersom användning, underhåll och reparation av bensinmotorer kräver att man handskas med och förvarar bränsle, införskaffa en brandsläckare av bra kvalitet innan något underhålls- eller reparationsarbete utförs *(se bild)*. Se till att den är klassad för brinnande vätskor, lär dig hur den fungerar och kom ihåg att låta kontrollera/fylla på den regelbundet. Se kapitel 2 för säkerhetsrelaterad information – varningar angående bensin och andra lättantändliga vätskor ingår där.

Arbetsbänk

En arbetsbänk är väsentlig – den utgör en plats där man kan lägga ut delar och verktyg under arbetet, vilket betyder att de hålls rena längre och det är också mycket bekvämare än att jobba på golvet eller uppfarten. Denna mycket viktiga utrustning ska vara så stor och stadig som utrymme och budget tillåter. Det finns många typer av bänkar i handeln, men de är vanligtvis ganska dyra och de passar inte alltid in i det utrymme just du har, lika bra som en särskilt byggd bänk. Ett förträffligt, fristående bänkstativ kan tillverkas av vinkelstång eller mjukträ av god kvalitet (använd hellre 50x150 än 50x100) *(se bild)*. Bitarna till stativet kan kapas till önskad storlek och skruvas ihop med bultar. En 760 eller

Ha alltid en brandsläckare till hands, och se till att du vet hur den ska användas. Försäkra dig om att den är klassad för brinnande vätskor, och att den uppfyller svensk standard.

910 x 2000 mm trädörr, med solid kärna och ytor av hardboard, som finns att köpa på byggvaruhus, blir en bra arbetsyta som alltid kan vändas om den skulle bli mycket skadad eller utsliten.

Om du sätter upp din arbetsplats i ett garage, kan en stadig bänk sättas ihop mycket snabbt genom att bänkstativet fästs i väggen med vinkeljärn, så att väggreglarna helt enkelt får utgöra en del av bänkstativet. Oavsett vilken typ av stativ du väljer att använda, se till att placera skivan i bekväm arbetshöjd och kontrollera att allt blir jämnt. Hyllor under bänken gör den ännu stadigare och utgör användbara förvaringsutrymmen.

Ett skruvstäd är en mycket användbar del av verkstadsutrustningen – och en som vanligtvis associeras

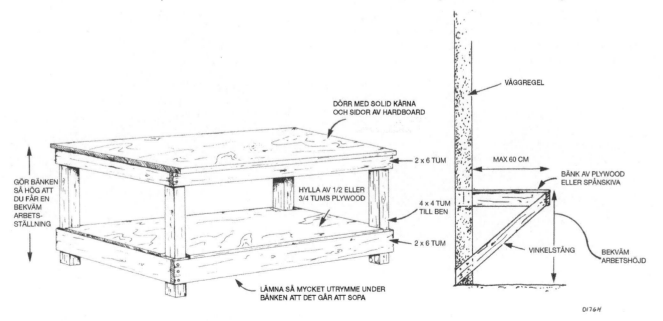

En stadig, och inte så dyr, arbetsbänk kan tillverkas av 50 x 150 mm (2 x 6 tum) plankor

Ett skruvstäd på arbetsbänken är mycket användbart

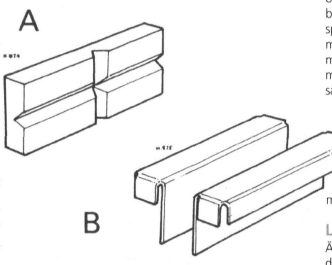

Vissa jobb kräver att motordelar hålls i ett skruvstäd – för att undvika att skada delarna med de hårda käftarna, använd "mjuka käftar" (finns att köpa) av fiberglas eller plast (A) eller tillverka insatser av 3,0 mm tjock aluminium som passar över käftarna (B)

Ett händigt motorställ kan tillverkas av korta bitar 50 x 100 mm timmer och vagnsbultar eller spikar

med arbetsbänken. Storleken är inte den viktigaste faktorn här, utan kvaliteten på materialet och utförandet. Bra skruvstäd är mycket dyra, men som med så mycket annat, så får man vad man betalar för. Köp det bästa skruvstäd du har råd med och se till att käftarna öppnas minst 100 mm. Köp också mjuka käftar till skruvstädet (används till att hålla fast delar som annars kan skadas av de hårda käftarna) *(se bild)*.

Motorställ

Många tillverkare av småmotorer tillhandahåller också ett särskilt ställ för att hålla upp motorn under isärtagning och hopsättning. Ett sådant ställ är utan tvekan väldigt användbart, men tyvärr för dyrt för de flesta gör-det-självare. De flesta hemmamekaniker får hålla till godo med några träblock på vilka man pallar upp motorn på arbetsbänken. Träblocken kan förstås arrangeras efter behov så att motorn stöttas i olika positioner. Ett motorställ kan också tillverkas av korta bitar 50 x 100 mm plankor och vagnsbultar, skruvar eller spikar *(se bild)*. Om du använder träblock eller ett hemgjort motorställ, se till att ha en medhjälpare som kan hålla fast motorn när bultar/muttrar lossas. I vissa situationer kan motorn klämmas fast i ett skruvstäd, men var mycket försiktig så att du inte skadar vevhusets eller cylinderns gjutgods.

Justerbara arbetsbänkar, som Black & Deckers Workmate, kan också fungera bra till att hålla fast en motor medan man arbetar på den *(se bild)*. Du vill kanske inte köpa en bara för att kunna jobba med din gräsklippar-motor, men om du redan har en, kan den lätt modifieras så att den kan användas till att hålla fast en motor.

Luftkompressor

Även om en luftkompressor inte är absolut nödvändig, kan den underlätta många arbetsuppgifter och också hjälpa dig

En Black & Decker Workmate kan mycket väl användas till att hålla fast motorn medan du arbetar på den – snabbkopplingsklämman gör det lätt att snabbt ändra motorns position

att göra ett bättre jobb. (Hur ska du annars med lätthet få bort skräp från motorns kylfenor, torka av delar när du har rengjort dem med lösningsmedel eller blåsa ur alla de små passagerna i förgasaren?). Om du har råd att köpa en, kommer du efter ett tag att undra hur du någonsin klarade dig utan den tidigare. Utöver att kompressorn ger luft till att rengöra delar, kan den (om den är stor nog) också driva tryckluftsverktyg. Utbudet på dessa verktyg är nu ganska stort, de är inte alltför dyra och de kan göra en stor del av mekaniska reparationsarbeten lättare *(se bild)*. Till exempel kan en slagskruvmejsel (och särskilda hylsor) visa sig vara ovärderlig när det handlar om att ta bort den stora muttern som håller fast gräsklipparbladet eller svänghjulet vid vevaxlns ände. Myntet har dock en baksida – kostnaden, behovet av underhåll av utrustningen och de extra kraven på elektricitet måste övervägas noga innan verkstaden utrustas med komprimerad luft.

Man kan klara sig utan den, men en luftkompressor kan göra många jobb lättare, och producera bättre resultat, särskilt när det finns tryckluftsverktyg att använda tillsammans med den

Verktyg

Ett urval av bra verktyg tillhör grundutrustningen för alla som planerar att underhålla och reparera små bensinmotorer. För den som bara har få, eller inga verktyg, kan den första investeringen verka dyr, men om man jämför kostnaden med de allt högre kostnaderna för rutinunderhåll och reparationer, så är det en klok investering. Många av verktygen kan ju också användas för andra typer av jobb. Kom ihåg att det här kapitlet endast listar de verktyg som behövs för att utföra jobbet – i kapitel 2 förklaras närmare vad man ska tänka på vid inköp av verktyg och hur de används på rätt sätt.

För att hjälpa läsaren att avgöra vilka verktyg som behövs för de åtgärder som beskrivs i boken, har vi sammanställt två listor: *Rutinunderhåll och mindre reparationer* och *Reparationer och renovering*. Ett separat avsnitt om särskilda fabriksverktyg finns också, men endast de riktigt seriösa gör-det-självarna är nog intresserade av att läsa om, köpa och använda dem. Det finns bilder av de flesta verktyg som är upptagna i listorna.

För den som ger sig på den här typen av arbete för första gången, är det bäst att börja med verktygssatsen för Rutinunderhåll, som är lämplig för enklare jobb. Allteftersom självförtroende och erfarenhet ökar, kan man sedan ge sig på svårare uppgifter och köpa ytterligare verktyg när så behövs. Till slut kommer grundverktygssatsen att ha vuxit till en uppsättning för Reparationer och renovering. Under en tid kommer den erfarne gör-det-självaren att samla på sig en mer eller mindre komplett uppsättning verktyg för att kunna utföra de flesta reparations- och renoveringsarbeten, och kommer kanske att lägga till särskilda fabriksverktyg när kostnaden kan motiveras av användningsfrekvensen eller de besparingar man gör genom att inte lämna in motorn på en verkstad.

Rutinunderhåll och mindre reparationer

Verktygen i den här listan skall ses som det minimum som behövs för rutinunderhåll, service och mindre reparationer

En av de viktigaste sakerna du behöver är ett visir eller skyddsglasögon – som tur är står de också för en av de minsta kostnaderna

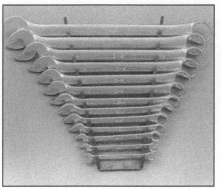

U-ringnycklar – köp en uppsättning med storlekar från 1/4 till 7/8 tum eller 6 till 21 mm

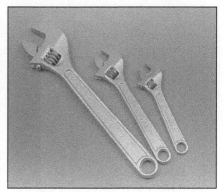

Skiftnycklar är mycket användbara – se bara till att använda dem på rätt sätt, annars kan du skada förband genom att runddra sexkantsskallarna

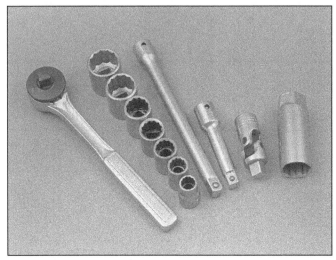

En 3/8 tums hylsnyckelsats med utbytbara tillbehör kommer förmodligen att användas oftare än några andra verktyg (från vänster: spärrhandtag, hylsor, förlängningsskaft, universalknut, tändstiftshylsa) – köp inte en billig sats

Ett justeringsverktyg för tändstift har flera trådmått för att mäta elektrodavståndet och en liten anordning för att böja sidoelektroden för att ändra avståndet. Se till att köpa en som har trådmått av rätt storlek för tändstiften på just din motor

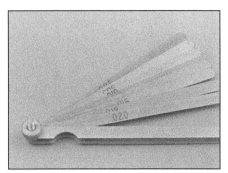
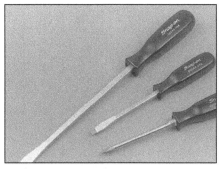
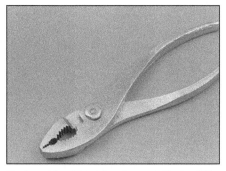

Bladmått köps oftast i satser med blad av olika tjocklekar – om du behöver dem för att justera brytarspetsar, se till att bladen är så smala som möjligt och kontrollera att den tjocklek du behöver verkligen finns med

Verktygssatsen för rutinunderhåll ska innehålla 8 x 150 mm och 10 x 250 mm standard skruvmejslar, såväl som en nr 2 x 150 mm Phillips skruvmejsel

En kombinationstång kan användas till många av de jobb du kommer att utföra

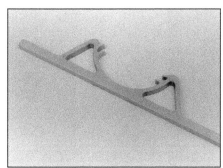

Ett grunt kärl (för avtappning av olja, rengöring av delar med lösningsmedel), en stålborste och en mellanstor tratt skall finnas med i verktygssatsen för rutinunderhåll

För att ta bort startkopplingen som används på vissa Briggs & Stratton motorer, behövs ett särskilt verktyg (som vrids med en nyckel)

Briggs & Stratton säljer också särskilda svänghjulshållare som ska användas när man lossar svänghjulsmuttern eller startkopplingen

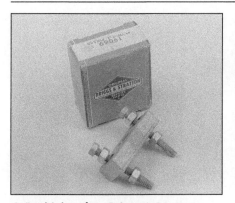

Svänghjulet på en Briggs & Stratton motor kan demonteras med en avdragare som den som visas här . . .

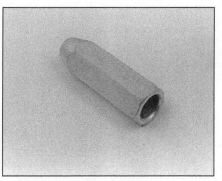

. . . eller, även om det inte rekommenderas av fabriken, en annan typ av avdragare ("knock-off tool" på engelska) som passar på änden av vevaxeln (Tecumseh svänghjul kan också tas bort med detta verktyg)

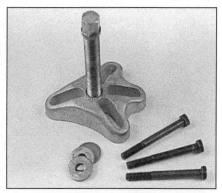

På många Tecumseh och Honda motorer behövs en avdragare av den här typen till att demontera svänghjulet

(se bilder). Om du har möjlighet, är det bra att köpa U-ringnycklar (öppen i ena änden, ring i den andra); även om de är dyrare än de som är öppna i båda ändar, så är det en fördel att ha båda typerna.

I den här listan finns också en komplett hylsnyckelsats, som visserligen är dyr, men ovärderlig eftersom den är så mångsidig (det finns många utbytbara tillbehör). Vi rekommenderar 3/8 tum snarare än 1/2 tum för allmänt underhåll och reparationer på småmotorer, även om en 1/4 tums sats också skulle vara användbar (särskilt för arbeten på tändning och förgasare). Köp helst sexkantshylsor och se till att inte köpa hylsor med för tjocka väggar – de kan vara svåra att använda om åtkomligheten till förbandet är begränsad.

Skyddsglasögon/visir
U-ringnycklar (1/4 till 7/8 tum eller 6 till 19 mm)
Skiftnycklar – 250 mm
Hylssats (sexkants)
Spärrhandtag
Förlängningsskaft – 150 mm
Universalknut
Tändstiftshylsa (med gummiinsats)
Justeringsverktyg för tändstiftens elektrodgap
Bladmått
Spårskruvmejsel (8 mm x 150 mm)
Spårskruvmejsel (10 mm x 250 mm)
Phillips skruvmejsel (nr. 2 x 150 mm)
Kombinationstång – 150 mm
Oljekanna
Fin slipduk
Stålborste
Tratt (mellanstorlek)
Avtappningskärl
*Verktyg för startkoppling**
*Svänghjulshållare**
*Svänghjulsavdragare**

* Även om dessa verktyg i normala fall bara är tillgängliga från återförsäljare (så egentligen är de "specialverktyg från

motortillverkarna"), tas de upp i den här listan eftersom vissa inställnings- och mindre reparationsåtgärder inte kan utföras utan dem (särskilt byte av brytarspetsar och svänghjulskil på de flesta äldre Briggs & Stratton och Tecumseh motorer). Fabriksverktygen kan ibland finnas på järnaffärer och trädgårdscenter och det händer att man hittar kopior av fabriksverktygen – undersök dessa noga innan du köper dem.

Reparationer och renovering

Dessa verktyg är väsentliga om du tänker utföra omfattande reparationer eller renoveringar och de är tänkta som en komplettering till verktygen i den första listan *(se bilder).*

Verktygen i den här listan inkluderar många som inte används regelbundet, är dyra att köpa, eller som måste användas enligt tillverkarens instruktioner. Om verktygen inte kommer att användas ofta, är det inte ekonomiskt att köpa många av dem. En idé är att försöka dela kostnaden och ägandet med en kompis eller en granne.

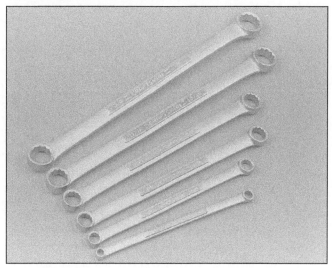

En uppsättning ringnycklar kompletterar U-ringnycklarna i basverktygslistan

Kapitel 1

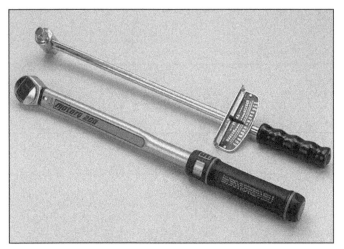

En momentnyckel behövs till att dra åt topplocksbultar och svänghjulsmuttrar (det finns två olika typer – "klick"-typen till vänster är den vanligaste)

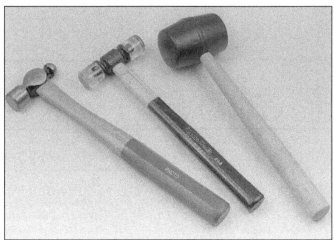

En kulhammare, en mjuk hammare och en gummiklubba (vänster till höger) kommer att behövas för olika uppgifter (en vanlig stålhammare kan användas istället för kulhammaren)

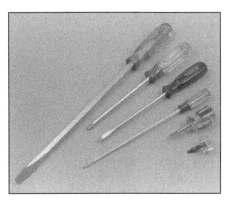

Skruvmejslar finns i många olika storlekar och längder

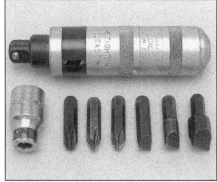

En slagskruvmejsel (används med en hammare) och bits kan vara till god hjälp när det gäller att ta loss envisa skruvar (eller skruvar med skadade skallar)

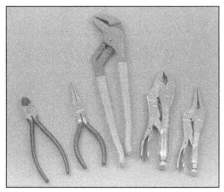

Allteftersom du har råd, bör en polygriptång, radiotång, självlåsande tång och sidavbitare läggas till din samling

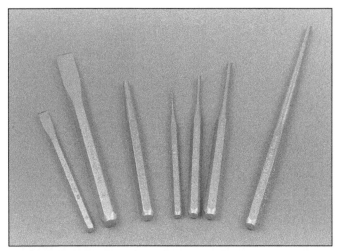

Huggmejslar, körnare, och olika typer av dornar kommer förr eller senare att behövas för många jobb

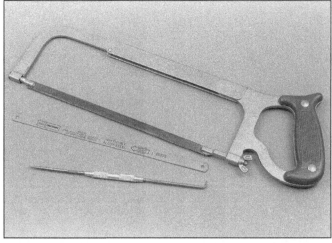

En ritsnål används till att göra linjer på metalldelar och en bågfil behövs för att ta hand om skruvar/bultar som inte går att skruva loss

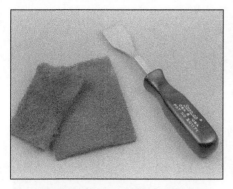

En packningsskrapa används till att ta bort gammal packning från motordelar när den har tagits isär – slipnylonark kan användas till att rugga upp packningsytorna innan montering

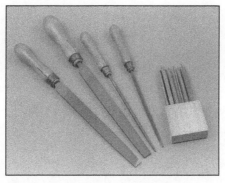

Filar måste användas med handtag och skall förvaras så att de inte vidrör varandra

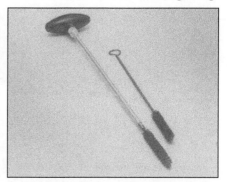

Ett urval av nylon/metallborstar behövs till att rengöra passager i motor- och förgasardelar

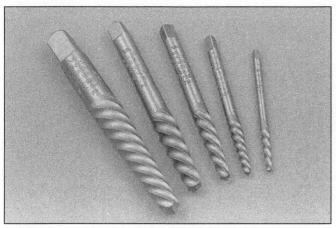

Speciella verktyg som kallas skruvutdragare används till att dra ut skruvar och bultar som har gått av inne i motordelar

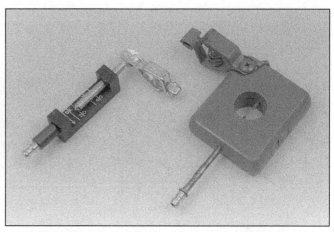

En gnistprovare (för kontroll av tändsystemet) kan köpas hos en grossist (vänster) eller tillverkas av ett träblock, en stor krokodilklämma, några spikar, skruvar och vajer och änden av ett gammalt tändstift (vänster)

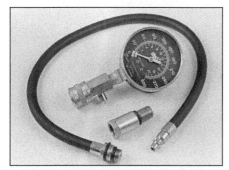

Även om få tillverkare av småmotorer än så länge anger att det är nödvändigt att använda en kompressionsprovare, så kan denna vara mycket användbar vid kontroll av skicket på kolvringar och ventiler (två typer finns – en som skruvas in, som visas här, och en typ som hålls på plats med handtryck

En vändkantsbrotsch behövs till att ta bort sot-/slitkanten längst upp i cylindern så att kolven kan komma ut

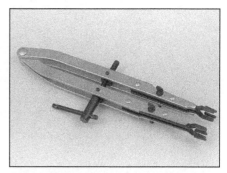

En ventilfjäderkompressor som denna behövs för Briggs & Stratton sidventilsmotorer

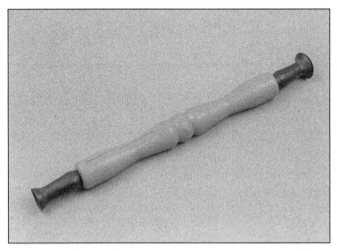

Ett verktyg för ventilslipning behövs vid renovering av alla fyrtaktsmotorer

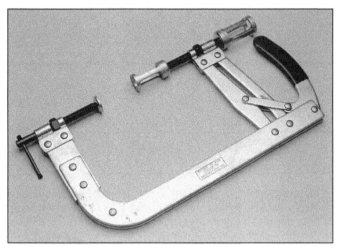

På vissa OHV fyrtaktsmotorer behövs ett sådant här verktyg för att pressa ihop fjädrarna så att ventilerna kan tas ut

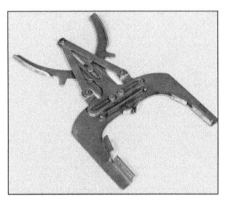

Det finns ett särskilt verktyg, som inte kostar mycket, för demontering/ montering av kolvringar

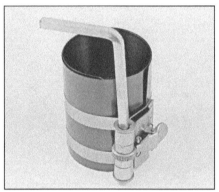

Kolvringskompressorer finns i olika storlekar – se till att köpa en som passar din motor

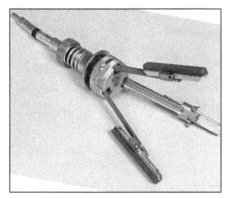

Ett honingsverktyg för cylindrar kan användas till att rengöra loppet så att nya ringar sitter bra, men det ändrar inte storleken på cylindern

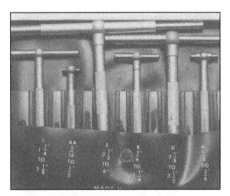

Teleskopstickmått används med mikrometer eller skjutmått för att mäta innerdiametern på hål (som t.ex. cylinderloppet) och avgöra graden av slitage

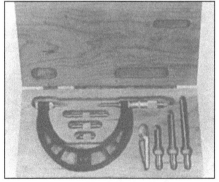

Mikrometrar behövs för precisionsmätningar och kontroll av slitage – de finns i två varianter – en typ (som visas här) med utbytbara mätspetsar som låter dig mäta från 0 till 100 mm, och . . .

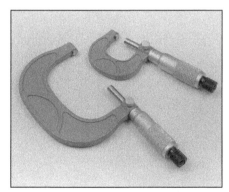

. . . en typ med fasta mätspetsar, med vilka man kan mäta i steg om 25 mm (0 till 25, 25 till 50, 50 till 75 mm, etc.)

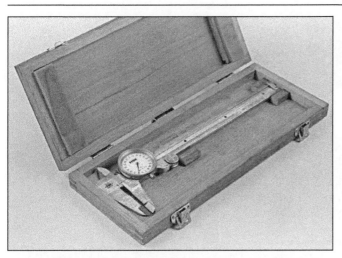

Ett skjutmått av något slag (i bilden visas ett skjutmått med mätur) kan användas istället för mikrometer för de flesta kontroller, och det kan också användas för att mäta djup

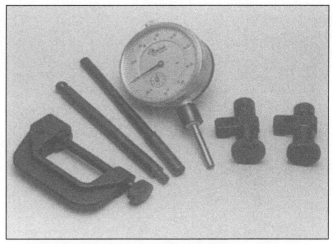

En mätklocka (även kallad indikatorklocka) kan användas för kontroll av vevaxlars eller kamaxlars ändspel

Ringnycklar
Momentnyckel (samma storlek som hylsorna)
Kulhammare – 300 g (vilken stålhammare som helst går bra)
Mjuk hammare (plast/gummi)
Spårskruvmejsel (6 mm x 150 mm)
Spårskruvmejsel (kort kraftig – 8 mm)
Stjärnskruvmejsel (nr. 3 x 200 mm)
Stjärnskruvmejsel (kort kraftig – nr. 2)
Slagskruvmejsel och bits
Självlåsande tång
Spetstång
Avbitartång
Huggmejslar – 6 mm och 12 mm
Körnare
Drivdorn (1,5, 3,0 och 4,5 mm)
Riktningsverktyg (koniska körnare)
Ritsspets
Bågfil och olika blad
Packningsskrapa
Ställinjal – 300 mm
En uppsättning filar
Ett antal borstar för rengöring av små kanaler
Skruvutdragarsats
Gnistprovare
Kompressionsprovare
Vändkantsbrotsch
Ventilfjäderkompressor
Ventilslipningsverktyg
Kolvringsverktyg
Kolvringskompressor
Cylinderhoningsverktyg
Teleskopstickmått
Mikrometer och/eller skjutmått
Mätklocka
Gängverktygssats
Torxhylsa (-hylsor)**
Varvräknare, eller stroboskoplampa som kan mäta varvtal

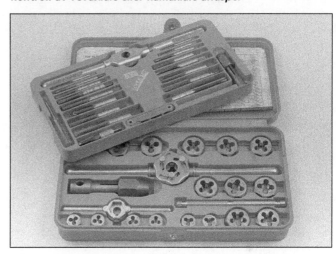

En gängverktygssats är mycket bra att ha för rengöring och återställande av gängor

*** På vissa Tecumseh tvåtaktsmotorer behövs en Torxhylsa (storlek E6) för att ta bort vevstakslagröverfallens bultar (se bild). Om du renoverar en av dessa motorer, införskaffa en hylsa innan du börjar ta isär motorn.*

På vissa Tecumseh tvåtaktsmotorer krävs en nr. 6 Torxhylsa för lossande av vevstaksbultarna vid en motorrenovering

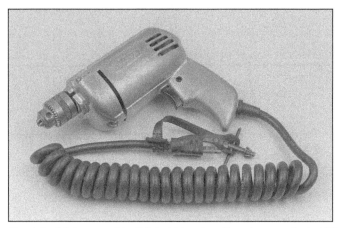

En elektrisk borrmaskin (både 220 volts nätansluten och sladdlös typ visas här) . . .

Ett av de mest oumbärliga verktygen är en vanlig elektrisk borrmaskin *(se bild)*. En med 10 mm chuck bör räcka till de flesta reparationsåtgärder – det är stort nog för att du ska kunna driva ett honingsverktyg. Samla på dig många olika stålborstar som kan användas med borrmaskinen och se till att ha en komplett uppsättning vassa borr (för metall, inte trä) *(se bild)*. Sladdlösa borrmaskiner, som är ytterst användbara eftersom de inte måste kopplas in någonstans, finns nu att få tag i på många ställen, till en relativt låg kostnad. Överväg att införskaffa en – den är ju också användbar för många andra jobb i huset och verkstaden.

Ett annat mycket användbart redskap är en bänkmonterad slipmaskin *(se bild)*. Om en stålborste monteras på ena sidan och en slipskiva på den andra, är denna maskin mycket användbar när det gäller att putsa upp infästningar, slipa verktyg som blivit slöa och ta bort rost från delar. Se till att slipmaskinen sitter fast ordentligt på bänken eller stället, ha

alltid skyddsglasögon när maskinen används och putsa aldrig aluminiumdelar på slipskivan.

Inköp av verktyg

För gör-det-självaren som precis har börjat ta sig an underhåll och reparationer av små motorer, finns det ett antal alternativ när det gäller inköp av verktygen. Om arbetet endast kommer att omfatta underhåll och mindre reparationer, räcker det om man köper individuella verktyg. Om man däremot planerar omfattande åtgärder, är det en bra idé att införskaffa en verktygssats. Om man köper en hel sats kan man vanligtvis göra en del besparingar jämfört med att köpa enstaka verktyg (och ofta medföljer en verktygslåda). Därefter kan tilläggssatser, enstaka verktyg och en större verktygslåda köpas in allteftersom reparationsåtgärderna så kräver. Att bygga upp en samling verktyg över tid gör att man kan sprida kostnaden och det

. . .och en uppsättning borr av bra kvalitet och stålborstar av olika storlekar har många användningsområden

Ett nästan oumbärligt verktyg är bänkslipmaskinen (med en stålborste monterad på ena sidan) – se till att den skruvas fast ordentligt och använd den aldrig utan verktygsstöd eller ögonskydd!

ger också mekanikern friheten att välja bara de verktyg som verkligen kommer att användas.

Verktygsspecialister och återförsäljare av småmotorer är ofta de enda källorna för vissa av de särskilda fabriksverktyg som kommer att behövas, men oavsett var verktygen köps, försök att undvika de riktigt billiga (särskilt vid inköp av skruvmejslar, nycklar och hylsor), eftersom dessa inte kommer att hålla särskilt länge. Kostnaden för att ersätta billiga verktyg kommer till slut att bli högre än om man hade köpt kvalitetsverktyg redan från början. Läs kapitel 2 för mer ingående information om hur man väljer och använder verktyg.

Förvaring och skötsel av verktyg

Bra verktyg är dyra, så det är väl värt besväret att sköta om dem noggrant. Håll verktygen rena och i användbart skick och förvara dem ordentligt. Torka alltid bort smuts, fett och metallspån innan verktygen läggs undan. Låt aldrig verktygen ligga utspridda i verkstaden.

Vissa verktyg, som skruvmejslar, tänger, nycklar och hylsor, kan hängas på en panel på garage-/verkstadsväggen, medan andra bör förvaras i en verktygslåda eller annan typ av förvaringslåda. Mätinstrument, kapverktyg etc. måste förvaras där de inte riskerar att skadas av fukt eller stötar från andra verktyg.

Om verktyg används med försiktighet och förvaras på korrekt sätt, håller de länge. Om verktygen används ofta kommer de dock till sist att slitas ut, oavsett hur väl man sköter om dem. När ett verktyg är skadat eller utslitet, byt ut det; efterföljande jobb blir säkrare och roligare om du gör det.

Specialverktyg från motortillverkarna

Varje tillverkare av småmotorer förser distributörer och återförsäljare av deras produkter med särskilda verktyg, som måste användas vid underhåll och reparationer av just deras motorer. Återförsäljarna lagerför ofta en del av dessa verktyg, för försäljning till privatpersoner och oberoende verkstäder. Exempel på detta är nyckeln till startkopplingen, svänghjulshållaren och svänghjulsavdragaren från Briggs & Stratton, som behövs för relativt enkla åtgärder, som byte av brytarspetsar och svänghjulskil (de behövs till att ta bort svänghjulet så att man kommer åt tändningsdelarna). Om inte de särskilda verktygen används kan reparationen inte utföras korrekt och motorn kan ta skada. De verktyg som nämns är lyckligtvis varken särskilt dyra eller svåra att hitta.

Andra specialverktyg, som verktyg för indrivning och brotschning av bussningar, serviceverktyg för ventilsäten och -styrningar, verktyg för omborrning av cylindrar, reparationskit för ramlager etc. är oerhört dyra och lagerförs vanligtvis inte av återförsäljare. Om en reparation kräver användning av sådana här verktyg, ta motorn eller delarna till en återförsäljare som har nödvändiga verktyg och låt utföra arbetet där, sätt sedan ihop motorn själv.

Kapitel 1

Arbeta i verkstad

2

Säkerheten främst!

En verkstad kan vara en farlig plats – det är ett faktum. Elektricitet, särskilt om den används fel eller tas för given, är potentiellt farlig i en omgivning som ofta är fuktig. Hand- och elverktyg, om de används på fel sätt, utgör risker för olyckor, och bensin, lösningsmedel, smörjmedel och kemikalier utgör en mycket verklig brandfara.

Man kan inte göra en verkstad absolut säker (så länge människor och potentiellt farlig utrustning/farligt material finns med i beräkningen). När det gäller säkerheten måste man fokusera på att minimera riskerna för olyckor genom att använda sig av säkra arbetsmetoder (primär säkerhet) och använda rätt kläder och utrustning för att minimera skadorna om en olycka ändå inträffar (sekundär säkerhet). Ämnet säkerhet är stort och skulle lätt kunna fylla ett eget kapitel. För att hålla oss inom rimliga gränser – och för att endast ett fåtal läsare bryr sig om att läsa ett helt kapitel om säkerhet – har vi här inskränkt oss till, inledningsvis, ett antal regler. (Ytterligare anmärkningar dyker upp i huvudtext och bildtexter där så anses behövligt, genom hela boken).

Resten av det här avsnittet täcker några av de viktigaste och mest relevanta säkerhetsaspekterna, men är inte menat som någon absolut guide. Läs igen om det, även om du har utfört liknande arbeten förut utan att skrapa en knoge. Det bör betonas att den viktigaste säkerhetsutrustningen är den mänskliga hjärnan – gör det till vana att alltid tänka på vad du gör, och på vad som skulle kunna hända. Lite sunt förnuft och framsynthet kan förebygga de flesta verkstadsolyckor.

Säkerhetsregler

Professionella mekaniker har utbildats i säkra arbetsrutiner. Oavsett hur ivrig du är att börja jobba på en motor, ta dig tid att läsa igenom följande lista. Som vi har sagt tidigare, kan brist på uppmärksamhet, om än bara för ett kort ögonblick, resultera i en olycka. Det kan även underlåtenhet att följa vissa enkla säkerhetsföreskrifter. Risken för olyckor kommer alltid att finnas, och följande punkter är inte avsedda som en fullständig lista över alla faror; den är emellertid tänkt att göra dig medveten om vilka risker som följer med mekanikerarbete, och uppmuntra dig att utföra alla arbeten på ett så säkert sätt som möjligt.

KOM IHÅG ATT INTE:

•Starta motorn innan du har kontrollerat att drivningen står i neutralläge (där så är tillämpligt).

•Vrida bladet som sitter på motorn såvida inte tändstiftskabeln har kopplats loss och placerats på avstånd från tändstiftet (*se bild*).

Innan du utför kontroller eller underhåll på en motor som kräver att du vrider bladet som sitter på vevaxeln, koppla loss kabeln från tändstiftet och placera den på avstånd från stiftet!

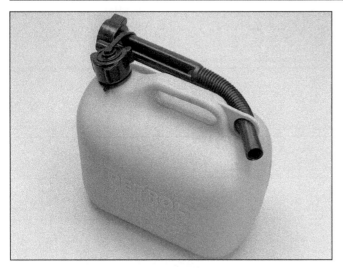

Förvara och transportera alltid bensin i en därför avsedd metall- eller plastdunk, som uppfyller relevant svensk standard – använd aldrig en glasflaska.

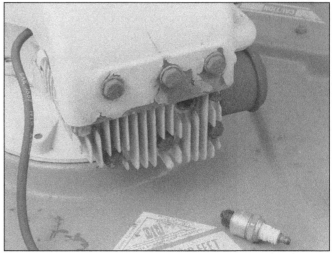

Försök inte att åtgärda en flödad motor genom att ta bort tändstiftet och dra runt motorn – bränsleångorna som kommer ut ur tändstiftsöppningen kan antändas

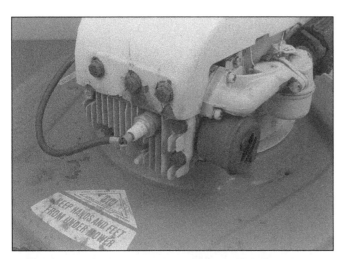

Kylflänsarna och ljuddämparen kan bli extremt varma!

Nycklar som inte passar bra på bulten/muttern kan resultera i skinnflådda knogar, sår och blåmärken

- Använda bensin till att rengöra delar – aldrig någonsin!
- Förvara bensin i glasbehållare – använd endast godkända metall- eller plastdunkar *(se bild)*.
- Förvara, hälla eller spilla bensin i närheten av en öppen låga eller enheter som ugnar, varmvattenberedare eller liknande med tändlåga, eller andra enheter som kan ge upphov till en gnista.
- Röka när du fyller på bensintanken!
- Fylla på bränsletanken medan motorn är igång. Låt motorn svalna i minst två minuter innan bränsle fylls på.
- Fylla på bränsle inomhus om ventilationen är dålig. Påfyllning av bränsle ska allra helst göras utomhus.
- Dra igång motorn om bensin har spillts. Flytta bort motorn från spillet och starta inte motorn förrän bensinen har avdunstat.
- Dra runt motorn med tändstiftet borttaget *(se bild)*. Om motorn flödas, öppna gasspjället helt och aktivera startmotorn tills motorn startar.
- Försöka tappa av motoroljan förrän du är säker på att den har svalnat, så att du inte bränner dig.
- Vidröra någon del av motorn eller ljuddämparen *(se bild)* förrän de har svalnat tillräckligt för att du inte ska bränna dig.
- Suga upp giftiga vätskor, som bensin, med munnen. Tvätta omedelbart bort sådana vätskor om de kommer i kontakt med huden.
- Lämna kvar spilld olja eller fett på golvet – torka upp det innan någon halkar på det.
- Använda nycklar som passar dåligt *(se bild)* eller andra verktyg som kan slinta och orsaka skada.
- Trycka nycklar ifrån dig när du lossar bultar/muttrar, försök

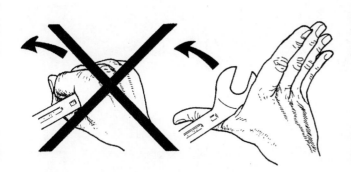

När du lossar en mutter/bult, dra alltid nyckeln mot dig. Om du av utrymmesskäl måste trycka nyckeln ifrån dig, håll handen öppen som i bilden

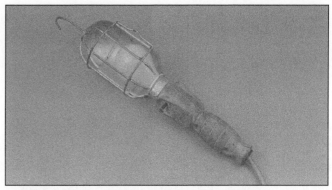

Använd aldrig en oskyddad glödlampa – särskilda sladdlampor designade att förhindra krossade glödlampor och medföljande säkerhetsrisker finns att köpa

att alltid dra nyckeln mot dig *(se bild)*. Om omständigheterna är sådana att du måste trycka nyckeln ifrån dig, tryck med öppen hand för att undvika att skrapa knogarna om nyckeln slinter.

•Använda oskyddade glödlampor i verkstaden, särskilt inte om det finns bensin i närheten. Använd endast en godkänd sladdlampa *(se bild)*.

•Slipa aluminiumdelar på en slipskiva – aluminiumet kan fastna på skivan och göra att den går sönder!

•Försöka att lyfta utrustning som egentligen är för tung för dig – ta hjälp av någon.

•Stressa och ta osäkra genvägar för att snabbt bli klar med ett jobb.

•Låta barn leka i närheten av maskiner eller verktyg.

•Låta motorn gå i ett slutet utrymme. Avgaserna innehåller koloxid, en luktlös, färglös och dödligt giftig gas.

•Köra en motor om det ligger stora mängder gräs, löv, smuts eller annat brännbart material i området kring ljuddämparen.

•Använda utrustning på skogsbevuxen, buskbetäckt, eller gräsbevuxen råmark om inte motorn har ett gnistskydd.

•Låta en motor gå med luftrenaren eller kåpan (direkt ovanför förgasarens luftintag) borttagen *(se bild)*.

•Förvara smörjmedel och kemikalier intill ett värmeelement eller annan källa till värme eller gnistor.

KOM IHÅG ATT:

•Bära skyddsglasögon eller visir vid arbete med verktyg som borrmaskin, slipmaskin etc. *(se bild)*.

•Hålla lösa kläder och långt hår på tryggt avstånd från rörliga delar.

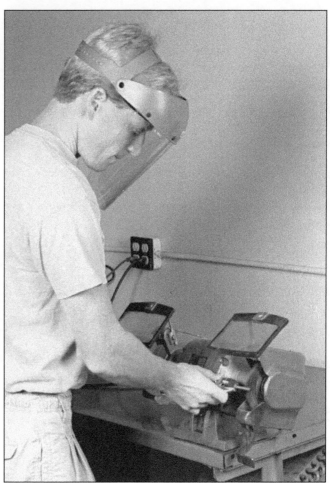

Låt inte motorn gå när luftrenaren är borttagen

Använd alltid ögonskydd vid arbete med kraftverktyg

Kapitel 2

•Bära skyddsskor med stålhätta vid arbete med utrustning som ligger på en bänk. Om tunga delar ramlar eller tappas ner, klarar sig tårna.

•Se till att någon tittar till dig då och då om du arbetar ensam.

•Utföra arbetet i logisk ordning och se till att alla delar monteras och dras åt korrekt.

•Förvara smörjmdel, kemikalier och andra vätskor i väl förslutna behållare och utom räckhåll för barn och husdjur.

Bensin

Kom ihåg – bensin är ytterst brandfarligt! Rök aldrig och låt aldrig öppna lågor eller oskyddade glödlampor finnas i närheten vid arbete på en motor. Risken är dock därmed inte undanröjd – en gnista orsakad av en elektrisk kortslutning, av två metalldelar som slås mot varandra, eller t.o.m. statisk elektricitet uppbyggd i din kropp under vissa förhållanden, kan antända bränsleångor, som i instängda utrymmen är ytterst explosiva. Som vi redan har sagt, ANVÄND INTE, under några förhållanden, bensin till att rengöra komponenter – använd endast godkända avfettningsmedel. FÖRVARA INTE heller bensin i glasbehållare – använd endast godkända metall- eller plastdunkar.

Brand

Ha alltid en brandsläckare lämpad för bränsle- och elektriska bränder till hands i garaget eller verkstaden. Försök aldrig att släcka en bränsle- eller elekrisk brand med vatten!

Ångor

Vissa ångor är mycket giftiga och kan snabbt orsaka medvetslöshet och till och med dödsfall vid inandning. Bensinångor tillhör denna kategori, såväl som ångor från vissa lösningsmedel. Tappa alltid av och häll upp sådana vätskor i ett väl ventilerat utrymme, allra helst utomhus.

Vid användning av rengörings- och lösningsmedel, läs instruktionerna på förpackningen noga. Använd aldrig vätskor från omärkta förpackningar.

Låt inte motorn gå i ett instängt utrymme som ett garage; avgaserna innehåller koloxid, som är extremt giftigt. Om du måste låta motorn gå, ställ den utomhus.

Nätström

Vid användning av elverktyg, sladdlampor etc., som drivs av nätström, se alltid till att sladden är ordentligt ansluten till kontakten och att denna är jordad (se bild). Använd inte sådan utrustning där det är fuktigt och, som nämnts tidigare, se till att inte skapa gnistor eller hög värme i närheten av bränsle eller bränsleångor. Koppla inte ihop en rad förlängningssladdar för att få ström till en avlägset belägen plats.

Tändstift

Man kan få en kraftig elektrisk stöt om man vidrör vissa delar av tändsystemet (som tändstiftskabeln) medan motorn går eller dras runt, särskilt om komponenterna är fuktiga

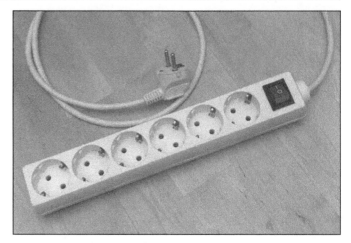

Undersök kontakterna på elverktyg och förlängningssladdar och försäkra dig om att de sitter fast ordentligt och att det inte förekommer några brända eller nötta kablar

eller om isoleringen är skadad. Om det rör sig om ett elektroniskt tändsystem, är sekundärspänningen mycket högre och kan till och med vara dödlig.

Ordning och reda

Gör det till en vana att alltid ta en allmän titt runt garaget/verkstaden för att upptäcka eventuella faror och risker. Arbetsområdet bör alltid hållas rent och städat – allt skräp bör sopas ihop och slängas så snart som möjligt. Låt inte verktyg ligga utspridda på golvet.

Var mycket försiktig med oljiga trasor. Om de lämnas i en hög är det inte omöjligt att spontan självantändning kan uppstå, så gör dig av med dem på ett säkert sätt i en täckt metallbehållare.

Undersök all utrustning och alla verktyg, se till att de är hela och säkra (leta t.ex. efter nötta kablar). Utför alla reparationer så fort eventuella defekter upptäcks – vänta inte på att en hylla ska kollapsa innan du lagar den.

Olyckor och nödsituationer

Detta kan handla om allt från mindre skärsår och skrapade knogar till allvarliga skador som kräver omedelbar läkartillsyn. Det förra är oundvikligt, medan det senare är ovanligt och (förhoppningsvis) bör kunna undvikas. Tänk över vad du skulle göra om en olycka inträffade. Lär dig första hjälpen och ha en första-hjälpen-låda inom räckhåll.

Fundera på vad du skulle göra om du blev allvarligt skadad och oförmögen att röra dig. Finns det någon i närheten som snabbt skulle kunna komma och hjälpa dig? Arbeta helst aldrig ensam – saker kan gå fel.

Vet du hur du skulle agera om någon annan råkade ut för en olycka i din närhet? Hur man handskas med olyckor är ett omfattande och komplicerat ämnesområde, och det är lätt att förvärra en situation om man inte vet hur man ska agera. Vi har inte utrymme att behandla detta ingående, så hellre än att bara ytlig beröra ämnet, rekommenderar vi att du köper en bra bok om första hjälpen och läser den noggrant.

Miljöhänsyn

Försäkra dig om att alla material, särskilt flyktiga vätskor, förvaras, handskas med och kasseras på ett säkert sätt. Förvara alla flyktiga vätskor i förseglade behållare – låt dem inte avdunsta och på så sätt producera skadliga ångor. När du ska kassera använd motorolja eller lösningsmedel, tänk på vilka skadliga effekter dessa kan ha på miljön. Häll till exempel aldrig motorolja eller lösningsmedel i avloppet eller direkt på marken. Om det inte finns någon miljöstation i närheten, kontakta kommunen för information.

Inköp och användning av verktyg

Det är mycket troligt att du redan har vissa av verktygen som nämns i kapitel 1. Många av dem är samma verktyg som behövs för underhåll och mindre reparationer av bilar. Det här avsnittet behandlar den typ av verktyg som du kan behöva köpa, förutsatt att du behöver fler, och hur dessa används på korrekt sätt så att de reparationer du tar dig an kan utföras med framgång.

Det är lätt att falla för rådet att man endast bör köpa individuella verktyg av mycket hög kvalitet, och gradvis bygga upp en uppsättning verktyg allteftersom behovet uppstår och budgeten tillåter. Det är ett gott råd, som ofta framförs i gör-det-själv-böcker och tidningsartiklar, men det är inte alltid så lätt att följa. För det första kan nästan vilken mekaniker som helst intyga att hans verktygsuppsättning består av en riktig blandning av olika sorters verktyg. Man hittar vanligtvis redskap av högsta kvalitet med livstidsgaranti intill billiga verktyg inköpta spontant från många olika källor.

Det verkar finnas en lag om verktygslådors innehåll som bestämmer att det där dyra, välgjorda och oumbärliga verktyget garanterat tappas bort eller försvinner på annat sätt, men under den korta tid som du har det i din ägo, går det aldrig sönder, det slinter aldrig och förstör aldrig några bultar eller muttrar. Ett billigt verktyg med dålig passning däremot, får du ha kvar resten av livet, till och med när du trodde att du hade slängt bort det. Det passar aldrig riktigt bra och det retar alltid gallfeber på dig.

Detta är naturligtvis en rejäl generalisering, men det händer verkligen. Det finns en del väldigt metodiska och organiserade människor som är ofelbart renliga, som alltid kontrollerar varje verktyg efter det har använts, innan det hängs tillbaka på den särskilda kroken eller läggs ned i den därför avsedda backen. Även om det är få som verkligen sköter om sina verktyg på detta disciplinerade sätt, kan man inte förneka att det är rätt sätt, och det bör uppmuntras.

Det finns också de som är helt främmande för idén att använda de korrekta verktygen, och som gladeligen tacklar de mest komplicerade renoveringsåtgärder med endast en uppsättning billiga öppna nycklar av fel typ, en enda skruvmejsel med utsliten spets, en stor hammare och en skiftnyckel. Detta tillvägagångssätt är utan tvekan helt fel och bör absolut undvikas – men även om det ofta leder till skadade infästningar och komponenter, händer det förstås också att det går vägen.

En realistisk målsättning kan kanske vara ett mellanting mellan dessa två ytterligheter. Försök att hålla bilden av den idealiska verkstaden i åtanke, men acceptera att den måste anpassas till din egen budget. Detta kommer oundvikligen att resultera i en blandning av verktyg och det verkar också vara den faktor som styr i de flesta verkstäder.

I det här kapitlet kommer vi också att försöka ge dig en bild av när verktyg av riktigt hög kvalitet är viktiga, och när det kan räcka med en billigare variant. Som en riktlinje kan man säga att verktyg som kommer att användas väldigt ofta bör vara av bra kvalitet, medan det räcker med att köpa en billigare modell av ett verktyg som bara kommer att användas då och då.

Om du är osäker på hur ofta ett verktyg kommer att användas, kan följande tillvägagångssätt hjälpa. Om du t.ex. behöver en uppsättning nycklar, men inte vet vilka storlekar du oftast kommer att använda, köp ett billigt set, eller ett i mellanprisklassen (se till att nycklarna passar de bultstorlekar som står på dem). När du har använt nycklarna under en tid, undersök noga varje verktyg i setet för att bedöma dess skick. Om alla passar bra och är oskadda, bry dig inte om att köpa en ny uppsättning. Om en eller ett par är slitna, byt ut dessa mot nycklar av högre kvalitet – på det sättet får du till slut verktyg av bra kvalitet där det verkligen behövs, medan de billigare räcker till för tillfällig användning. I sällsynta fall kanske du får dra slutsatsen att hela setet är av dålig kvalitet. Om det är fallet, köp ett bättre set om du behöver, och kom ihåg att aldrig köpa verktyg av det märket igen.

De bästa ställena där du kan köpa handverktyg är grossister, biltillbehörsbutiker eller järnhandlar. Du kanske inte hittar billiga verktyg, men du bör hitta ett stort utbud att välja bland och kunnig personal bör också finnas till hands om du behöver råd. Ta med dig verktygslistorna i kapitel 1 när du ska köpa in verktygen och förklara för försäljaren vad du är ute efter. Inköpsställen du bör undvika, åtminstone tills du har erfarenhet av att bedöma kvalitet, är postorderföretag (andra än de som säljer kända märken) och loppmarknader. Visst kan man få tag i prisvärda grejor, men ofta handlar det om billiga, importerade verktyg av tvivelaktig kvalitet. Verktygen kan visserligen vara acceptabla, men å andra sidan kan de också vara oanvändbara. Tyvärr kan det vara svårt att göra en sådan bedömning bara genom att titta på dem.

Slutligen kan det vara en bra idé att köpa begagnade verktyg från en verkstad eller en återförsäljare av begagnade verktyg. Urvalet kan visserligen vara begränsat när det gäller storlekar, men du kan vanligtvis avgöra utifrån verktygens skick om de är värda att köpa. Det kan hända att du samlar på dig ett antal oönskade verktyg och dubletter, men det är ett billigt sätt att bygga upp en grunduppsättning verktyg, och du kan ju alltid sälja överflödiga verktyg senare.

Kapitel 2

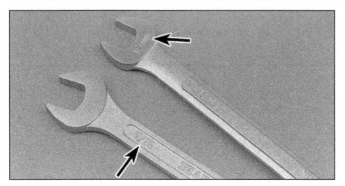

Nyckelstorlekarna är tydligt markerade på huvud eller skaft

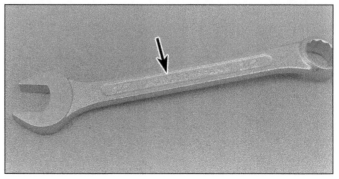

Leta efter termerna 'chrome vanadium' eller 'forged' när du försöker bedöma nycklarnas kvalitet

Inköp av nycklar och hylsor

Det finns nycklar av mycket varierande kvalitet på marknaden, och priset är vanligtvis en god indikation på detta – ju mer de kostar desto bättre är de. När det gäller just nycklar är det viktigt att köpa hög kvalitet. De är några av de verktyg som kommer att användas mest, så köp de bästa du har råd med.

Köp ett set med de storlekar som anges i kapitel 1. Storleken som anges på nyckeln *(se bild)* indikerar storleken på muttern eller bultskallen (eller storleken på nyckelns gap), i tum eller millimeter, inte diametern på förbandets gängor. Till exempel så har en 1/4 tums bult nästan alltid en 7/16 tums sexkantsskalle – storleken på den nyckel som behövs för att lossa eller dra åt den. Storlekarna kan förstås också anges i millimeter. Med risk för att förvirra situationen, bör det nämnas att det här förhållandet mellan gängdiametern och sexkantsskallen inte alltid stämmer – i vissa fall kan en ovanligt liten skalle användas, antingen för att utrymmet runt infästningen är begränsat, eller för att man vill undvika för hård åtdragning. Omvänt kan infästningar på vissa ställen också ha oproportionerligt stora skallar.

Nycklar ser ofta väldigt lika ut, så det kan vara svårt att bedöma hur välgjorda de är bara genom att titta på dem. Som med det mesta kan man vid inköp av nycklar göra fynd, medan det samtidigt finns märkesnycklar till överpris. Å andra sidan kanske du köper vad som ser ut som ett riktigt bra set, och sedan upptäcker att nycklarna passar dåligt eller är tillverkade av dåligt stål.

När man har lite erfarenhet kan det dock vara möjligt att bedöma ett verktyg genom att titta på det. Ofta har du kanske stött på ett visst märke tidigare, och har därför en känsla för kvaliteten. En ingående undersökning av verktyget kan vanligtvis ge vissa indikationer om kvaliteten. Verktyg av hög standard är vanligtvis polerade och förkromade över hela ytan, och själva arbetsytorna är slipade till rätt storlek. Den polerade finishen är mest för utseendets skull, men det gör verktygen lätta att hålla rena. Slipade käftar betyder vanligtvis att nyckeln passar bra på bultar/muttrar.

En direkt jämförelse mellan en nyckel av hög kvalitet och en billig variant kan vara en riktig ögonöppnare. Det bättre verktyget är tillverkat av högkvalitativt material, ofta smitt kromvanadiumstål *(se bild)*. Detta, tillsammans med väl uttänkt design, gör att verktyget kan hållas så litet och

kompakt som möjligt. Om det billigare verktyget är jämförelsevis tjockare och tyngre, särskilt runt käften, beror det vanligtvis på att extra material har behövts för att kompensera för den sämre kvaliteten. Om verktyget passar bra är detta inte nödvändigtvis någonting dåligt – det är ju trots allt billigare – men i situationer där man måste arbeta i begränsade utrymmen, kan det hända att den billigare nyckeln helt enkelt inte ryms för att den är för tjock.

Öppna nycklar

Den öppna nyckeln är den vanligaste eftersom den är så mångsidig. Den består vanligtvis av två öppna käftar i ändarna av ett platt handtag. Käftarna skiljer sig oftast med en storlek, med ibland överlappar storlekarna mellan efterföljande nycklar i ett set. Detta gör att man kan använda en nyckel till att hålla fast en bult, medan en mutter av liknande storlek lossas med en annan nyckel. En typisk uppsättning nycklar kan ha följande käftstorlekar: 6, 8, 10, 11, 13, 14 mm och så vidare.

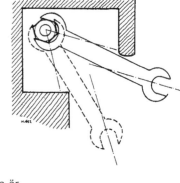

I typfallet sitter käften i vinkel i förhållande till handtaget, en egenskap som gör nycklarna mycket användbara där åtkomligheten är begränsad; genom att vrida muttern eller bulten så långt utrymmet tillåter, och sedan vända på nyckeln så att käften pekar åt det andra hållet, är det möjligt att vrida förbandet en liten, liten bit åt gången *(se bild)*. Handtagets längd bestäms i allmänhet av käftens storlek, och är beräknad så att muttern/bulten ska kunna dras åt tillräckligt mycket för hand med minimal risk för gäng- eller

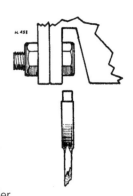

Öppna nycklar är de mest mångsidiga för allmän användning

andra skador (detta gäller dock inte mjuka material som mässing eller aluminium).

Vanliga öppna nycklar säljs vanligtvis i set och det är oftast inte värt att köpa dem individuellt, såvida det inte är för att ersätta en försvunnen eller utsliten nyckel från ett set. Enstaka verktyg kostar oundvikligen mer, så kontrollera vilka storlekar du troligtvis kommer att behöva regelbundet, och köp den bästa uppsättning nycklar du har råd med där de storlekarna ingår. Om budgeten är begränsad, kom ihåg att du kommer att använda öppna nycklar mer än någon annan typ – det är en bra idé att köpa en uppsättning av god kvalitet, och kanske ta genvägar på andra områden isället.

Ringnycklar

En ringnyckel består av en ringformad ände med en 6-kants eller 12-kants öppning *(se bild)*. Detta gör att verktyget passar på förbandets sexkant med 15 (12-kants) eller 30 graders (6-kants) intervall. I normala fall har varje nyckel två ändar av olika storlek, vilket gör att man kan få överlappande storlekar i ett set, enligt beskrivningen för öppna nycklar.

Det finns visserligen platta ringnycklar, men ofta är handtaget förskjutet i ändarna för att man ska kunna undvika hinder i närheten av förbandet, vilket vanligtvis är en fördel. Utöver nycklar av normal längd, är det också möjligt att köpa längre typer för att få mer hävkraft (mycket användbart när man måste lossa fastrostade muttrar och bultar). Det är dock lätt gjort att man drar sönder förbanden om man inte är försiktig, och ibland kan ett långt handtag försvåra åtkomligheten.

Som när det gäller öppna nycklar, finns ringnycklar av varierande kvalitet, som även här indikeras av finishen och mängden metall runt ändarna. Samma bedömningsgrund bör användas vid val av ringnycklar, men om budgeten är begränsad, satsa på öppna nycklar av bättre kvalitet och kanske något billigare ringnycklar.

U-ringnycklar

De här nycklarna kombinerar en ringände med en öppen ände av samma storlek i ett verktyg, vilket förstås ger dig många av fördelarna med båda. Precis som de tidigare nämnda nycklarna finns dessa ofta i set, och som sådana är de förmodligen bättre än ringnycklarna. De har ofta korta handtag och är väl lämpade för reparationer på småmotorer, där åtkomligheten ofta är begränsad.

Skiftnycklar

Dessa verktyg finns i många olika former och storlekar, med olika typer av justeringsmekanism. Principen är densamma med alla modeller – ett enda verktyg kan användas till förband av olika storlekar. Skiftnycklar är inte lika bra som fasta nycklar, och det är lätt hänt att man skadar bultar/muttrar med dem. De kan dock utgöra ett ovärderligt tillägg till din verktygsuppsättning – om de används med urskillning. *Observera:* Om du placerar skiftnyckeln på bulten/muttern så att den rörliga delen av käften pekar i rotationsriktningen *(se bild)*, föreligger mindre risk för att nyckeln slinter och skadar muttern/bultskallen.

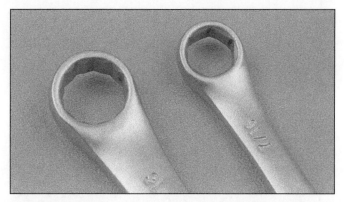

Ringnycklar finns med både 6-kants och 12-kants öppning – om du har möjlighet att välja, köp 6-kants nycklar

Den vanligast förekommande skiftnyckeln är den öppna typen med parallella käftar som kan ställas in så att de passar på bulten/muttern. De flesta justeras med en lättrad ställskruv, men det finns också typer med andra justeringsmekanismer. Köp inte stora skiftnycklar; du kommer nästan aldrig att kunna använda dem på grund av utrymmesbrist. Storlekarna som anges i kapitel 1 passar bäst för reparationer på småmotorer.

Hylsset

De utbytbara hylsorna består av smidda cylindrar av stållegering med en 6-kant eller en 12-kant inuti den ena änden. I den andra änden finns ett fyrkantigt urtag som passar ihop med motsvarande fäste på olika hylsverktyg.

Hylsor finns i storlekarna 1/4, 3/8, 1/2 och 3/4 tums anslutning. Anslutningen 3/8 tum är mest användbar för reparationer på småmotorer, men hylsor och tillbehör för 1/4 tums anslutning kan också behövas då och då.

Det mest ekonomiska sättet att köpa hylsor är i ett set. Som alltid följer priset kvaliteten. Även här rekommenderas att man köper "bästa möjliga". Detta är naturligtvis en bra idé, eftersom man då får en uppsättning kvalitetsverktyg som bör räcka livet ut, men kostnaden blir också hög och man kanske får svårt att rättfärdiga utlägget. Det finns ett enormt urval när det gäller hylsor, så håll dig till rekommendationerna i kapitel 1.

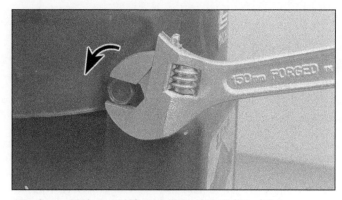

När du använder en skiftnyckel ska den rörliga delen av käften peka i rotationsriktningen (se pilen) så att nyckeln inte deformerar och halkar av bultskallen/muttern

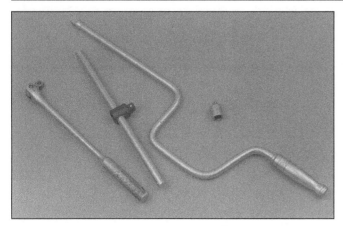

Det finns många tillbehör i varje anslutningsstorlek för hylssatserna (från vänster: skruvhandtag, T-handtag, vev och en 3/8 till 1/4 tum förvandlingshylsa)

Djupa hylsor är händiga när man ska lossa/dra åt försänkta bultar och muttrar fastskruvade på långa bultar/pinnbultar

När det gäller tillbehör behöver du ett spärrhandtag, minst en förlängare (en 75 eller 150 mm förlängare), en tändstiftshylsa och kanske ett T-handtag eller ett skruvhandtag. Andra önskvärda, men mindre viktiga tillbehör, är en vev, en universalknut, förlängare av olika längder och förvandlingshylsor som omvandlar en anslutningsstorlek till en annan *(se bild)*. Vissa av satserna kombinerar anslutningsstorlekar; dessa är väl värda att ha om du kan hitta rätt sats till ett bra pris, men bli inte förförd av antalet delar. Framför allt, se till att totalt ignorera alla etiketter där det står "Hylssats i 86 delar" – detta anger antalet komponenter, inte antalet hylsor (och ibland räknas plastinsatsen och metallådan som separata delar!).

Förutom med välkända märkesnamn, måste du chansa när det gäller kvaliteten på den sats du köper. Om du känner någon som har en hylssats som har hållit bra, försök att hitta det märket. Ta med dig ett par muttrar och bultar och kontrollera passningen i några hylsor. Kontrollera spärrhandtagets funktion. Bra handtag går mjukt och tydligt i små steg; billiga kan kännas grova och stela – ett bra sätt att bedöma resten av satsen.

En av de bästa sakerna med en hylssats är dess inbyggda möjlighet till utvidgning. När du väl har en grundsats, kan du köpa extra hylsor när så behövs och byta ut slitna delar. Det finns särskilt djupa hylsor med vilka man kan nå försänkta förband, eller som kan träs över en utstickande pinnbult *(se bild)*. Du kan också köpa skruvmejsel-, insex och -torxbits som passar olika typer av hylsverktyg *(se bild)*. De flesta hylssatser innehåller en speciell djup hylsa för 14 mm tändstift. Hylsan har en gummiinsats för att skydda tändstiftets porslinsisolator och hålla stiftet i hylsan så att man slipper bränna fingrar.

Momentnycklar

Momentnycklar kompletterar hylssatsen, eftersom de måste användas tillsammans med en hylsa så att ett förband kan dras åt till ett särskilt moment. Om man försöker sig på en motorrenovering utan en momentnyckel kan man förvänta sig oljeläckage, deformering av topplocket, skadade gängor eller ännu värre saker.

Den billigaste typen av momentnyckel utgörs av ett långt handtag designat så att det böjer sig när trycket ökar. En lång visare sitter fäst i drivänden och indikerar momentet på skalan vid handtaget när förbandet dras åt *(se bild)*. Den här typen av nyckel är enkel och vanligtvis tillräckligt noggrann för de

Mejselbits och Phillipsbits, insex- och torxbits finns för användning med spärrhandtag och andra hylsverktyg

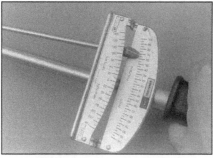

En enkel, billig, momentnyckel med skala räcker för reparationer på små motorer – momentet avläses på skalan vid handtaget

Momentnycklar av klicktyp kan ställas in så att de ger ett särskilt moment, vilket gör dem mycket exakta och lätta att använda

flesta jobb. En annan version är den förinställda "klick"-typen. Önskat moment ställs in på en skala innan man börjar (se bild). Verktyget ger oftast ifrån sig ett ljudligt "klick" och/eller en plötslig rörelse när det förinställda momentet har uppnåtts. Den senare typen är förstås mycket dyrare – bara du kan avgöra vilken typ du behöver. Om du inte tror att du kommer att använda momentnyckeln särskilt ofta, köp den billigare varianten.

Momentnycklar finns med olika anslutningsstorlekar och i olika momentområden beroende på användning. För små motorer behövs lägre moment än för bilar och lastbilar; 0 till 100 Nm bör räcka. Men om du planerar att utföra bilreparationer i framtiden, bör du hålla detta i åtanke när du köper momentnyckeln – försök då att hitta en som passar båda arbetsområdena.

Slagskruvmejsel

Slagskruvmejseln hör egentligen till skruvmejslarna, men vi nämner den här eftersom den också kan användas tillsammans med hylsor (slagskruvmejslar har ofta 3/8 tum fyrkantsanslutning). Slagskruvmejseln fungerar så att den omvandlar ett hammarslag mot dess bakre ände till ett vridmoment. Detta är ett jättebra sätt att få loss kärvande förband, men belastningen på hylsan blir mycket hög. Använd hylsor med försiktighet, och var beredd på att byta ut skadade hylsor emellanåt.

Att använda nycklar och hylsor

I det förra avsnittet tittade vi på de olika typer av nycklar som finns, med några förslag om hur man bygger upp en verktygsuppsättning utan att ruinera sig. Här ska vi ägna oss mer åt hur man använder verktygen. Det kan kanske tyckas uppenbart, men det är värt att tänka lite på. När såg du senast användarinstruktioner för en uppsättning nycklar?

Innan du börjar slita isär en motor, fundera på vilket som är det bästa verktyget för det här jobbet – i det här fallet den bästa nyckeln för en sexkants bult/mutter. Sätt dig ner med några bultar och muttrar och titta på hur olika verktyg passar bultskallarna/muttrarna.

En bra tumregel är att välja ett verktyg som får kontakt med den största ytan på sexkanten. Det gör att belastningen

fördelas så jämnt som möjligt och skaderisken minimeras. Den form som i det närmaste påminner om bultskallen är förstås en annan sexkant, så en sexkants hylsa eller ringnyckel är vanligtvis det bästa valet (se bild). Många hylsor och ringnycklar har 12-kants öppning. Om du använder en 12-kants hylsnyckel på en mutter, titta efter var de två kommer i kontakt. Hörnen på muttern sitter i vartannat urtag i nyckeln. När nyckeln vrids läggs trycket an jämnt på vart och ett av de sex hörnen (se bild). Det är helt i sin ordning, såvida inte bultskallen har runddragits tidigare. Om det är fallet kommer hörnen att skadas och nyckeln att halka. Om du stöter på en skadad mutter eller bult, använd endast en sexkants nyckel eller hylsa om så är möjligt. Om du inte har en, använd en 12-kants nyckel/hylsa som passar och var ytterst försiktig.

Om du placerar en öppen nyckel på en sexkants bultskalle, ser du att verktyget kommer i kontakt med bulten på endast två ytor (se bild). Detta är acceptabelt förutsatt att både verktyg och bult/mutter är i gott skick. Behovet av tät passning mellan nyckel och bult förklarar rekommendationen att köpa öppna nycklar av bra kvalitet. Om nyckelns käftar, bultskallen eller båda är skadade, kommer nyckeln förmodligen att slinta, runda av och deformera skallen. I vissa fall är en öppen nyckel den enda möjligheten på grund av begränsad åtkomlighet, men kontrollera alltid nyckelns passning på bulten/muttern innan du försöker lossa den; om det är svårt att komma åt den med en nyckel, tänk på hur svårt det kommer att bli att få loss den om skallen blir skadad.

Det sista alternativet är en skiftnyckel eller självlåsande tång. Använd den här typen av verktyg endast när allt annat har misslyckats. I vissa fall kan en självlåsande tång gripa tag om en skadad bultskalle som nyckeln inte klarar av, men var försiktig så att du inte gör saken värre genom att skada den ytterligare.

Om man håller i åtanke det som har sagts om valet av rätt verktyg från början, finns det mycket som är värt att notera när det gäller själva användningen av verktyget. Först och främst, se till att nyckeln är ren och oskadad. Om bultskallen är rostig eller täckt av färg, kommer inte nyckeln att passa ordentligt. Rengör bulten och lägg på lite rostolja om den är rostig, och låt den ligga i oljan ett tag innan du lossar den.

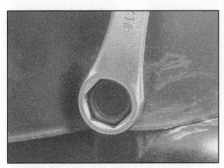 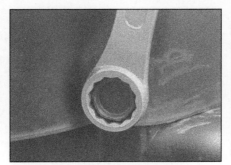 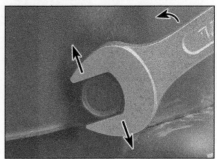

En sexkants ringnyckel är i kontakt med muttern/bulten helt runt om, vilket sprider trycket och tenderer att förebygga avrundade hörn

En 12-kants ringnyckel är endast i kontakt med muttern/bulten nära hörnen och koncentrerar trycket till specifika punkter, vilket kan leda till avrundade hörn och frustration

Öppna nycklar har en tendens att bändas isär när man försöker lossa en envis bult/mutter och kan lätt skada densamma

Kapitel 2

Detta kan tyckas självklart, men titta noga på förbandet som ska lossas innan du sätter dit nyckeln. På många massproducerade maskiner kan den ena änden vara fixerad, vilket underlättar den inledande hopsättningen och vanligtvis gör demonteringen lättare. Om en mutter sitter på en pinnbult eller en bult skruvas in i en fast mutter eller ett gängat hål, behöver du bara bekymra dig om en del. Om du istället har både bult och mutter, måste du hålla fast bultskallen medan muttern lossas. På vissa ställen kan detta vara svårt, särskilt där det rör sig om motorfästen. I det här läget kan du behöva en assistent som håller fast bultskallen med en nyckel, medan du skruvar loss muttern från den andra sidan. Om detta inte är möjligt, måste du försöka placera en ringnyckel så att den kan kilas fast mot någon annan komponent för att hålla muttern stilla.

Håll utkik efter vänstergängor. De är inte vanliga, men de används ibland i änden av roterande axlar, för att försäkra att muttern inte lossnar när motorn är igång. Om du kan se axeländen kan gängan kontrolleras okulärt. Om du är osäker, placera tumnageln i gängan och se vilken väg du måste vrida handen för att nageln ska "skruvas" ut ur axeln. Om du måste vrida handen moturs är det en konventionell högergänga.

Se upp för syndromet "uppochnedvända" förbandet. Om du lossar en oljeavtappningsplugg på undersidan av gräsklippardäcket t.ex., är det lätt att bli lite förvirrad över åt vilket håll man ska skruva. Det som känns som moturs för dig kan i själva verket vara medurs (från pluggen sett). Även efter många års erfarenhet kan man råka ut för detta.

I de flesta fall kan en bult/mutter lossas genom att man helt enkelt placerar nyckeln över den och vrider. Ibland kan dock förbandets skick göra att det blir svårt. Se till att nyckeln sitter rakt på bulten/muttern. Du kan behöva placera om verktyget eller pröva med ett annat för att få en tät passning. Försäkra dig om att motorn du arbetar på sitter fast ordentligt och inte kan röra sig när du drar runt nyckeln. Om så behövs, ta hjälp av någon som kan hålla i den åt dig. Ställ dig så att du kan få maximal hävkraft på nyckeln.

Om möjligt, placera nyckeln så att du kan dra änden mot dig. Om du måste trycka nyckeln ifrån dig, kom ihåg att den kan halka, eller att bulten kan lossna plötsligt. Av den anledningen, linda inte fingrarna runt handtaget eftersom du då kan slå i dem när bulten lossnar/nyckeln slinter. Håll istället handen öppen och tryck på nyckeln med tummens bas. Om verktyget pressas in i handen, lägg en trasa emellan eller ta på dig en kraftig handske.

Om bulten/muttern inte lossnar med normalt handtryck, sluta och försök lista ut varför, innan förband eller verktyg tar skada eller du gör illa dig själv. Till kärvande förband kan man behöva rostolja, värme, en slagskruvmejsel eller ett tryckluftsverktyg.

Om man använder hylsa istället för en nyckel vid lossande av sexkants förband minskar risken för skador. Se till att hylsan passar precis över bulten/muttern, sätt sedan fast en förlängare om så behövs, och spärrhandtaget eller skruvhandtaget. Teoretiskt sett ska man inte använda en momentnyckel till att lossa ett förband eller för slutgiltig åtdragning, eftersom dess mekanism kan överbelastas och slinta. Det finns dock fall där förbandets läge gör att du inte har något annat val än att använda momentnyckeln, men då måste du vara extra försiktig.

Använd aldrig förlängare där de inte behövs. Oavsett om du använder förlängare eller inte, stötta alltid anslutningsänden på skruvhandtaget med ena handen, medan du skruvar med den andra. När förbandet har lossnat kan spärrhandtaget användas till att påskynda resten av borttagningen.

Tänger

Allmänt sett behövs tre typer av tänger vid verkstadsarbete: polygrip, rörtång och självlåsande tång. Användningen av spetstång och avbitartång är visserligen begränsad, men de bör inkluderas om budgeten tillåter.

En polygrip har flera öppna lägen. En avlång öppning i det ena handtaget glider fram och tillbaka på ett ledstift på det andra handtaget, för att förändra öppningen. Tänger av bra kvalitet har käftar av härdat stål och det finns vanligtvis en avbitardel längst bak i käftarna. En polygrip används huvudsakligen till att hålla fast olika objekt, böja och kapa gasvajrar och klämma ihop och böja metalldelar, inte lossa muttrar och bultar.

En rörtång är lite grann som en polygrip, men vanligtvis större och med fler öppna positioner. Eftersom tången expanderar så att den passar objekt av många storlekar, har den otaliga användningsområden när det gäller underhåll av småmotorer och maskiner.

Självlåsande tänger finns i olika storlekar – mellanstorleken med böjda käftar är bäst lämpad för allmän användning. Om du har möjlighet, köp dock gärna en stor och en liten, eftersom de ofta används i par. Även om detta verktyg hamnar någonstans mitt emellan en skiftnyckel, en tång och ett bärbart skruvstäd, kan det vara ovärderligt vid lossande och åtdragning av förband – det är den enda tång som bör användas till detta. Käftöppningen justeras med en lättrad knopp i änden av handtaget. Käftarna placeras över muttern/bultskallen, handtagen pressas ihop och låser fast verktyget på bulten/muttern *(se bild)*. Verktygets design gör

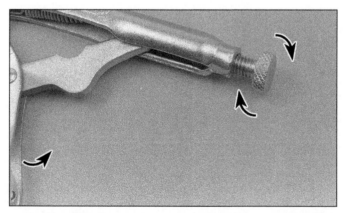

En självlåsande tång justeras med den lättrade bulten, sedan trycks handtagen ihop, vilket låser käftarna

Som en sista utväg kan du använda en självlåsande tång till att lossa en fastrostad eller avrundad mutter eller bult

att ett väldigt högt tryck kan läggas an vid käftarna och variationer i käftarnas utförande gör att tången kan gripa mycket hårt även om skallen är skadad *(se bild)*. Självlåsande tänger är mycket användbara när man ska lossa bultar/ muttrar som har runddragits av nycklar med dålig passning.

En radiotång har långa, tunna käftar utformade för att nå in i hål och andra begränsade områden. Många radiotänger har en avbitardel längst in.

Leta efter följande kvaliteter vid inköp av tänger: handtag och käftar som fungerar mjukt, käftar som passar ihop och griper jämnt när handtagen trycks ihop, en bra finish och gärna ordet "forged"/"smidd" instansat någonstans på verktyget.

Skruvmejslar

Skruvmejslar finns i ett stort antal former och storlekar för att passa de olika typerna av skruvskallar som används. Oavsett vilken kvalitet verktyget är av, så passar skruvmejslarna i de flesta verktygslådor sällan riktigt bra i den skruvskalle den är ämnad för. Detta beror inte bara på allmänt slitage, utan också på felanvändning.

Det är ofta frestande att använda en skruvmejsel som en kofot, ett stämjärn eller en dorn – användningsområden som dock gör skruvmejslarna till väldigt dåliga skruvmejslar.

En skruvmejsel består av stålklinga med en drivspets i änden. De vanligaste spetsarna är spår och Phillips (stjärn). I den andra änden av klingan sitter ett handtag. Ursprungligen var alla handtagen gjorda av trä, fästa vid klingan som hade upphöjda klackar för att inte rotera i handtaget. De flesta skruvmejslar i dag har plasthandtag, vilket i allmänhet gör dem mer hållbara än trä.

Utformningen och storleken på handtaget och bladet varierar väldigt mycket. Vissa handtag är ergonomiskt designade för att passa handen särskilt bra och ge bättre grepp. Klingan kan vara rund eller fyrkantig och vissa har en sexkant under handtaget, där man kan placera en nyckel om man behöver mer hävkraft för att lossa en envis skruv.

Klingans diameter, spetsens storlek och den totala längden varierar också. Det är i allmänhet bra att använda längsta möjliga skruvmejsel, vilket ger största möjliga vridkraft.

Om åtkomligheten är begränsad, finns det ett antal specialutformade skruvmejslar som ska passa in i trånga utrymmen. Den "korta och tjocka" skruvmejseln har ett särskilt kort handtag och kort klinga. Det finns också förskjutna skruvmejslar och särskilda skruvmejselbits som kan fästas på en momentnyckel eller förlängare.

Spårskruvmejslar

Dessa används till att skruva i och lossa vanlig spårskruv och de finns i många olika storlekar som anger spetsens bredd och klingans längd (t.ex: en 10 x 250 mm skruvmejsel är 10 mm bred vid spetsen och klingan är 250 mm lång). Du bör ha en uppsättning skruvmejslar av olika storlekar, så att du kan handskas med alla olika skruvar utan att skada dem. Klingan och spetsen måste vara av samma bredd och tjocklek som spåret i skruven för att den ska fungera ordentligt utan att halka. När du väljer spårskruvmejslar, välj verktyg av bra kvalitet, helst med klinga av smitt krommolybdenstål. Spetsen på klingan ska vara slipad till en parallell, plan profil (skålslipning) och inte till en kil, som har en tendens att vridas ut ur spåret när tryck läggs an *(se bild)*.

Alla skruvmejslar slits med använding, men spårmejslar kan slipas om ett antal gånger. När en spets slipas om, börja med att slipa änden helt platt i rät vinkel i förhållande till klingan. Se till att spetsen passar tätt i spåret i en skruv av rätt storlek och håll sidorna av spetsen parallella. Ta endast bort väldigt lite metall åt gången, för att undvika att överhetta spetsen och förstöra stålets härdning.

Phillips skruvmejslar (stjärnskruvmejslar)

Vissa motorer har skruvar som sätts in med tryckluftsverktyg vid tillverkningen, som är näst intill omöjliga att ta bort utan att skruvskallarna förstörs, särskilt om en skruvmejsel av fel storlek används. Se till att använda en mejsel med en spetsprofil som matchar spåret i skruven så bra som möjligt.

Det enda sättet att garantera att verktygen du köper kommer att passa ordentligt, är att ta med några skruvar och kontrollera att passningen mellan mejselbladet och skruvspåret är tät. Använd bara skruvmejslar som passar

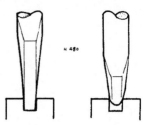

Felaktig användning av en skruvmejsel – bladet som används är både för smalt och för tunt och det kommer förmodligen att slinta eller gå av

Den vänstra bilden visar en spets med tät passning. Den högra bilden visar en skadad spets, som kommer att halka ut ur spåret när tryck läggs an

Spårskruvmejslar – fel storlek (vänster), korrekt passning i skruvspåret (mitten) och sliten spets (höger)

Kapitel 2

exakt – allt annat kommer garanterat att förstöra skruvskallen väldigt fort.

Idén bakom alla typer av stjärnspår är att få skruv och skruvmejsel att självmant passa ihop. Förutsatt att du placerar mejselspetsen i mitten av skruvskallen, kommer den att hamna rätt, till skillnad från spårskruvar, där man måste vara mycket noggrann med placeringen av mejseln. Detta gör skruvarna lämpliga för installation på ett löpande band (vilket förklarar varför de vanligtvis sitter så hårt och är så svåra att ta loss). Nackdelen med de här skruvarna är att drivtungorna på skruvmejseln är väldigt små och måste passa mycket precist i skruvspåret. Om de inte gör det, kommer den stora belastning som läggs på de små plana ytorna på skruven att slita sönder metallen, vilket gör skruven omöjlig att få loss med normala metoder. Problemet förvärras av att skruvarna ofta tillverkas av ett ganska mjukt material.

För att kunna handskas med dessa skruvar regelbundet, behöver du skruvmejslar av hög kvalitet med olika spetsar, så att du kan vara säker på att ha rätt typ när du behöver den. Phillips mejslar storleksmärks med spetsens nummer och klingans längd (t.ex: en 2x6 tum mejsel har en nummer 2 spets – som endast passar skruvar med spår av den storleken – och en 6 tum lång klinga). Spetsstorlekarna 1, 2 och 3 bör vara lämpliga för reparationer på småmotorer *(se bild)*. Om spetsen blir sliten eller skadad, köp nya skruvmejslar så att de inte förstör skruvarna de används på *(se bild)*.

Här är ett händigt tips vid användning av Phillips skruvmejslar: Om en skruv sitter extremt hårt och spetsen

bara vill backa ut ur spåret istället för att vrida skruven, lägg på lite ventilslippasta på mejselspetsen, så får den bättre grepp.

Hammare

Du behöver minst en kulhammare, men nästan vilken stålhammare som helst duger i de flesta fall. En kulhammare har ett huvud med en konventionell cylindrisk slagyta på den ena sidan, och en rund slagyta på den andra. Kulhammaren är ett verktyg för allmänna ändamål och du hittar en i nästan alla typer av verkstäder. Den har en kortare hals än en snickarhammare och slagytan är härdad för slag mot körnare och huggjärn. En ganska stor hammare är att föredra framför en liten – det är mycket lättare att kontrollera slaget från ett tyngre hammarhuvud. Som en allmän regel kommer en 340 eller 450 grams hammare att fungera för de flesta jobb, även om en större eller mindre också kan vara användbar ibland.

En mjuk hammare används i de fall där en stålhammare riskerar att skada komponenten eller de andra verktygen som används. Ett hammarhuvud av stål kan spräcka en aluminiumdel, men en gummi- eller plasthammare minskar den risken. Mjuka hammare finns med utbytbara huvuden (vanligtvis en av gummi och en av ganska hård plast). När huvudena slits ut kan man köpa till nya. Om budgeten är liten kan du klara dig utan en mjuk hammare genom att placera ett litet block av hårdträ mellan komponenten och stålhammaren för att förhindra skador.

Hammare bör användas med sunt förnuft; huvudet ska slå rakt mot objektet med lagom stor kraft. För många jobb behöver man inte slå särskilt hårt – låt helt enkelt hammarhuvudets vikt göra jobbet, och använd längden på svingen till att styra kraften. Med lite träning kan en hammare användas med förvånansvärd finess, men det kan ta ett tag att lära sig detta. Vanliga misstag i början är att man slår i en vinkel, i vilket fall hammarhuvudet lätt kan glida av åt ena hållet, eller att man slår i kanten på objektet. Båda misstagen kan leda till skada på komponenter eller din tumme om den kommer i vägen, så var försiktig. Håll i hammarskaftet nära den bakre änden, inte nära huvudet, och håll fast det ordentligt men inte krampaktigt.

Undersök dina hammare regelbundet. Faran med ett löst hammarhuvud är uppenbar, men leta också efter hack och sprickor. Om du upptäcker skador, köp en ny hammare – huvudet kan släppa ifrån sig flisor vid användning och dessa kan vara extremt farliga. Vi behöver väl egentligen inte säga att ögonskydd alltid ska bäras när man använder en hammare.

Körnare, dornar och huggjärn

Dessa verktyg används tillsammans med hammare för olika syften i en verkstad. Drivdorn är ofta helt enkelt en rund stålstav som används till att driva ut en komponent ur ett lopp i motorn eller den maskin den är monterad i. Ett typfall är montering eller demontering av ett lager eller en bussning. En dorn med samma diameter som lagrets yttre

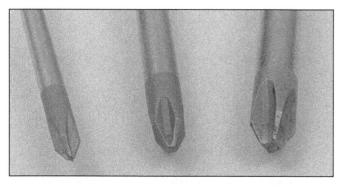

Spetsstorleken på en stjärnmejsel indikeras av ett nummer från 1 till 4 där 1 är den minsta (vänster – nr 1; mitten – nr 2; höger – nr.3)

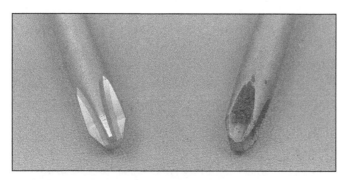

Ny (vänster) och sliten (höger) stjärnskruvmejsel

bana placeras mot lagret och knackas med en hammare så att den drivs in i eller ut ur loppet. De flesta tillverkare tillhandahåller också särskilda drivdorn för de olika lagren i en särskild motor. Dessa kan vara mycket användbara för en fullbokad serviceavdelning hos återförsäljaren, men de är för dyra för hemmamekaren som kanske bara behöver använda dem en gång. I sådana fall är det bättre att improvisera. För demontering eller montering av ett lager är det vanligtvis möjligt att använda en hylsa med passande diameter till att knacka lagret in eller ut; ett okonventionellt sätt att använda en hylsa, men det fungerar.

Drivdornar med mindre diameter kan köpas eller tillverkas av stålstång. I vissa fall kanske du måste driva ut delar som korroderade motorfästbultar. Här är det väldigt viktigt att inte skada bultens gängade ände, så dornen måste vara av mjukare material än bulten. Mässing eller koppar är det vanligaste valet för sådana jobb; dornen kan kanske ta skada under användningen, men gängan är skyddad.

Körnare och dornar finns i en mängd olika former och storlekar, och ett set med olika typer är mycket användbart. En körnare är ett litet cylindriskt verktyg där änden har slipats till en spets. Den behövs närhelst ett hål ska borras. Mitten av hålet markeras och körnaren används sedan till att göra en liten fördjupning på avsedd punkt. Fördjupningen fungerar som en styrning för borren, så att hålet hamnar exakt där man vill ha det. Utan körnarmarkeringen kan borren börja vandra och det blir svårt att borra med precision. Man kan också köpa automatiska körnare. De är fjäderbelastade och behöver bara tryckas mot ytan som ska märkas – ingen hammare behövs.

Pinndorn är avsedda för borttagning av delar som valstappar (halvhårda, ihåliga stift som sitter med mycket tät passning i sitt hål). Pinndorn har dock också andra

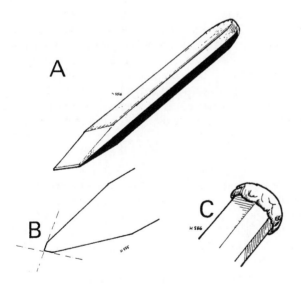

En typisk huggmejsel för allmänt bruk – observera huggändens vinkel (B), som bör kontrolleras och slipas om regelbundet. Den "bulliga" bakre änden (C) är farlig och bör slipas ner till sin ursprungliga form

användningsområden. Du måste kanske ta bort nitar eller bultar genom att kapa av skallen och driva ut klingan med en pinndorn. De är också händiga när man måste placera hål i komponenter i linje medan bultar eller skruvar sätts i.

Ett vanligt huggjärn för användning på metall är ett väsentligt verktyg i en mekanikers verkstad. En som är ungefär 15 cm lång med ett 12 mm brett blad bör vara lämpligt. Själva huggkanten är slipad i ungefär 80 graders vinkel *(se bild)*, medan resten av spetsen är slipad i en något grundare vinkel bort från kanten. Den huvudsakliga användningen är grovkapning av metall – det kan gälla allt från arbete med plåtar (inte så vanligt på småmotorer) till kapning av fastrostade bultskallar eller spruckna muttrar. Ett huggjärn kan också ibland användas till att vrida ut skruvar eller bultar med skadade skallar.

Alla verktyg som beskrivs i det här stycket ska vara av bra kvalitet. De är inte särskilt dyra, så det är inte värt att försöka spara pengar på dem. Med billiga verktyg finns det istället en risk att fragment kan slås loss vid användning – vilket kan vara farligt.

Även med verktyg av bra kvalitet, kommer båda ändarna oundvikligen att slitas eller skadas, så det är bra att underhålla dem med jämna mellanrum. Använd en fil eller en bänkslip och ta bort grader och "bulliga" kanter från den bakre änden. Det här är viktigt eftersom bitar av materialet kan flyga loss när man slår på dem med hammaren. Se till att verktyget behåller sin ursprungliga profil i drivänden, även här genom att fila eller slipa bort grader. När det gäller huggmejseln måste huggänden vanligtvis slipas om ganska ofta eftersom materialet i verktyget normalt inte är mycket hårdare än det material man hugger i. Se till att kanten är hyfsat vass, men ändra inte på den ursprungliga vinkeln; den kommer bara att slitas ner snabbare om du gör det.

De olika teknikerna för användning av dessa verktyg varierar beroende på åtgärden i fråga och man lär sig dem med tiden. Den gemensamma nämnaren är att de alla vanligtvis slås med en hammare. Därför ska man alltid skydda ögonen. Försäkra dig alltid om att driv-/huggänden av verktyget är i god kontakt med den del som ska drivas eller huggas loss. Om den inte är det kommer verktyget att studsa av ytan vilket kan leda till skador.

Bågfilar

En bågfil består av ett handtag och en ram som håller ett flexibelt stålblad under spänning. Bladen finns i olika längder och de flesta bågfilar kan justeras så att de passar de olika storlekarna. Den vanligaste bladlängden är 250 mm.

De flesta bågfilsramar är av acceptabel kvalitet och eftersom de är okomplicerade verktyg är det liten skillnad mellan olika märken. Försök att hitta en som är så stadig som möjligt och på vilken det är enkelt att byta blad.

Vilken typ av blad man ska använda – typen indikeras av antalet tänder per tum (TPI) *(se bild på nästa sida)* – beror på materialet man ska såga i. Tumregeln är att se till att minst tre tänder alltid är i kontakt med metallen som kapas *(se bild)*. I praktiken betyder detta ett fint blad för att kapa

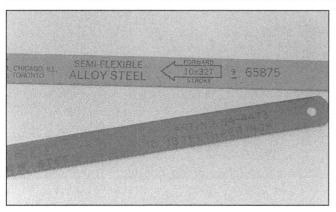

Bågfilsblad är märkta med ett TPI-nummer (tänder per tum) – använd ett relativt grovt blad för aluminium och ett fint blad för stål

När du kapar tunna material, kontrollera att åtminstone tre tänder alltid är i kontakt med materialet. Ett alltför grovt blad kan resultera i dålig kapning och bladet kan gå av. Om du inte har korrekt blad, såga i en trubbig vinkel.

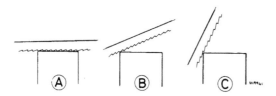

Rätt vinkel är viktigt när man sågar. Om den är alltför trubbig (A) kommer bladet att vandra. Vinkeln som visas i (B) är korrekt när man börjar såga, men vinkeln kan reduceras något när man har kommit en bit. I (C) är vinkeln för spetsig och bladet kommer då lätt att hoppa ur spåret.

Korrekt användning av en bågfil

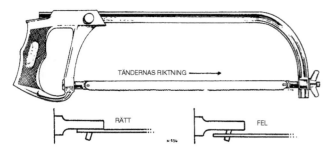

Korrekt montering av ett bågfilsblad – tänderna måste peka bort från handtaget och ligga an mot styrklackarna

tunna plåtar, medan ett grövre blad kan användas till snabbare kapning av tjockare delar som t.ex. bultar. Det är värt att notera att när man kapar tunna material, är det bra att vinkla sågen så att bladet skär i en trubbig vinkel. På det sätter kommer fler tänder i kontakt och det blir mindre risk för att bladet fastnar eller går av eller att tänder bryts av. Denna metod kan också användas när man inte har ett tillräckligt fint blad till hands; ju trubbigare vinkel, desto fler tänder i kontakt med materialet.

När du köper blad, välj ett välkänt märke. Billiga, märkeslösa blad kan visserligen vara dugliga, men det kan du inte veta genom att bara titta på dem. Blad av sämre kvalitet har otillräckligt härdade tänder och blir slöa fort. De flesta blad från välkända tillverkare är märkta med "Flexible High Speed Steel" eller något liknande, för att indikera vilket material de är tillverkade av. Det är möjligt att köpa "oförstörbara" blad (endast tänderna är härdade, så resten av bladet blir mindrer skört).

I vissa situationer är en fullstor bågfil för stor för att komma åt en fastrostad mutter eller bult. Ibland kan man lösa detta genom att vrida bladet 90 grader – det går att göra på de flesta bågfilar. Vid enstaka tillfällen måste du kanske placera sågen runt ett hinder, och sedan sätta på bladet på andra sidan. Om åtkomligheten är särskilt svår, kan du behöva använda ett handtag som kläms fast i bladets ena ände. Detta gör att du kan komma åt utrymmen där bågfilsramen inte hade fått plats, och har också den fördelen att du kan få användning för avbrutna bågfilsblad istället för att kasta bort dem. Notera dock att eftersom bara den ena änden av bladet blir stöttad, och bladet inte hålls spänt, är det svårare att styra och sågar mindre effektivt.

Innan du använder en bågfil, kontrollera att bladet är lämpligt för det material som ska kapas samt att det är korrekt monterat i ramen *(se bild)*. Vad det än är du kapar, måste det vara säkert stöttat så att det inte kan röra sig. Sågen skär när den går framåt, så tänderna måste peka bort från handtaget. Detta kanske verkar självklart, men det är lätt att montera ett blad fel väg av misstag och förstöra tänderna under de första dragen. Se till att bladet är tillräckligt spänt, så att det inte deformeras eller vibrerar i spåret och går sönder. Bär alltid skyddsglasögon/visir och var försiktig så att du inte skär dig själv på bladet eller de vassa kanterna där du har sågat.

Filar

Filar finns i många olika storlekar och typer för specifika jobb, men alla används i grunden till att ta bort små mängder metall på ett kontrollerat sätt. Filar används av mekaniker till att ta bort grader och gjutskägg, märka delar, ta bort rost, fila bort nitskallar, återställa gängor och tillverka små delar.

Filar finns i olika former – platt, halvrund, rund, fyrkantig och trekantig. Varje form finns sedan i olika längder och huggning från grov till fin. Filytan är täckt med rader av diagonala åsar som utgör filtänderna. Dessa åsar kan gå i en riktning (enkelgrad) eller i två riktningar så att de formar ett

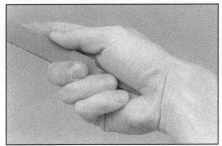

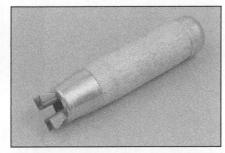

Filar kan antingen ha enkelgrad (vänster) eller dubbelgrad (höger) – generellt sett kan man säga att enkelgrad är till för att producera en mycket slät yta; använd dubbelgrad för att snabbt ta bort större mängder oönskat material

Använd aldrig en fil utan ett handtag – den spetsiga änden kan pressas in i handen

Det finns också justerbara handtag som kan användas till filar av olika storlekar

korsmönster (dubbelgrad) *(se bild)*. Mellanrummet mellan tänderna avgör filens grovhet, som alltså finns från grov till fin i olika grader.

Du kan bygga upp en samling filar genom att köpa verktyg av relevant form och grad/huggning när de behövs. En bra utgångspunkt skulle kunna vara en platt, en halvrund, en rund och en trekantig fil (minst en av varje – medelfin eller medelgrov). Utöver det måste du också köpa ett eller flera filhandtag (filar säljs oftast utan handtag, som köps separat och träs på den avsmalnande änden när filen ska användas) *(se bild)*. Du kan behöva köpa handtag av mer än en storlek för att matcha de olika filarna i din verktygslåda, men försök inte att klara dig utan dem. Filänden är ganska vass och du kommer troligtvis att skära dig i handflatan om du använder filen utan handtag och den hakar fast i materialet. Justerbara handtag finns också för användning av filar av olika storlek, vilket förstås eliminerar behovet av flera olika handtag *(se bild)*.

Undantaget när det gäller behovet av ett handtag är fina nålfilar, som har ett runt handtag istället för en avsmalnande tunga. Dessa små filar säljs vanligtvis i set med filar av olika utformning. De var ursprungligen avsedda för mycket fint arbete, och de kan vara mycket användbara i trånga utrymmen. Nålfilar är oftast det bästa valet när kolvringsändar behöver filas ner för att rätt ändgap ska erhållas.

Att använda filar på rätt sätt är relativt enkelt. Som när man använder en bågfil, ska delen man jobbar med klämmas fast ordentligt i ett skruvstäd om så behövs, så att den inte kan röra sig under arbetet. Håll filen i handtaget och använd den fria handen till att styra filen i den andra änden och hålla den platt i förhållande till ytan som filas. Använd mjuka drag och var noga med att inte gunga filen när den går över ytan. Dra den inte heller diagonalt över ytan, eftersom tänderna då kommer att göra spår i materialet. Dra inte tillbaka filen över ytan i slutet av fildraget – lyft den lite när du för tillbaka den så att inte tänderna skadas.

Filar behöver inte underhållas i någon vanlig mening, men håll dem rena och fria från filspån. Stål är ett ganska lätt material att arbeta med, men mjukare metaller som

aluminium har en tendens att sätta igen tänderna ganska snabbt, vilket kan leda till repor i materialet. Detta kan undvikas om man gnider krita över filens yta innan man börjar. Allmän rengöring gör man med en filkarda eller en fin stålborste. Om filarna hålls rena håller de länge – när de till slut blir slöa måste de bytas ut. Det finns inget tillfredsställande sätt att slipa en nedsliten fil.

Spiralborrar och borrutrustning

Borrar behövs ofta till att ta bort rostiga eller skadade förband, förstora hål och tillverka små delar.

Borrning utförs med spiralborrar, antingen i en handborrmaskin eller en pelarborrmaskin En spiralborr (eller bara ett borr som de ofta kallas) består av en rund klinga med ett spår som går i en spiral över två tredjedelar av dess längd. Spåret för undan överflödigt material som produceras vid borrningen, håller borret centrerat i hålet och bearbetar väggarna i hålet.

Den nedre delen av klingan är slät och används till att fästa borret i chucken. I det här avsnittet behandlar vi endast borrar med cylindriskt skaft *(se bild)*. Det finns en annan typ av borr, där den släta änden har formats till en kon av särskild storlek, för att passa direkt i motsvarande hylsa i en

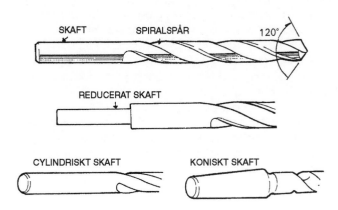

Ett typiskt borr (överst), borr med reducerat skaft (mitten) och borr med koniskt skaft (nere till höger)

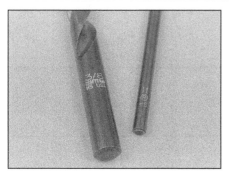

De borr som oftast används finns i metriska eller imperialstorlekar (vänster) och sifferstorlekar (höger), så hål av nästan vilken storlek som helst kan borras

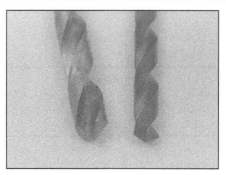

Om ett borr blir slött (vänster), bör det kastas eller slipas om så att det ser ut som borret till höger

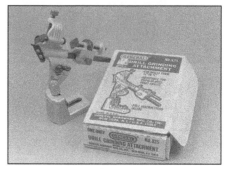

Jiggar som kan användas tillsammans med en bänkslip vid slipning av borr är inte dyra. Även om du inte använder den särskilt ofta, kommer den snabbt att löna sig

extra kraftig pelarborrmaskin. De här borren kallas Morsekonborr och används huvudsakligen av verkstäder där man utför maskinbearbetning.

I borrets skärände slipas två kanter så att de formar en konisk spets. De har oftast en vinkel på ungefär 60 grader i förhållande till borrets axel, vilket är rätt för allmän användning, men de kan slipas om till andra vinklar för särskild användning.

Vid inköp av borr, köp en uppsättning av bra kvalitet (storlek 1,5 till 10 mm). Se till att de är märkta "High Speed Steel" eller "HSS". Detta indikerar att de är hårda nog att motstå kontinuerlig användning på metall. Många billigare, omärkta borr är endast lämpliga för trä eller andra mjuka material. Om du köper ett set vet du också att borr av rätt storlek finns till hands när det behövs.

Borrstorlekar

Spiralborrar finns i många olika storlekar, men de flesta kommer du aldrig att behöva. Det finns fyra grundläggande storlekssystem: det metriska, imperialsystemet, siffror och bokstäver *(se bild)*.

Det metriska systemet börjar på 1,5 mm och går upp i steg om 0,5 mm, medan imperialmåtten börjar med 1/64 tum och går upp i steg om 1/64 tum. Borr med sifferstorlekar finns i fallande ordning från 80 (0,34 mm eller 0,0135 tum), som är den minsta, till 1 (5,79 mm eller 0,2280 tum), den största. Bokstavsmärkningen börjar med den minsta storleken A (5,94 mm eller 0,234 tum) och går upp till Z (10,49 mm eller 0,413 tum), den största.

Denna djungel av storlekar innebär att det är möjligt att borra ett korrekt hål av nästan vilken storlek som helst. I praktiken är du dock begränsad av chuckstorleken på din borrmaskin (ofta 10 eller 12 mm). Dessutom är det ovanligt att en butik lagerför alla storlekar, så du måste kanske leta dig fram tills du hittar en storlek som passar dina önskemål.

Spetsomslipning

Som när det gäller andra verktyg med ett skäregg, blir borr så småningom slöa *(se bild)*. Hur ofta de behöver slipas om beror till viss utsträckning på om de används korrekt. Om ett borr är slött märks det direkt när man försöker använda det.

En bra indikation på hur vasst borret är, är det material som kommer upp ur hålet som borras. Om spetsen är i bra skick, ska två jämna metallspiraler komma ut; om detta inte är fallet, eller om spetsen blir väldigt varm, kan man anta att borret behöver slipas.

När det gäller borr av små storlekar – under ca 3,0 mm (1/8 tum) – är det lättare och mer ekonomiskt att kasta bort det slitna borret och köpa ett nytt. För större (och dyrare) borr är slipning det bättre alternativet. Vid slipning av spiralborrar måste skäreggens ursprungliga vinkel på 120 grader bibehållas och den lilla mejselspetsen längst ut måste återställas. Med viss träning kan ett borr hållas i handen och slipas på en bänkslip, men det är väldigt lätt att begå misstag. En jigg bör användas, som kan monteras intill slipen så att borret kan hållas i korrekt vinkel *(se bild)*.

Borrutrustning

De verktyg som finns för att hålla fast och rotera borr omfattar allt från enkla, billiga handborrar eller elektiska borrar till sofistikerade och dyra pelarborrmaskiner. I idealfallet borde all borrning utföras med en pelarborrmaskin, med materialet som ska borras fastklämt i ett skruvstäd. Dessa maskiner är dock dyra och tar mycket plats, så de kommer inte ens i fråga för de flesta hemmamekaniker. Ett annat problem är att många av de borrningsjobb du kommer att utföra är på själva motorn eller den maskin den är monterad i, vilket innebär att du måste ta verktyget till arbetet, inte tvärtom.

Det bästa verktyget för hemmaverkstaden är en elektrisk borr med en 10 mm chuck. Som vi nämnt i kapitel 1 finns både nätanslutna och sladdlösa borrmaskiner att köpa. Om du inhandlar en borrmaskin för första gången, leta efter ett välkänt märke med gott rykte och se till att borren har variabel hastighet. En enhastighets borr med 6,0 mm chuck fungerar, men det är värt att betala lite mer för borren med större chuck och variabel hastighet.

På många borrmaskiner behövs en nyckel till att låsa fast borret i chucken. När ett borr sätts fast eller tas ut, se till att sladden är urkopplad för att undvika olyckor. Dra först åt chucken för hand och kontrollera att borret är centrerat. Det här är särskilt viktigt vid användning av små borr, som kan fastna mellan käftarna. När chucken har dragits åt för hand ordentligt, använd nyckeln till att låsa den – kom ihåg att ta bort nyckeln efteråt!

Borra och finbearbeta hål

Förberedelser

Om möjligt, se till att den del som ska borras sitter fast hårt i ett skruvstäd. Om detta inte går, se till att delen står stabilt och säkert. Borr kan ibland haka fast under borrning – detta kan vara farligt, särskilt om materialet plötsligt börjar rotera i änden av borren. Detta är naturligtvis inte så troligt om det handlar om en hel motor, men se ändå till att den är ordentligt stöttad.

Börja med att märka ut mitten av det hål som ska borras. Använd en körnare och gör en liten fördjupning för borret, så att det inte börjar vandra. Om du borrar ut en avbruten bult, se till att placera körnaren exakt i mitten av bulten (se avsnittet om hur man tar bort trasiga bultar).

Om du borrar ett stort hål (över 6,0 mm), kan du välja att borra ett pilothål först. Som namnet antyder, styr detta hål det större borret och minskar risken för att det börjar vandra. Innan du börjar borra, se till att det inte ligger något bakom den del du borrar i, så att du får oönskade hål.

Borra

När du borrar i stål, särskilt med mindre borr, behövs ingen smörjning. Om det rör sig om större borr kan olja användas för att försäkra ett rent skär och för att förhindra överhettning av borrspetsen. Vid borrning i aluminium, som har en tendens att fastna på skäreggen och sätta igen spiralspåret, använd paraffin som smörjmedel.

Använd skyddsglasögon eller ett visir och försök att hitta en bekväm och stabil arbetsställning, så att du lätt kan kontrollera trycket på borren. Placera borrspetsen i den gjorda fördjupningen och, om du borrar för hand, se till att borren är vinkelrät mot ytan. Börja borra, men lägg inte an särskilt stort tryck förrän du är säker på att hålet är korrekt placerat. Om hålet påbörjas förskjutet, kan det bli mycket svårt att korrigera. Du kan försöka med att vinkla borret en aning, så att hålets centrum flyttar i motsatt riktning, men detta måste göras innan borrets spiralspår har gått ner i hålet. Det är just vid starten som en borr med variabel hastighet är ovärderlig; den lägre hastigheten tillåter finjusteringar innan det är för sent. Fortsätt att borra tills önskat håldjup uppnås eller tills borrspetsen kommer ut på andra sidan.

Borrhastighet och -tryck är viktigt – som en allmän regel kan man säga att ju större diameter borret har, desto långsammare bör borrhastigheten vara. Om borrmaskinen bara har en hastighet finns det förstås inget man kan göra för att kontrollera detta, men en borr med två lägen eller variabel hastighet kan kontrolleras. Om hastigheten är för hög kan skäreggen på borret överhetta och bli slöa. Trycket bör varieras under borrningen. Börja med lätt tryck tills spetsen har satt sig ordentligt i ytan. Öka trycket gradvis så att borret skär jämnt. Om spetsen är vass och trycket korrekt,

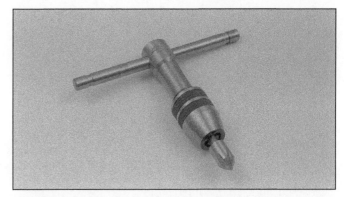

När ett hål har borrats eller förstorats, använd ett stort borr eller en försänkare monterad i en gängtappshållare till att ta bort borrskägg

kommer två distinkta metallspiraler att komma ut ur borrets spår. Om trycket är för svagt kan inte borret skära ordentligt, men om trycket är för högt kan spetsen överhetta.

Minska trycket när borret går igenom materialet på andra sidan. Om du inte gör det kan borret fastna i hålet; om du använder en handhållen borr kan den skaka ur händerna på dig, särskilt om du använder större borr.

När ett pilothål har borrats, sätt i det större borret i chucken och förstora hålet. Det andra borret följer pilothålet – man behöver inte försöka guida det (om du gör det kan borret brytas av). Det är dock viktigt att man håller borren i korrekt vinkel.

När hålet har borrats till rätt storlek, ta bort borrskägg runt kanterna på hålet. Detta kan göras med en liten rund fil eller genom att man fasar av öppningen med ett större borr eller en försänkare (*se bild*). Använd ett borr som är flera storlekar större än hålet och vrid det helt enkelt runt hålet för hand tills eventuella ojämna kanter har tagits bort.

Förstora och förändra hål

Den största praktiska storleken på borr som används i handhållna borrar är ungefär 12 mm. Detta avgörs delvis av chuckens kapacitet (även om det är möjligt att köpa större borr med step shank-skaft). Den riktiga begränsningen är svårigheterna att kontrollera stora borr i en handhållen maskin; borr över 12 mm brukar vara mycket svåra att hantera i något annat än en pelarborrmaskin. Om du måste göra ett större hål, eller om det handlar om något annat än ett runt hål, krävs andra tekniker.

Om ett hål helt enkelt måste förstoras något, är en rund fil förmodligen det bästa verktyget. Om hålet måste göras mycket stort behövs en hålsåg, men de kan endast användas på plåtar och andra tunnare material.

Stora hål eller hål med ojämna former kan också göras i relativt tunna material genom att man borrar flera små hål intill varandra. I det här fallet måste den önskade hålstorleken och formen märkas ut med en ritsspets. Nästa steg beror på vilken borrstorlek som ska användas; idén går ut på att man borrar ett antal hål som nästan vidrör varandra precis innanför den ritsade hålkonturen. Märk ut varje hålcentrum med en körnare och borra sedan hålen. Ett huggjärn kan sedan användas till att knacka ut överflödigt material ur hålet, som sedan kan filas till rätt form. Detta är tidsödande, men det enda tillvägagångssättet för hemmamekanikern. Hur bra resultatet blir beror på hur noggrant hålet märks upp och hur exakt man använder körnaren.

Gängtappar och gängsnitt

Gängtappar

Gängtappar, som finns i imperial- och metriska storlekar, används till att skära inre gängor och rengöra och återställa skadade gängor. En gängtapp består av en spårad klinga med en fyrkantsanslutning i ena änden. En del av klingan är gängad – skäreggen bildas där spåren korsar gängorna *(se bild)*. Gängtappar tillverkas av härdat stål så att de kan skära gängor i material som är mjukare än det de är gjorda av.

Gängtappar finns i tre olika typer: För-, mellan- och bottentapp. Den enda riktiga skillnaden är längden på skärfasen i gängtappens ände. Förtappar har en skärfas på 6 till 8 gängor, vilket gör att de är enkla att starta, men de skär inga gängor nära botten av ett hål. Mellantappar har en skärfas på 3 till 5 gängor, vilket gör dem till bra tappar för allmänt bruk eftersom det är relativt lätt att börja med dem och de skär gängor nästan ända ner i ett hål. Bottentappar har en mycket kort skärfas (1/2 till 3 gängor) och skär gängor så nära botten på ett blindhål som det går. Man måste dock starta gängorna med en för- eller mellantapp.

Det finns billiga gängverktygssatser, men kvaliteten kan vara väldigt dålig och de kan ibland göra mer skada än nytta när de används i gängade hål på en aluminiummotor. Alternativet är att köpa gängtappar av bra kvalitet när behovet uppstår. Detta blir förstås dyrt, särskilt om du behöver köpa två eller fler gängstigningar i en särskild storlek. Men det här är ändå det bättre alternativet – du kommer förmodligen bara att behöva gängtappar vid enstaka tillfällen, så en hel sats är inte absolut nödvändig.

Gängtappar används vanligtvis för hand (de kan användas i maskinverktkyg, men inte när man utför reparationer). Den

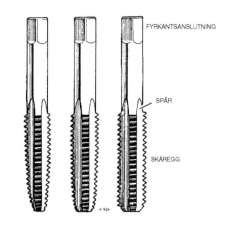

För-, mellan och bottentapp (vänster till höger)

fyrkantiga anslutningen på tappen hålls i en gängtappshållare (ett justerbart T-handtag). För mindre storlekar kan en chuck med T-handtag användas *(se bild)*. Gängningsprocessen inleds med att man borrar ett hål med rätt diameter. För varje gängtappsstorlek finns ett motsvarande borr, som producerar ett hål av korrekt storlek. Detta är viktigt – om hålet är för stort kommer gängan att sakna "toppar", vilket ger ett svagt och opålitligt grepp. Om hålet är för litet kommer gängtappen att överbelastas och den kan gå av i hålet. Att försöka ta ut en avbruten gängtapp ur ett hål är inte roligt!

Den borrstorlek som passar en gängtapp anges vanligtvis på själva tappen, eller på dess förpackning *(se bild)*.

Gängsnitt

Gängsnitt används till att skära, rengöra eller återställa yttre gängor. De flesta gängsnitt är tillverkade av sexkants eller cylindriska bitar av härdat stål, med ett gängat hål i mitten. Det gängade hålet överlappas av tre eller fyra urtag, som motsvarar spåren på gängtapparna och släpper ut överflödigt material under arbetets gång. Gängsnitt hålls i en hållare med T-handtag (kallas gängkloppa) *(se bild)*. Vissa

Vid arbete på småmotorer kommer du i många situationer att behöva gängtappar till att rengöra och återställa gängor

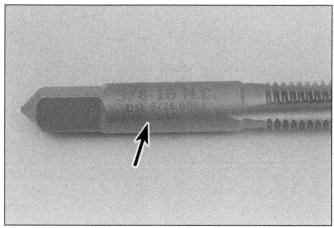

Om du behöver borra och gänga ett hål, anges borrstorleken som behövs för en särskild bultstorlek (gängtapp) på tappen

gängsnitt har en öppning vid en punkt, vilket gör att de kan justeras en aning (öppnas och stängas).

Gängsnitt behövs inte lika ofta som gängtappar, av den enkla anledningen att det normalt är enklare att använda en ny bult än att återställa en som har blivit skadad. Det är dock ofta bra att kunna förlänga gängorna på en bult eller snygga till lätt skadade gängor med ett gängsnitt. Sexkants gängsnitt är särskilt användbara för mekanikerarbete, eftersom de kan dras runt med en nyckel (se bild) och de är oftast inte lika dyra som de justerbara.

Att skära gängor med ett gängsnitt liknar användningen av en gängtapp. Vid användning av ett justerbart gängsnitt görs det första skäret med gängsnittet så öppet som möjligt. Med justerskruven reduceras sedan diametern gradvis i efterkommande skär, tills önskad slutlig storlek erhålls. Som när det gäller gängtappar, bör skärolja användas, och gängsnittet måste backas tillbaka med jämna mellanrum så att överflödigt material kan tas bort från urtagen.

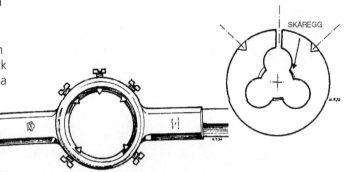

Ett gängsnitt (till höger) används till att skära yttre gängor (det som visas ovan är ett justerbart gängsnitt), och det hålls med ett verktyg som kallas gängkloppa (vänster)

Avdragare

Varje gång man renoverar en motor, och vid många enklare reparationer, kommer någon typ av avdragare att behövas. De vanligaste avdragarna behövs för demontering av svänghjulet från änden av vevaxeln. Andra mindre vanliga åtgärder till vilka man behöver någon typ av avdragare är demontering av bussningar och lager.

Gemensamt för alla dessa jobb är behovet av att utöva tryck på den del som ska demonteras utan att skada omgivande yta eller komponenter. Det bästa sättet att göra detta är att använda en avdragare särskilt avsedd för jobbet.

Som sagts i kapitel 1, är det en bra idé att låta åtgärder som kräver en avdragare (annat än demontering av svänghjulet) utföras av en verkstad. Du slipper då investera i ett verktyg som inte kommer att användas särskilt ofta.

Sexkantiga gängsnitt är särskilt händiga för mekanikerarbete eftersom de kan dras runt med en nyckel

Speciella avdragare

Ett bra exempel på en särskild avdragare är den som behövs för demontering av svänghjulet. På de flesta motorer sitter svänghjulet över vevaxelns avsmalnande ände, där den skruvas fast med en stor mutter och låses med en Woodruff kil. Även efter det att muttern har lossats, krävs det mycket kraft till att dra loss svänghjulet från axeln. Detta beror på att muttern drar ihop de konformade ytorna på axeln och insidan av svänghjulsnavet väldigt hårt under hopsättningen.

Den metod som vanligtvis används vid demontering av svänghjulet kräver en speciellt designad avdragare som passar över vevaxeländen och har bultar som skruvas in i hålen i svänghjulsnavet. När bultarna har skruvats på plats (de måste ofta skära sina egna gängor i hålen, men de är designade för detta), dras de nedre muttrarna åt i steg om 1/4 varv tills svänghjulet hoppar loss (se bild).

Det finns också en annan typ av avdragare ("knock-off tool" på engelska) för svänghjulet för Briggs & Stratton och Tecumseh motorer. **Observera:** Briggs & Stratton rekommenderar inte användning av detta verktyg på deras

I de flesta fall behövs en särskild avdragare (tillgänglig från motortillverkarna) för demontering av svänghjulet. I det här exemplet (Briggs & Stratton motor visad), förs avdragaren över vevaxeländen, bultarna skruvas in i svänghjulshålen (de måste eventuellt skära sina egna gängor om inte svänghjulet har demonterats förut), de nedre muttrarna dras åt mot svänghjulet och de övre muttrarna dras åt i steg om 1/4 varv tills svänghjulet hoppar av axeln

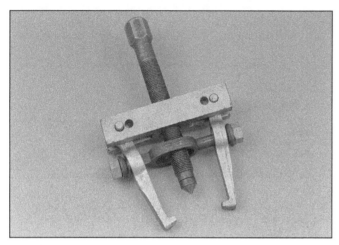

En två- eller trebent avdragare är användbar för många åtgärder på småmotorer, och kan också användas till arbeten på annan typ av utrustning

motorer, men det gör Tecumseh. Den här typen av avdragare ska inte användas på någon motor som har ett kullager på vevaxelns svänghjulsände. Verktyget träs över eller gängas fast på vevaxelns ände tills det kommer i kontakt med svänghjulet, sedan backas det ett eller två varv. Måttligt tryck läggs an på svänghjulet med en stor skruvmejsel och så slår man på änden av verktyget med en hammare – slaget från hammaren gör vanligtvis att svänghjulet lossnar.

Användning av en avdragare innebär att trycket på svänghjulet läggs an där det har bäst verkan – i mitten av navet, snarare än i kanten, där det är mer troligt att det missformar svänghjulet än lossar navet från axeln. I kapitel 1 finns information om specifika avdragare för de motorer som beskrivs i den här handboken.

Universalavdragare

Du kommer troligtvis att behöva någon typ av avdragare under de flesta renoveringar, ofta där delar har kärvat eller rostat fast, eller när bussningar eller lager måste demonteras. Två- eller trebenta universalavdragare finns i många storlekar och utföranden.

Dessa verktyg har vanligtvis käftar anslutna till ett stort nav, vilket har ett gängat hål som kan ta emot avdragarbulten. Ändarna av käftarna har hakar som griper tag i den del som ska dras av (se bild). Vanligtvis kan käftarna vändas så att verktyget också kan användas på inre bussningar och lager. Käftarna hakas över den del som ska demonteras och avdragarbulten placeras mot änden av axeln. När bulten dras åt dras komponenten loss från axeln.

Det är möjligt att anpassa avdragare genom att tillverka speciella käftar för särskilda jobb, men det tar tid och det är inte säkert att det lyckas. Om du försöker dig på detta, kom ihåg att kraften måste koncentreras så nära komponentens mitt som möjligt för att skador ska undvikas.

Vid användning av en avdragare, sätt ihop den, kontrollera noggrant att den inte fastnar i något och att belastningen på delen som ska demonteras fördelas jämnt. Om det handlar om en del som hålls fast på en axel av en mutter, lossa muttern men ta inte bort den helt. Den hjälper till att förhindra deformering av axeländen när denna är under tryck från avdragarbulten och det förhindrar också att delen flyger av axeln när den lossnar.

Avdragare av den här typen ska dras åt gradvis tills måttligt tryck ligger an på aktuell del.

 Försiktighet: Avdragarens bult ska aldrig dras åt omåttligt hårt eftersom skador då kan uppstå!

När delen är under tryck, försök att skaka loss komponenten genom att slå på avdragarbulten med en hammare. Om detta inte fungerar, dra åt bulten lite mer och upprepa proceduren. Komponenten bör lossna från axeln med ett märkbart "popp". Man kan sedan ta bort avdragaren, skruva loss muttern och dra av komponenten.

Om ovanstående metod inte fungerar är det dags att stanna upp och fundera lite på vad du gör. Gå försiktigt fram – vid någon punkt måste ett beslut tas om huruvida det är klokt att fortsätta att utöva tryck på det här sättet. Om komponenten sitter fast så hårt, kommer någonting förmodligen att gå sönder innan den lossnar. Om du befinner dig i den här situationen, försök med att hälla på rostolja runt fogen och låt stå över natten, med avdragaren på plats och säkert fäst. I vissa fall kommer fogen att lossa och problemet lösa sig morgonen därpå.

Om du har den utrustning som behövs, vet hur man använder den och vidtar nödvändiga säkerhetsåtgärder, kan du försöka med att värma upp komponenten med en gassvets. Detta kan vara ett bra sätt att att få loss envisa delar, men det rekommenderas inte om du inte har erfarenhet av sådan utrustning.

 Försiktighet: Denna metod måsta användas med största försiktighet på ett svänghjul – värmen kan lätt avmagnetisera det eller orsaka skador på spollindningarna.

Värmen ska riktas mot navområdet på den del som ska demonteras. Håll lågan rörlig hela tiden för att undvika ojämn uppvärmning och risk för deformering. Håll kvar trycket med avdragaren och se till att du är beredd på att hantera den heta delen och avdragarkäftarna om delen lossnar (bär skyddshandskar). Var noga med att hålla undan lågan från aluminiumdelar.

Om alla rationella metoder misslyckas, var inte rädd för att ge upp ett försök att demontera en del; det är billigare än att reparera en svårt skadad motor. Köp eller låna korrekt verktyg eller ta motorn till en verkstad och be dem ta loss delen åt dig.

Dragbultar

En enkel dragbult är enkel att tillverka och den är ovärderlig i många situationer. Det finns inga standardverktyg av den här typen i handeln; du tillverkar helt enkelt ett verktyg som passar en särskild applikation. Du kan använda en dragbult till att dra ut envisa kolvbultar och demontera lager och bussningar.

För att göra en dragbult behöver du gängstav i olika storlekar och muttrar som passar dessa. Dessutom behöver du lite olika brickor, distanser och rörbitar. Glöm inte att improvisera där detta är möjligt. En hylssats kan förse dig med distanser i olika storlekar för korta delar som bussningar. För delar som kolvbultar behöver du vanligtvis en längre rörbit.

Några typiska användningar av dragbulten visas i bilden – den visar också monteringsordningen av de olika delarna. Samma arrangemang minus distansen kan vanligtvis användas till att montera en ny bussning eller kolvbult. Att använda verktyget är relativt enkelt – det viktigaste att tänka på är att se till att få bussningen eller kolvbulten rakt in i loppet när den installeras. Smörj den del som trycks på plats om så är lämpligt.

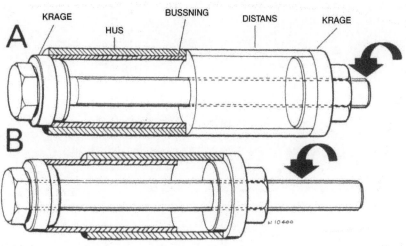

Användning av dragbult – i A dras muttern åt för att dra in kragen och bussningen i den större distansen; i B utelämnas distansen och dragbulten placeras om för montering av den nya bussningen

Avdragare för blindhål

Du kan stöta på bussningar eller lager monterade i blindhål på nästan vilken motor som helst; det finns särskilda avdragare för just detta ändamål. Just när det gäller motorlager är det ibland möjligt att demontera dem utan en avdragare, om du värmer upp motorn eller delen jämnt (i en ugn), placerar den med lagret vänt nedåt på en ren träyta och knackar på motorn/delen tills lagret lossnar. Om du använder den här metoden, var försiktig så att du inte bränner dig – använd tjocka handskar! Om en avdragare behövs, är en glidhammare med utbytbara adaptrar ditt bästa alternativ. De finns i olika utföranden, allt från två- eller trebenta universalavdragare till särskilda lageravdragare. Lageravdragare är härdade stålrör med en fläns runt den nedre kanten. Röret är delat på flera ställen, vilket gör att en kil kan expandera verktyget när det sitter på plats. Verktyget placeras inuti den inre lagerbanan och dras åt så att flänsen eller läppen låses under kanten på lagerbanan.

En glidhammare består av en stålaxel med ett stopp i den övre änden. Axeln har en glidande vikt som flyttas längs axelns tills den slår i stoppet. Detta

En glidhammare med särskilda adaptrar kan användas för demontering av lagrer eller bussningar från blindhål

gör att verktyget som håller fast lagret driver ut det ur loppet *(se bild)*. Ett lageravdragarset är dyrt och det används inte regelbundet. Det bästa alternativet kan vara att ta motorn till en återförsäljare och låta dem byta ut lagret/bussningen.

Precisionsmätningar

Vid en renovering eller ett omfattande reparationsarbete kommer du att behöva verktyg för precisionsmätningar för att kunna avgöra hur kraftigt slitage som har uppstått och huruvida du kan återanvända en komponent i den renoverade motorn eller inte. Vissa av de mer grundläggande verktygen, som bladmått, behövs dessutom för rutinunderhåll och justeringar. I det här avsnittet tittar vi på de verktyg som oftast behövs. Vi börjar med de som anses väsentliga och jobbar oss upp till de mer specialiserade och dyra verktygen. Vissa av dem, som skjutmått och mikrometrar, kan räknas till specialutrustning, men såvida du inte låter någon annan utföra mätningarna finns det inga alternativ.

Bladmått

Dessa är ett väsentligt inköp för arbete på nästan alla maskiner. Om det är en fyrtaktare, eller om den har brytarspetsar, behöver du bladmått till att kontrollera/ställa in ventilspel eller brytaravstånd.

Bladmått kommer vanligtvis som ett set. I de mindre seten måste flera bladmått läggas ihop för att man ska få de tjocklekar som inte har inkluderats separat. I större set ingår fler storlekar, så att man kan undvika detta. Bladmått finns i både imperial- och metriska storlekar; de är ofta märkta med

Bladmått är ofta märkta med både imperial- och metriska storlekar

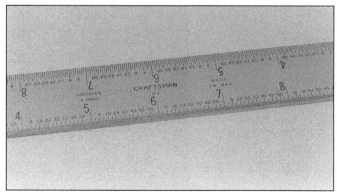

En stållinjal är användbar i de flesta verkstäder – om det är en linjal av bra kvalitet kan den användas till att kontrollera om motorkomponenter (som topplocket) är skeva

båda *(se bild)*. Blamått är tunna stålremsor och dessa passar bäst i de flesta fall. Det finns också slitsmått av wiretyp, som kanske kan vara att föredra under vissa förhållanden.

Du behöver bladmått närhelst du måste mäta ett litet avstånd mycket noggrant (t.ex. kontroll av ventilspel på fyrtaktsmotorer och vevaxelns eller kamaxelns axialspel). Du kan också använda bladmått när du kontrollerar om en packningsyta är skev. Kåpan eller gjutdelen placeras med packningsytan nedåt på en plan yta, varefter eventuella gap (som indikerar deformering) kan mätas direkt med bladmått.

För att mäta ett gap med bladmått, för in allt tjockare blad i gapet tills du hittar den storlek som passar med ett visst motstånd när det dras fram och tillbaka.

Linjaler

En stållinjal är ett annat viktigt verktyg i en verkstad. Den kan användas till att ta mått och utföra skisser och utgör också en rak kant vid kontroll av skevhet av packningsytor *(se bild)*. Köp en stållinjal av bästa möjliga kvalitet och håll den borta från verktygslådan – där kommer den snart att böjas eller skadas.

Mätklocka

Mätklockan, eller indikatorklockan som den också kallas, består av ett kort skaft anslutet till en mätare som ser ut ungefär som en klocka. Denna kan indikera mycket små rörelser väldigt exakt (ofta i steg om 0,025 mm). Dessa testinstrument är allmänt användbara för kontroll av kast hos axlar eller andra roterande komponenter. Mätaren är monterad i en hållare eller fästbygel och skaftet placeras så att det vilar på den axel som kontrolleras. Den roterande mätartavlan ställs in på noll i relation till visaren, axeln roteras och nålens rörelse noteras.

Skjutmått

Även om ett skjutmått kanske inte är absolut nödvändigt för rutinarbete, är det en god investering för en verkstad (om du är villig att lära dig exakt hur det används). Verktyget låter dig göra ganska precisa interna och externa mätningar, upp till ungefär 150 mm. Objektet som ska mätas placeras inuti de externa käftarna – eller utanför de interna käftarna – och storleken avläses på huvudskalan *(se bild)*. Med skjutskalan kan du sedan göra en ännu precisare mätning, ner till ungefär 0,025 mm. Ett skjutmått tillåter relativt precisa måttagningar av en mängd olika objekt, så det är ett mångsidigt verktyg. Även om det inte ger dig lika exakta mått som en mikrometer, så är det billigare och kan användas på fler sätt.

Mikrometrar

Mikrometern är det mest exakta mätverktyget som kan komma att behövas i en hemmaverkstad, men man kan med rätta säga att kostnaden för verktyget jämfört med hur ofta det kommer att användas gör det till en dyr lyxvara. Detta är särskilt tydligt när man tänker på att individuella mikrometrar begränsas till mått i steg om 25 mm, och du skulle behöva två eller tre mikrometrar för att vara helt förberedd på de

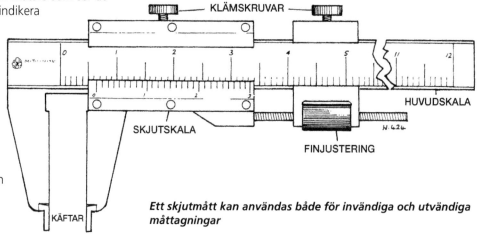

Ett skjutmått kan användas både för invändiga och utvändiga måttagningar

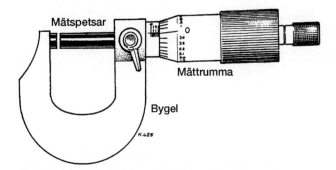

Mätspetsar

Mättrumma

Bygel

Mikrometrar är visserligen dyra, men de är mycket exakta och nästan oumbärliga vid kontroll av motorslitage

mätjobb som kan bli aktuella. En utvändig mikrometer består av en u-formad metallbygel som täcker ett 25 mm mätområde. I den ena änden sitter en precisionsslipad ,fast mätspets, medan det i den andra änden finns en justerbar mätspets som kallas spindeln *(se bild)*. Spindeln flyttas ut eller in i bygeln på en mycket precis, fin gänga med hjälp av en kalibrerad mättrumma, vanligtvis utrustad med en spärrhake för att undvika skador på gängorna. Spindeln vrids mycket försiktigt tills objektet som ska mätas greppas mycket lätt mellan den fasta mätspetsen och spindeln. En kalibrerad linje på den fasta hylsan nedanför spindeln indikerar den ungefärliga storleken (bassiffra), medan en mer exakt mätning (ner till 0,025 mm) görs med tillägg av ytterligare en siffra som indikeras på mättrummans skala.

Mikrometrar finns i många olika storlekar och startar med 0-25 mm (för reparationer av småmotorer är allt över 50-75 mm oanvändbart). Det finns också en version som kallas invändig mikrometer, designad för att göra mätningar av t.ex. cylinderlopp. Små hålmått och teleskopmätstickor kan användas tillsammans med utvändiga mikrometrar, så undviker man behovet av invändiga mikrometrar *(se bild)*.

Alla mikrometrar är precisionsinstrument och de kan lätt skadas om de används fel eller förvaras tillsammans med andra verktyg. De bör också kontrolleras och kalibreras

regelbundet för att behålla exaktheten. Med tanke på hur ömtåliga och dyra dessa verktyg är, bör du generellt sett försöka klara dig utan dem tills du vet med säkerhet att du absolut behöver dem.

Grundläggande rutiner för underhåll och reparationer

Allmänt om reparationer

Även om det redan har nämnts i avsnittet om miljöhänsyn, är det värt att upprepa – ibland uppstår problem med vad man ska göra av gammal olja som tappats av från motorn under renovering/reparationer. Töm aldrig ut oljan på marken eller i avloppet. Häll den i stora behållare, försegla dem och ta dem till en miljöstation.

Ha alltid gamla tidningar och rena trasor till hands. Gamla handdukar är bra till att torka upp spill. Många mekaniker använder pappershanddukar till det mesta eftersom de är lättillgängliga och praktiska. För att skydda golvet i garaget/verkstaden kan man vika ut en stor låda och lägga ut den under motorn.

Rengör alltid motorn innan du börjar serva eller reparera den. Du kan ta bort den värsta smutsen med ett avfettningsmedel som sprayas på *(se bild på nästa sida)* innan du tar loss några delar. Detta gör jobbet mycket trevligare och minskar också risken för att smutspartiklar kommer in i motorn och orsakar onödigt slitage.

Lägg ut delarna i den ordning de demonteras och håll ordning på dem när de rengörs och inspekteras. Detta kommer att underlätta korrekt hopsättning. En annan bra idé är att rita en skiss över hur delar sitter monterade innan du tar isär dem. Om delarna sedan skulle råka blandas ihop har du i alla fall en guide till hur de ska sitta.

När du arbetar på en motor, leta efter sådant som skulle kunna orsaka problem i framtiden. Leta efter ovanligt slitage eller skador. Du kan kanske förebygga framtida problem

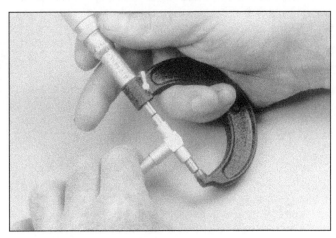

Om en mikrometer används tillsammans med ett litet hålmått. . .

. . . eller en teleskopmätsticka, kan man också använda den för att ta interna mått – kontroll av ventilstyrningar och cylinderlopp är två typexempel

Avfettningsmedel, som ofta sprayas på och sköljs av med vatten eller lösningsmedel, finns att köpa hos biltillbehörsbutiker och de gör både underhålls- och reparationsarbeten enklare och mindre frustrerande

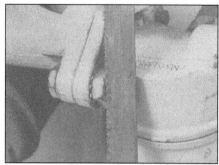

För att få loss en kärvande eller runddragen mutter, såga av ena sidan med en bågfil, öppna sedan upp muttern med ett huggjärn eller vrid den med en självlåsande tång

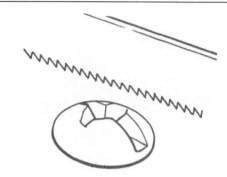

Med en bågfil kan du göra ett spår i en skadad stjärnskruv så att den kan lossas med en vanlig spårskruvmejsel

genom att göra justeringar eller reparera en del innan den fallerar.

Infästningar

Med infästningar menar vi muttrar, bultar och skruvar som används till att hålla ihop två eller fler delar. Det är några saker man bör tänka på när man jobbar med olika infästningar. Många av dem kräver en låsanordning av något slag (antingen en låsbricka, låsmutter, låsflik eller gänglåsvätska). Alla infästningar ska vara rena och raka och ha oskadade gängor och skarpa hörn på sexkanten där nyckeln ska passa. Gör det till en vana att byta ut skadade muttrar och bultar mot nya.

Behandla rostiga muttrar eller bultar med rostolja för att göra det lättare att lossa dem och minska risken att de går av. Lägg på oljan och låt den dra in i några minuter innan du försöker lossa muttern/bulten. Infästningar som är väldigt rostiga måste eventuellt huggas loss med en huggmejsel, sågas av med en bågfil eller tas bort med en särskild mutterspräckare, som finns hos verktygsbutiker eller järnhandlar (se bild). Om du skadar urtaget i en stjärnskruv, gör ett rakt spår i skruvskallen med en bågfil så att den kan skruvas loss med en vanlig spårskruvmejsel (se bild). Detsamma gäller för vanliga spårskruvar – om spåret skadas, använd en bågfil till att förstora eller fördjupa spåret och försök igen. Detta nämndes i verktygsavsnittet men det är värt att upprepa – när du använder en Phillips skruvmejsel, om skruven sitter mycket hårt och mejselspetsen tenderar att backa ut ur spåret istället för att dra runt skruven, lägg på lite ventilslippasta på skruvmejseln för att ge den bättre grepp.

Platta brickor och låsbrickor som tas bort vid en isärtagning, ska alltid sättas tillbaka på exakt samma plats. Kasta skadade brickor och ersätt dem med nya. Använd alltid en platt bricka mellan en låsbricka och en mjuk metallyta (som aluminium), tunn metallplåt eller plast. Särskilda låsmuttrar kan endast användas en eller två gånger innan de förlorar sin låsförmåga och måste bytas ut.

Om en bult eller en pinnbult går av inne i ett hål, kan den borras ut och tas bort med ett särskilt verktyg som kallas skruvutdragare. Hur man handskas med trasiga infästningar och reparerar gängor behandlas längre fram i kapitlet. Om du inte har de verktyg som behövs eller helt enkelt inte vill göra jobbet själv, kan de flesta verkstäder och återförsäljare av småmotorer göra det åt dig.

Åtdragning – ordning och tillvägagångssätt

När gängade infästningar dras åt ska de ofta dras åt till ett särskilt moment (moment betyder här ungefär vridkraft). Om man drar åt för hårt kan bulten/muttern försvagas och eventuellt gå sönder, medan för lös åtdragning kan leda till att den lossnar på grund av motorvibrationer. Särskilt viktiga infästningar, beroende på vilket material de är gjorda av, gängans diameter, och när det gäller bultar även det material de skruvas in i, ska alltid dras åt till särskilda åtdragningsmoment, vilka anges i specifikationerna i början av varje kapitel eller i texten. Var noga med att följa dessa åtdragningsmoment. För infästningar som inte behöver ett särskilt åtdragningsmoment, använd sunt förnuft när de dras åt.

Muttrar/bultar som sitter i ett mönster (som t.ex. topplocksbultarna) måste lossas och dras åt i en särskilt ordning för att inte komponenten ska deformeras. Till att börja med ska bultarna bara dras åt för hand. Därefter dras de åt 1/2 varv var, i ett kors- eller diagonalmönster. När alla bultar har dragits åt 1/2 varv, gå tillbaka till den första och dra åt dem alla 1/4 varv åt gången tills alla har dragits åt till rätt moment. När bultarna ska lossas görs det i omvänd ordning.

Isärtagningsordning

Isärtagning av motorn bör göras sakta och med noggrannhet, så att man kan vara säker på att alla delar kan sättas ihop korrekt igen efteråt. Kom alltid ihåg i vilken ordning delarna tas loss. Observera särskilda utseenden eller markeringar på delar som skulle kunna monteras på mer än ett sätt. Det är bra att lägga ut de isärtagna delarna på en ren yta i den ordning de demonteras. Det kan som sagt också vara till hjälp om man gör skisser eller tar bilder av komponenterna innan de tas isär.

När muttrar/bultar/skruvar tas bort från en komponent, håll ordning på var de ska sitta. Ibland kan man förhindra sammanblandning genom att skruva tillbaka en bult i komponenten, eller sätta tillbaka brickan och muttern på en pinnbult. Om muttrar och bultar inte kan sättas tillbaka i sina ursprungliga lägen, förvara dem i en uppdelad låda eller små separata behållare. En muffinsplåt eller liknande passar utmärkt för detta, eftersom varje liten skål kan hålla ihop bultar och muttrar från ett särskilt område eller en speciell del. En sådan här plåt är särskilt händig när man arbetar på komponenter med mycket små delar (som förgasaren och ventilerna). Varje skål kan märkas med en tuschpenna eller tejp som identifiering av innehållet.

Packningsytor

Packningar används för att täta fogytor mellan komponenter och hålla inne smörjmedel, bränsle, vakuum eller tryck inom ett begränsat område.

Packningar beläggs ofta med en flytande eller pastaliknande packningstätning innan hopsättningen. Ålder, värme och tryck kan ibland göra att de två delarna sitter ihop så hårt att det är svårt att få isär dem. I de flesta fall kan delen lossas genom att man slår på den med en mjuk hammare längs fogen. En vanlig hammare kan användas om man lägger ett träblock mellan hammaren och komponenten.

 Försiktighet: Slå inte med en hammare på gjutgods eller andra delar som lätt kan ta skada.

När det gäller alla envisa delar – kontrollera alltid en extra gång att alla infästningar har tagits bort.

Undvik att använda en skruvmejsel eller liknande till att försöka bända isär delarna, eftersom detta lätt kan skada delarnas packningsytor (och dessa måste förbli släta). Om du inte ser någon annan lösning, använd i så fall en träbit, men kom ihåg att rengöra ordentligt efteråt så att det inte blir kvar några träflisor.

När delarna har tagits isär måste den gamla packningen försiktigt skrapas bort och motorns ytor rengöras noggrant. Envisa packningsrester kan lösas upp med ett särskilt lösningsmedel för packningar (finns i sprayflaska), så att de sedan lätt kan skrapas bort. Packningsskrapor finns att köpa på många ställen – var bara försiktig så att du inte urholkar tätningsytan om du använder en. Vissa packningar kan tas bort med en stålborste, men oavsett vilken metod som används måste resultatet vara rena och släta fogytor. Om packningsytan repas eller urholkas måste en packningstätning som är tjock nog att fylla upp reporna användas vid hopsättningen av delarna. För de flesta applikationer är det bäst att använda en packningstätning som inte torkar, eller en som bara blir halvtorr.

Hur man tar bort trasiga bultar och reparerar skadade gängor

Att ta bort en bult som har gått av

Om en bult går av i hålet behöver du en borrmaskin, ett borr och en skruvutdragare för att få ut den. Välj först ut den skruvutdragare som behövs (baserat på bultstorleken).

Innan du försöker ta bort den avbrutna bulten, lägg på lite rostolja och låt den verka ett tag

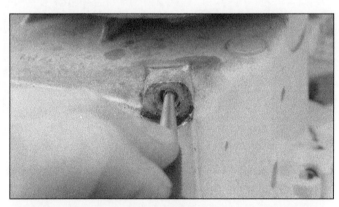

Gör ett märke mitt i bulten (så nära mitten du kan) med en körnare

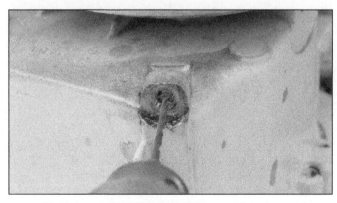

Borra försiktigt ett hål i bulten (håll borren så att borret är parrallellt med bulten) – borrets diameter bör vara ungefär 2/3 av bultens diameter och hålet ska borras så djupt som möjligt utan att gå igenom bulten

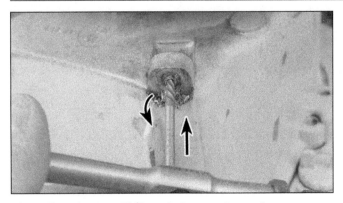

Skruva in utdragaren i hålet och dra runt den med en gängtappshållare eller en skiftnyckel – håll trycket på utdragaren så att den inte börjar snurra ihålet istället för att dra ut skruven

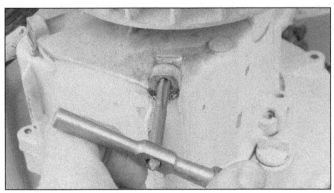

Om du har en gängtapp av rätt storlek, använd denna till att rengöra gängorna i hålet och ta bort eventuell rost eller korrosion

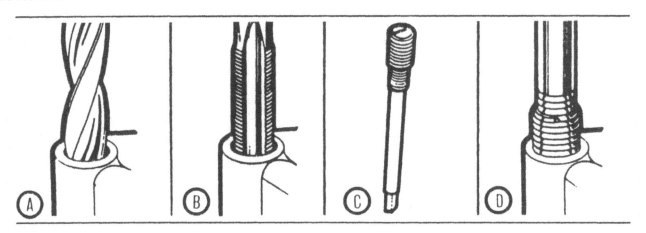

Montering av en insatsgänga

A Borra ut hålet för att få bort de gamla gängorna (detta krävs inte för alla typer av insatsgängor)
B Skär nya gängor i hålet med en gängtapp (gängtappen medföljer vissa reparationssatser)
C Sätt fast gänginsatsen på monteringsverktyget (medföljer satsen)
D Skruva in insatsgängan i det nygängade hålet (när den är jäms med kanten, bryt av drivtungan och ta bort verktyget)

Reparera trasiga gängor

Om inte gängan är helt förstörd, kan en gängtapp eller ett gängsnitt användas till att återställa den så att bulten/muttern kan återanvändas. Om muttern eller bulten är av standardstorlek, eller en oerhört viktig infästning som en topplocksbult eller en svänghjulsmutter, bry dig inte om att försöka rädda den – köp och montera istället en ny. Kom ihåg att om en bult har skadade gängor, är det troligt att bulthålet också är skadat. **Observera:** *Använd alltid låsvätska på gängorna på en återställd mutter/bult när den sätts tillbaka och dra åt den försiktigt för att undvika ytterligare skador.*

Om gängan i ett bulthål är allvarligt skadad är det inte säkert att den går att laga med en gängtapp. I sådana fall behövs insatsgängor. För de vanligast förekommande insatserna krävs att man borrar ut hålet och skär en gänga av överstorlek med en särskild gängtapp. Den nya gängan reduceras sedan till originalstorleken genom att man sätter in en insats av rostfritt stål i det gängade hålet (se bild). Originalbulten/pinnbulten (eller en ny) kan sedan sättas in i

insatsen (se bild). Heli-Coil insatsgängor är de vanligaste och det finns set som inkluderar gängtapp, flera insatser, ett monteringsverktyg för vanliga gängstorlekar och omfattande instruktioner.

Insatsgängor ser ut som fjädrar innan de monteras och de har en liten drivtunga i den nedre änden. Insatsgängan sätts fast i monteringsverktyget och tungan hakar i ett urtag i änden av verktyget. Insatsen skruvas in i hålet tills den övre

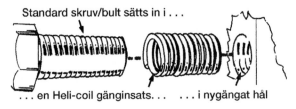

Standard skruv/bult sätts in i . . .

. . . en Heli-coil gänginsats. . .   . . . i nygängat hål

0287H

En insatsgänga gör att originalbulten kan användas i det renoverade hålet

änden är jäms med eller strax under ytan. När den är på
plats bryts drivtungan av, vilket gör att insatsen låses på
plats. Om tungan inte bryts av när verktyget tas ut, bryt av
den med en pinndorn eller spetstång.

Den här typen av reparationer är ett bra sätt att återställa
kraftigt slitna gängor i aluminiumdelar (mycket vanligt i små
motorer). Den nya gängan av insatsen i rostfritt stål är
permanent och mer hållbar än originalet. I vissa fall måste
originalhålet inte förstoras innan det gängas om, i vilket fall
reparationen blir snabb och enkel att utföra. Den enda
nackdelen för hemmamekanikern är kostnaden för att köpa
in gängtappar och insatser. Gängtapparna som behövs för
insatsgängorna är inte standardstorlekar – de är tillverkade
särskilt för användning med varje insatsstorlek. Insatserna är
inte dyra i sig själva, men att bygga upp ett lager med alla
storlekar som möjligtvis kan behövas på en liten motor kan
ändå bli dyrt för de flesta hemmaverkstäder.

Universalfett

Smörjmedel och kemikalier för småmotorer

Ett antal smörjmedel och kemikalier behövs för underhåll och
reparationer av småmotorer. De inkluderar en mängd olika
produkter från rengörande lösnings- och avfettningsmedel
till smörjmedel och krypolja.

 *Varning: Följ alltid instruktionerna och beakta
varningar och säkerhetsanvisningar som står på
smörjmedels- och kemikaliebehållare .*

Förgasarrengöring är ett starkt lösningsmedel som används
till att rengöra förgasare och det kan lämna efter sig en
något oljig hinna. Det behövs vanligtvis inte för förgasare på
småmotorer, men om avlagringarna är mycket kraftiga så
fungerar detta rengöringsmedel snabbare och effektivare än
ett vanligt lösningsmedel.

Silikonbaserade smörjmedel används till att skydda
gummidelar som slangar och muffar.

Universalfett *(se bild)* är ett smörjmedel som kan användas
därhelst fett är mer praktiskt än ett flytande smörjmedel som
olja. Vissa universalfett är vita och har en sammansättning
som ska vara mer vattenbeständig än vanligt fett.

Motorolja, naturligtvis, är det smörjmedel som är särskilt
utformat för användning i en motor. Oljan innehåller
vanligtvis en rad tillsatser som förebygger korrosion och
minskar skumning och slitage. Motorolja finns i olika vikter
(olika viskositet) från 5 till 80. Den rekommenderade vikten
på oljan beror på den omgivande temperaturen och kraven
på motorn. Lätt olja används när det är kallt och under lätta
belastningar; tung olja används när det är varmt och när
motorn utsätts för tung belastning. Det finns oljor som är
utformade så att de har egenskaper av både lätt och tung
olja; dessa finns i olika vikter från 5W-20 till 20W-50. Se till
att följa motortillverkarens rekommendationer.

Bensintillsatser har olika funktioner, beroende på den
kemiska sammansättningen. De innehåller vanligtvis
lösningsmedel som hjälper till att lösa upp avlagringar som
byggs upp på förgasare och insugsdelar. De ska också bryta
ner sotavlagringar som bildas på insidan av
förbränningskamrarna. Vissa typer innehåller
cylindersmörjmedel för ventiler och kolvringar. För små
motorer är en bensinstabiliserare en användbar tillsats, som
används när en motor ska stå oanvänd längre perioder.

Avfettningsmedel är kraftiga lösningsmedel som används
till att ta bort fett och smuts som byggs upp på motor och
maskin. De kan sprayas eller penslas på beroende på typ,
och sköljs av med vatten eller lösningsmedel.

Lösningsmedel används ensamt eller i kombination med
avfettningsmedel för att rengöra delar. Hemmamekanikern
ska endast använda lösningsmedel som inte är lättantändliga
och som inte avger irriterande ångor.

Packningstätningar *(se bild)* kan användas tillsammans med
packningar, för att förbättra deras tätningsegenskaper, eller
på egen hand, för att täta fogar mellan metalldelar. Många

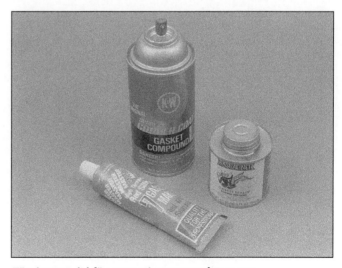

Tätningsmedel för reparationer av småmotorer

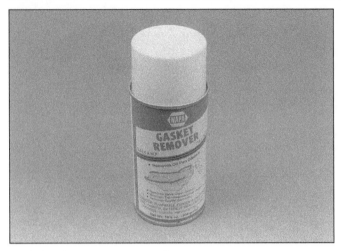

Packningsborttagning i sprayform

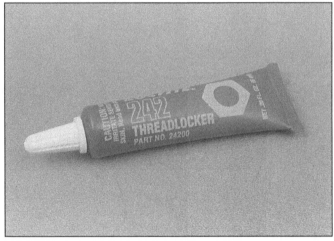

Gänglås

packningstätningar kan motstå väldigt hög värme, vissa är ogenomträngliga för bensin och smörjmedel, medan andra har en förmåga att fylla ut och täta håligheter. Beroende på användningsområde kan en packningstätning antingen torka eller förbli relativt mjuk och smidig. De läggs oftast på för hand med en pensel eller sprayas på tätningsytan.

Packnings-/tätningslösningsmedel *(se bild)* finns hos grossister och dessa är till stor hjälp när man ska ta bort packningar som har fastnat på motordelar. De är vanligtvis väldigt kraftiga kemikalier och de bör användas med försiktighet.

Gänglås *(se bild)* är ett bindemedel som förhindrar att gängade infästningar lossnar på grund av vibration. Det finns olika typer av gänglås för olika applikationer.

Vattenavvisande medel *(se bild)* kommer vanligtvis i sprayform och kan användas till att torka upp tändsystemskomponenter och kabelanslutningar. Vissa typer är också bra lösningsmedel och smörjmedel för kablar och andra komponenter.

WD-40 är en bra vattenavvisande spray, men också användbart som lösnings- och smörjmedel

Felsökning

3

Hur en motor fungerar

Alla små, luftkylda bensinmotorer är interna förbränningsmotorer, väldigt lika de som används i bilar, lastbilar och motorcyklar. Uttrycket "intern förbränning" används för att kraften till att dra runt vevaxeln utvecklas inuti motorn.

Detta händer när luft/bränsleblandningen förbränns inuti ett begränsat utrymme som kallas förbränningskammare (eller cylinder). På grund av den värme som alstras expanderar blandningen, vilket sedan tvingar kolven till rörelse. Kolven är ansluten till vevaxeln, som omvandlar den linjära rörelsen till roterande rörelse. Vevaxeln kan vara vertikalt eller horisonellt monterad, beroende på vad motorn används till. Vevaxeln sitter i rät vinkel i förhållande till cylinderloppet.

För att vevaxeln ska få kraft – rörelse – måste en rad händelser inträffa. Detta händelseförlopp kallas förbränningscykel och händelserna i cykeln är följande.

1 Bränsle/luftblandning sugs in i cylindern
2 Bränsle/luftblandningen komprimeras
3 Bränsle/luftblandningen antänds och expanderar
4 Förbränningsgaserna trycks ut

Kolvens rörelse i en riktning, antingen mot vevaxeln eller bort från den, kallas en takt (eller ett slag). Vissa små motorer slutför en cykel under ett vevaxelvarv (två kolvslag). Andra typer behöver två vevaxelvarv (fyra kolvslag). I den här boken använder vi termerna "tvåtaktare" och "fyrtaktare" istället för de tekniskt korrekta termerna "tvåtakts cykel" och "fyrtakts cykel". De huvudsakliga skillnaderna mellan tvåtakts- och fyrtaktsmotorer är:

Antalet arbetstakter per vevaxelvarv
Den metod med vilken man får in bränsle/luftblandningen i förbränningskammaren och ut förbränningsgaserna

Antalet rörliga delar i motorn
Den metod med vilken de inre motorkomponenterna smörjs

Fyrtaktsmotorer

Som vi har nämnt ovan, fullföljer en fyrtaktsmotor en förbränningscykel på två vevaxelvarv, eller fyra kolvslag. Detta beror på motorns design och på det sätt som bränsle/luft kommer in i cylindern. En kamaxel, som drivs av vevaxeln, öppnar ventiler som släpper in bränsle/luft i motorn och släpper ut förbränningsgaserna. Ventilerna stängs av fjädertryck. De fyra kolvtakternas namn beskriver vad som händer under var och en av dem (*se bild på nästa sida*):

INSUGSTAKT – Under insugstakten flyttar kolven ner i cylindern med insugsventilen öppen. Bränsle/luftblandningen tvingas in i cylindern genom den öppna insugsventilen. Nära slutet av kolvens rörelsebana stänger insugsventilen och förseglar förbränningskammaren.

KOMPRESSIONSTAKT – Kolven ändrar riktning i slutet av insugstakten och börjar röra sig uppåt i cylindern, vilket komprimerar och värmer bränsle/luftblandningen.

ARBETSTAKT – När kolven når slutet av kompressionstakten antänds den komprimerade bränsleblandningen av en gnista från tändstiftet. Kolven byter rörelseriktning igen och trycks ner i cylindern av den stora kraft som skapas av de antända/ expanderande gaserna. Vevstaken överför kolvrörelsen till vevaxeln, vilket omvandlar den linjära rörelsen till en roterande rörelse som kan användas till att utföra arbete.

AVGASTAKT – När kolven når slutet av arbetstakten, byter den rörelseriktning igen och avgasventilen öppnas. När kolven går uppåt i cylindern trycks avgaserna ut genom avgasventilen. När kolven når slutet av avgastakten börjar cykeln om från början igen.

Kapitel 3

Fyrtaktsmotorns förbränningscykel

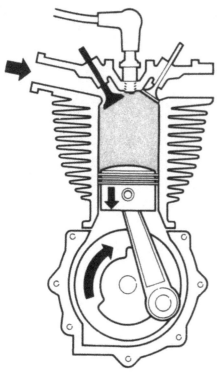

Insug: När kolven går nedåt öppnas insugsventilen och bränsle/luftblandningen dras då direkt in i förbränningskammaren

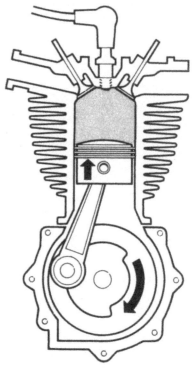

Kompression: Kolven börjar gå uppåt och båda ventilerna är stängda. Blandningen komprimeras

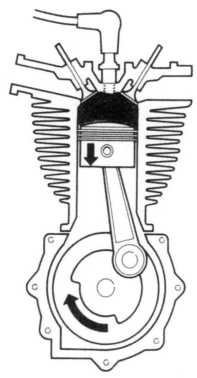

Tändning/arbetstakt: Tändstiftet antänder den komprimerade blandningen och tvingar kolven nedåt i loppet

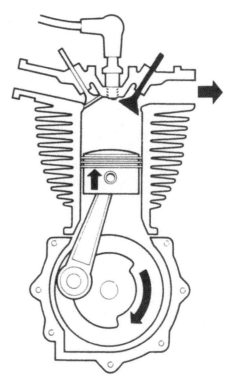

Avgas: Avgasventilen öppnas och låter förbränningsgaserna tryckas ut genom avgasporten

Tvåtaktsmotorer

Tvåtaktsmotorer har en något annorlunda design, som inte kräver några ventiler. Istället används öppningar som kallas portar till att leda bränsle/luftblandningen till cylindern. Vevhuset används också som en tillfällig förvaringsplats när bränsleblandningen är på väg till cylindern, så det får inte läcka. Kolven används till att öppna och stänga portarna så att förbränningskammaren stängs av.

En tvåtaktsmotor är utformad så att den fullföljer samma cykel som fyrtaktsmotorn, men den gör det på ett vevaxelvarv. INSUGS- och KOMPRESSIONSTAKTERNA pågår i själva verket samtidigt, under ett kolvslag, och detsamma gäller för ARBETS- och AVGASTAKTERNA (se bild).

När kolven rör sig nedåt i cylindern, pressad av de antända/expanderande gaserna, trycksätts den nya bränsle/luftblandningen något. När kolven flyttar sig så att den blottlägger avgasporten, börjar de använda gaserna att lämna cylindern. Därefter blottlägger kolven överföringsporten och den nya luft/bränsleblandningen börjar att flöda ut ur vevhuset, genom överföringsportarna och in i cylindern, vilket hjälper till att trycka ut avgaserna. I slutet av takten ändrar kolven riktning och börjar röra sig uppåt i cylindern; den täcker då över överförings- och avgasportarna och komprimerar bränsle/luftblandningen i cylilndern. Samtidigt öppnas insugsporten (som kan vara stängd av en envägsventil kallad reedventil, en skivventil eller

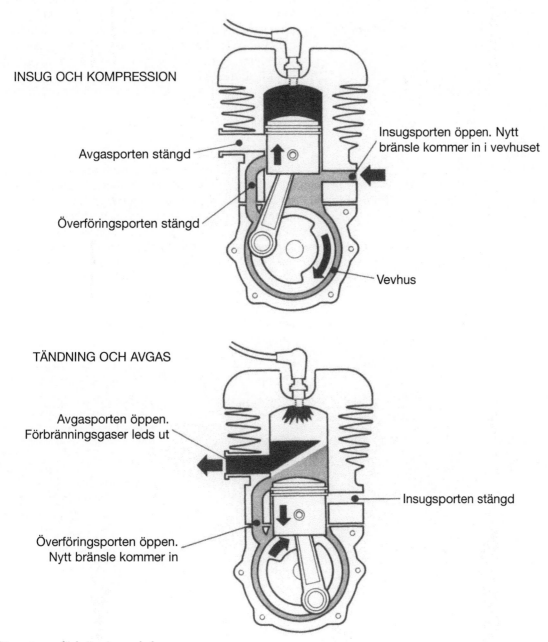

INSUG OCH KOMPRESSION

Avgasporten stängd

Överföringsporten stängd

Insugsporten öppen. Nytt bränsle kommer in i vevhuset

Vevhus

TÄNDNING OCH AVGAS

Avgasporten öppen. Förbränningsgaser leds ut

Överföringsporten öppen. Nytt bränsle kommer in

Insugsporten stängd

Tvåtaktsmotorns förbränningscykel

av kolvmanteln) och mer bränsle/luft tvingas in i vevhuset; detta för att ett lätt vakuum skapas när kolven rör sig uppåt i cylindern. I toppen av kolvslaget avger tändstiftet en gnista, vilket antänder den komprimerade blandningen i förbränningskammaren. Kolven ändrar riktning igen och rör sig nedåt i cylindern av den kraft som skapas av de antända/expanderande gaserna. Den här överlappande cykeln upprepas kontinuerligt medan motorn går.

Eftersom en tvåtaktsmotor använder vevhuset för att förvara en reservsats av bränsle/luftblandning, kan vevhuset inte användas som en oljebehållare för smörjning av motorn. Istället sker smörjning av en specificerad mängd olja som blandas med bensinen och cirkuleras genom motorn när den går. Häll aldrig bensin i en tvåtaktsmotor utan att blanda olja i den – motorn kommer att överhetta på grund av otillräcklig smörjning. Den kommer inte att gå länge förrän kolvar och lager överhettar, repas och skär ihop!

Tre saker en motor behöver för att gå

Alla motorer, oavsett om det är två- eller fyrtaktare, behöver tre väsentliga saker för att gå:

1 *Bränsle och luft blandade i rätt proportioner*
2 *Kompression av bränsle/luftblandningen*
3 *Tändning vid rätt tidpunkt*

Om något av dessa element saknas kommer motorn helt enkelt inte att gå. Felsökning kallar vi den process där man avgör vilket element som saknas och varför. När du har listat ut detta kan reparationer utföras för att återställa det felande elementet.

Inledning till felsökning

Möjliga orsaker till olika motorproblem och rekommendationer för hur man korrigerar dem behandlas mer ingående i separata avsnitt för två- och fyrtaktsmotorer.

Observera: *Det som verkar vara ett fel på motorn kan vara ett problem med själva maskinen snarare än med motorn.*

Det finns inga fullkomligt säkra felsökningsåtgärder för småmotorer som inte startar och går ordentligt. Vissa symptom kan vara så svårfattliga att det krävs en yrkesmekaniker för att hitta problemen. I allmänhet visar motorer som går dåligt dock symptom som är relativt enkla att identifiera. Genom att undersöka problemet noggrant, på det sätt som beskrivs i det här kapitlet, kommer du förmodligen att hitta orsaken till problemet och bespara dig en tur till verkstaden.

Var man börjar

När orsaken till felfunktionen inte är uppenbar, kontrollera först kompression, tändning och förgasare, i angiven ordning (kommer du ihåg de tre elementen som krävs för att en motor ska gå?). Den här kontrollen, som måste göras systematiskt, tar endast några minuter. Det är det snabbaste och säkraste sättet att lista ut var problemet ligger. Kontrollen kommer också att avslöja möjliga orsaker till framtida problem, som då kan korrigeras samtidigt. Proceduren är i stort sett densamma för alla motorer.

Kontrollera kompressionen

Ta bort tändstiftet och jorda tändstiftskabeln på motorn, håll sedan för tändstiftshålet med tummen *(se bild)*. Aktivera startapparaten – om kompressionstrycket pressar bort tummen från hålet är kompressionen tillräcklig för att motorn ska gå. Var noga med att inte vidröra tändstiftskabeln när detta görs – du får en rejäl stöt om du gör det! Ett annat sätt att kontrollera kompressionen, med tändstiftet på plats, är att ta bort kylkåpan/snörstarten och spinna svänghjulet i motsatt riktning (moturs) *(se bild)*. Svänghjulet ska studsa tillbaka (ändra riktning) med kraft; om det gör det är kompressionen tillräcklig för att motorn ska gå.

Som en allmän regel kan man säga att om motorns kompression pressar bort din tumme från tändstiftshålet, är trycket högt nog för att motorn ska gå

När snörstarten/kylkåpan är av, snurra svänghjulet moturs (med tändstiftet på plats) och se om det studsar tillbaka under inverkan av motorns kompression

Om kompressionstrycket är lågt kan det bero på:

1 Löst tändstift
2 Lösa topplocksbultar
3 Trasig topplockspackning
4 Skadade ventiler/ventilsäten (endast fyrtaktsmotor)
5 Otillräckligt ventillyftarspel (endast fyrtaktsmotor)
6 Skevt topplock
7 Böjda ventilskaft (endast fyrtaktsmotor)
8 Slitna cylinderlopp och/eller kolvringar
9 Trasig vevstake eller kolv

Kontrollera tändsystemet

Ta bort tändstiftet, anslut tändkabeln och jorda den gängade delen av tändstiftet mot motorn *(se bild)*, aktivera sedan startmotorn. Om klara, tydliga, blå gnistor uppstår vid tändstiftselektroderna, fungerar tändsystemet som det ska.
Observera: *Gnistor producerade av elektroniska tändsystem (CDI) kanske inte räcker särskilt länge, så se till att dra energiskt i snörstarthandtaget. Det kan också hjälpa att arbeta i skuggan så att det blir lättare att se gnistorna.* Om inga gnistor bildas, eller om de är intermittenta, anslut en gnistprovare till tändstiftskabeln *(se bild)* och jorda provaren på motorn, aktivera sedan startmotorn så att motorn dras runt snabbt. Om klara, tydliga, blå gnistor bildas i provarens gap (4,0 mm brett), kan du anta att tändsystemet fungerar som det ska – pröva med ett nytt tändstift och se om motorn startar och går.

Om en gnista inte uppstår kan det bero på:

1 En trasig svänghjulskil
2 Felaktift brytaravstånd*
3 Smutsiga eller brända brytarspetsar*
4 Defekt spole/defekt elektronisk tändning
5 Felaktigt luftgap mellan tändspolen och svänghjulet
6 Slitna lager och/eller sliten vevaxel på svänghjulssidan
7 Brytarspetskolv sliten eller har fastnat**
8 Kortsluten jordkabel (om sådan finns)
9 Kortsluten stoppkontakt (om sådan finns)
10 Defekt kondensator*
11 Felfunktion i startmotorns interlocksystem
12 Defekt tändstiftskabel
* Endast motorer med brytarspetsar
**Endast Briggs & Stratton motorer med brytarspetsar

Om motorn går men misständer under gång, kan man göra en snabb kontroll för att avgöra om tändsystemet felar eller inte, genom att ansluta en gnistprovare mellan tändstiftskabeln och tändstiftet. Om tändsystemet misständer blir det uppenbart om man iakttar provaren (den ska ge en kontiunerlig gnista). **Observera:** *Om det här testet utförs på en Briggs & Stratton motor utrustad med Magnamatic, byt ut det gamla tändstiftet mot ett nytt med elektrodavståndet inställt på 1,5 mm.*

Kontrollera förgasaren

Innan du börjar, se till att fylla tanken med ny, ren bensin (eller bensin/olja i korrekt blandning), att bränsleavstängnings-ventilen är öppen (om sådan finns), och att bränsle flödar

För att kontrollera gnistan, ta bort tändstiftet och jorda det mot motorn med kabeln ansluten, aktivera sedan startmotorn. Om gnistor uppstår vid tändstiftet fungerar tändsystemet som det ska; om ingen gnista uppstår kan det bero på att tändstiftet är slitet, så döm inte ut tändsystemet på en gång

En gnistprovare med gapet inställt på ungefär 4,0 mm är det bästa verktyget för att kontrollera tändsystemet – om det producerar en gnista som är stark nog att överbrygga provarens gap, är det bra nog för att motorn ska gå

Choken måste vara stängd vid kallstart av motorn – om den inte stänger, frigör den så att den gör det (typexempel på motor visad)

fritt genom bränsleledningen. Kontrollera/justera blandningsjusterskruven (om en sådan finns) och se till att den är öppen samt att choken stänger helt *(se bild)*. Om motorn inte startar, ta ut och kontrollera tändstiftet. Om det är blött kan det bero på en av följande orsaker:

1 Choken har fastnat
2 För fet bränsleblandning
3 Vatten i bränslet
4 Nålventil har fastnat i öppet läge (inte alla förgasare)
5 Igensatt ljuddämpare
6 Igensatt vevhusventilation
7 För mycket olja i vevhuset
8 Slitna kolvringar

Om tändstiftet är torrt, kontrollera:

1 Läckande packningar vid förgasarfästen
2 Delar inne i förgasaren smutsiga
3 Nålventil har fastnat i stängt läge (inte alla förgasare)
4 Skadade eller utslitna gummimembran i förgasaren (inte alla förgasare)
5 Igensatt bränsleledning eller filter (inte alla motorer)

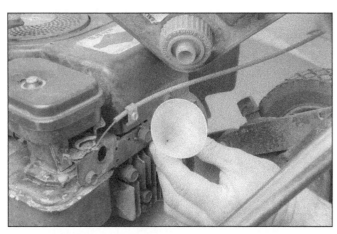

Om motorn har bra kompression och gnista, försök att prima den genom att försiktigt hälla bensin direkt i tändstiftshålet med en liten tratt – om motorn då startar har du ett problem med bränslematningen som måste hittas och åtgärdas

Se till att reglagevajern (om sådan används) sitter säkert fastklämd på motorn, så att den inte glider när reglagespaken flyttas (om klämman är lös, dra åt den och se efter om vajern behöver smörjas)

En enkel kontroll för att kunna avgöra om bränsle kommer till förbränningskammaren genom förgasaren är att ta bort tändstiftet och hälla lite bensin (ungefär en tesked) i motorn genom tändstiftshålet (detta kallas att "prima" motorn) *(se bild)*. Sätt tillbaka tändstiftet. Om motorn tänder några gånger och sedan stannar, leta efter samma förhållanden som för torrt tändstift.

Felsökning – fyrtaktsmotor

De flesta problem som uppstår med en fyrtaktsmotor faller under en av följande kategorier:

1 Startar inte
2 Svår att starta/"kick-back" vid start
3 Stannar plötsligt
4 Dålig effekt/ojämn funktion
5 Kraftiga vibrationer
6 Oljud
7 Rök från motorn
8 Överhettning
9 Kraftig oljeförbrukning

1 Motorn startar inte

Observera: *När en motor inte startar är det vanligtvis för att reglagen inte är korrekt inställda, säkerhetssystemet (interlock) stör tändsystemet eller det är något fel med tändsystemet, men förgasarproblem och låg kompression kan också göra att en motor inte startar (se information under rubriken "Var man börjar" för att utesluta brist på kompression som en orsak).*

1 Se till att reglagen är korrekt placerade.

Följ reglagevajern från spaken till förgasaren. Gasspjället ska vara helt öppet och choken ska arbeta när spaken är inställd på START. När du flyttar spaken från START till FAST eller STOP, ska vajern vara fastklämd så att gasspjället fungerar korrekt *(se bild)*. Det kan hända att vajern glider i klämman tillräckligt mycket för att gasspjället inte ska fungera korrekt, och det kan hända att du inte ser denna lilla rörelse.

Flytta gasspjället till det öppna läget (START) med fingrarna. Du måste eventuellt flytta reglagespaken med den andra handen.

Om motorn nu startar, låt den gå i flera minuter, dra sedan tillbaka reglagespaken till STOP. Om motorn saktar ner men inte stannar, lossa kabelklämman med en skruvmejsel och dra kabeln mot reglagespaken en aning tills motorn stannar, dra sedan åt klämman. Starta motorn igen och gå igenom reglagelägena. Motorn bör nu starta, gå sakta, gå fort och stanna när reglagespaken är inställd på dessa lägen.

2 Se till att tanken är åtminstone halvfull med nytt bränsle och att bränslet når förgasaren (ledningen mellan tanken och förgasaren kan vara blockerad eller veckad, eller filtret – om sådant används – kan vara igensatt).

3 Kontrollera att tändstiftskabeln är ordentligt ansluten till tändstiftet.

Kabelskon i änden av tändstiftskabeln kan bli lös och korroderad. Kläm ihop öglan med en tång *(se bild)* och ta bort eventuell korrosion med ett sandpapper, en stålborste eller en rund fil. Om så behövs, sätt tillbaka tändstiftshatten.

4 Kontrollera att tändstiftet sitter hårt.

5 Kontrollera tändstiftets jordfläta för att se till att den fungerar korrekt.

Vissa motorer har en metallfläta som används till att kortsluta tändstiftet för att stanna motorn. Om motorn har en, se till att denna inte vidrör tändstiftet.

6 Om motorn har en primerpump, kontrollera att den fungerar.

Den ska tryckas fyra eller fem gånger för att fylla förgasaren när motorn är kall. Om motorn är varm, prima inte – då kan du flöda förgasaren. Dra istället i starthandtaget flera gånger med reglagespaken i STOP-läget. Detta gör av med överflödigt bränsle i motorn. Placera reglagespaken i läge START och starta motorn som vanligt.

7 Se till att gräsuppsamlaren är ordentligt monterad.

Vissa gräsklippare har en säkerhetsbrytare för gräsuppsamlaren där denna ansluts till själva klipparen. Denna förhindrar att motorn startar innan gräsuppsamlaren är ordentligt på plats. Om gräsuppsamlaren inte används, se till att utkastet är ordentligt fastsatt på gräsklipparen.

8 Se efter om tanklockets ventilation är igensatt.

Om tankventilationen är igensatt kommer ett vakuum till slut att uppstå i tanken och förhindra att bränslet når förgasaren (motorn agerar då som om den inte har någon bensin).

Ta bort locket och kontrollera dess packning. Ibland kan mellanrummet mellan packningen och locket bli igensatt med skräp, vilket stänger av lufttillförseln till tanken. Kontrollera att hålet (hålen) i locket är öppet (öppna) *(se bild)*. Om du inte är säker på om ventilationen är öppen eller inte, lämna locket av och försök att starta motorn. Om motorn går är det lockets ventilation som är problemet. Rengör ventilationen eller införskaffa ett nytt lock. KÖR INTE motorn utan att ha ett lock på bensintanken.

9 Undersök om luftfiltret är rent och se till att packningen mellan filtret och förgasaren är i gott skick *(se bild)*.

10 Kontrollera att tändstiftet sitter fast ordentligt (se avsnittet *Kontrollera tändsystemet* under rubriken *Inledning till felsökning)*.

Det är möjligt att rengöra tändstift, men man bör sätta dit ett nytt – de är inte dyra och du kan vanligtvis vara säker på att ett nytt tändstift fungerar som det ska.

I enstaka fall händer det att ett nytt tändstift är defekt. Om du sätter i ett nytt tändstift och motorn inte tänder även om allt annat verkar vara i ordning, försök med ett annat nytt tändstift eller en gnistprovare.

11 Kontrollera att tändstiftskabeln är i gott skick.

Böj kabeln för hand och leta efter sprickor i isoleringen.

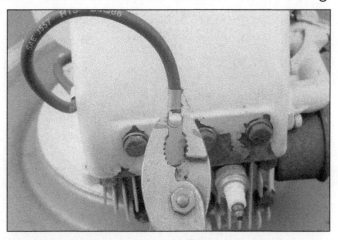

Tändstiftskablar har en tendens att lossna – kläm ihop kabelskon så att den får en tät passning på tändstiftet

Om tanklockets ventilation är igensatt svälts motorn på bränsle tills du tar bort locket för att se efter om det finns bensin i tanken. När locket tas bort släpper vakuumet, och motorn kommer då att starta och gå ett tag innan den stannar igen. Ta bort blockeringen eller införskaffa ett nytt lock

Om luftfiltret är smutsigt eller igensatt, ta loss och rengör det eller sätt dit ett nytt filter. Filter av skumtyp eller veckat papper är de vanligaste

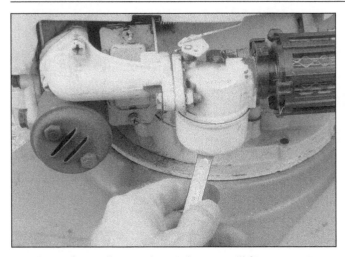

Ett sätt att kontrollera att bensin kommer till förgasaren är att ta bort flottörskålen (om sådan finns) – den sitter vanligtvis fast med en mutter i botten, som är svår att komma åt och som lätt tar skada

Motorer som har en förgasare med automatisk primning stannar ofta på grund av att bränsleinloppet sätts igen av smuts eller slam. Rengör det med en bit tunn ståltråd så bör motorn gå bra igen

Leta också efter bränd eller smält isolering. Om skador upptäcks kan du behöva byta ut tändspolen, eftersom kabeln ofta är permanent ansluten till den.

12 Se efter om bladet är löst – det måste sitta hårt på axeln eller adaptern.

13 Om maskinen har en kedja, en drivrem eller remmar, undersök om dessa är lösa. En lös kedja eller rem, precis som ett löst blad, kan orsaka en slags dödgång, vilket motarbetar motorns försök att dra runt.

14 Du kanske försöker starta motorn när den är under belastning.

Kontrollera att maskinen är i friläge när motorn startas eller, om det gäller en applikation som inte frikopplas, att den inte på något sätt orsakar ovanligt tung startbelastning.

15 Demontera flottörskålen (om monterad) och se efter om förgasaren är smutsig eller igensatt *(se bild)*.

> (!) *Försiktighet: Stäng av bränsleventilen eller ta bort tanken innan du tar loss flottörskålen – om du inte gör det kommer bränslet att rinna ut tills tanken är tom!*

Om det finns smuts eller slam i flottörskålen kan passagerna i förgasaren vara igensatta. Demontera förgasaren och rengör den noggrant. Vissa förgasare har en liten fjäderbelastad ventil i botten av flottörskålen, som används till att släppa ut avlagringar och vatten. Tryck upp den med en liten skruvmejsel och låt bensinen rinna ut tills den ser ren ut (du ser små droppar om det är vatten som kommer ut).

Observera: *Många Tecumseh motorer är utrustade med en flottörförgasare med automatisk primning. Bränsleinloppet på den här typen av motor blir lätt igensatt av bränslerester, särskilt om motorn inte körs under längre perioder. Detta kan man förvänta sig hos gräsklippare som*

står i förvaring hela vintern utan att tanken har tömts på bränsle.

Tappa av bränslet från tanken eller ta loss tanken från motorn och lägg den åt sidan. Demontera flottörskålen och rengör den, rengör sedan bränsleinloppet med en mycket fin ståltråd *(se bild)*. Montera flottörskålen och tanken, fyll på bensin och starta motorn.

2   Svår att starta/"kick-back" vid start

Dessa problem är ganska vanliga och de orsakas vanligtvis av att remmar eller kedjor inte är korrekt "avspända" när motorn dras runt, eller av ett löst blad.

1 Se efter om bladet är löst – det måste sitta hårt på axeln eller adaptern.

2 Om maskinen har en kedja, drivrem eller -remmar, undersök om dessa är lösa. En lös kedja eller rem, precis som ett löst blad, kan orsaka en slags dödgång, vilket motarbetar motorns försök att gå runt.

3 Du kanske försöker starta motorn när den är under belastning. Kontrollera att maskinen är ställd i friläge när motorn startas eller, om det gäller en applikation som inte frikopplas, att den inte på något sätt skapar en ovanligt tung startbelastning.

4 Snörstarten kanske inte fungerar som den ska.

5 Tändningsinställningen kan vara inkorrekt.

3   Motorn stannar plötsligt

1 Kontrollera att det finns bränsle i tanken.

2 Kontrollera svänghjulets kil för att se om den är av och kontrollera om kondensatorn är kortsluten.

Ibland när allting fungerar perfekt, tvärstannar motorn och du får inte igång den igen. Om problemet inte är tom bränsletank, kan det vanligtvis hänföras till en av två orsaker:

En trasig svänghjulskil

En defekt kondensator (endast modeller med brytarspetsar)

Svänghjulets kil går av om maskinens blad slår emot ett stumt objekt (detta för att skydda vevaxeln och andra dyra motorkomponenter). Detta kan hända utan att den som arbetar med maskinen märker det. Svänghjulskilen är viktig för korrekt tändningsinställning – om den skadas går inte motorn.

Kondensatorn (sitter under svänghjulet) kan sluta att fungera när som helst utan förvarning. Till och med helt nya kondensatorer kan vara defekta, så luras inte att tro att problemet ligger någon annanstans bara för att motorn har nya, eller nästan nya, tändningskomponenter. Instruktioner om hur man kommer åt kondensatorn finns i kapitel 4 (under *Kontroll och byte av brytarspetsar*).

Du kan också kontrollera svänghjulets kil samtidigt som du kontrollerar kondensatorn. Det är en rektangulär bit mjukmetall som sitter i urtaget i svänghjulet och vevaxeln för att koppla ihop dessa *(se bild)*. Som vi har nämnt förut, är metallen mjuk av en särskild anledning – när maskinbladet slår emot någonting hårt, går kilen av och släpper kraften på vevaxeln. Detta förebygger skador på vevaxeln, kolven, ventilerna, dreven och andra viktiga (dyra) delar i motorn.

Hur man byter kilen behandlas i vart och ett av de modellspecifika kapitlen (demontering och montering av svänghjul).

3 Kontrollera oljan i vevhuset.

När du tar bort oljekontroll-/påfyllningslocket kan motorn verka full, men ändå behöva olja. Häll i mer olja med en tratt tills den rinner ut ur hålet *(se bild)*. Om motorn har en mätsticka är korrekt nivå tydligt markerad.

Starta motorn. Om den ger ifrån sig missljud har smörjmedelsbristen förmodligen skadat motorn. Den kan behöva renoveras eller bytas ut.

4 Kontrollera bränsleledningarna och filtret (om sådana används) och se till att de inte är igensatta.

5 Se efter om ljuddämparen/avgasröret är igensatt.

Ett blockerat avgassystem kan stanna motorn och skada den. Det kan också en defekt ljuddämpare. Demontera ljuddämparen och se om motorn startar och går utan den.

6 Kontrollera att tändstiftskabeln sitter fast ordentligt i tändstiftet.

Kabelskon i änden av tändstiftskabeln kan lossna och bli korroderad. Kläm ihop öglan med en tång *(se bild på sidan 3•7)* och ta bort korrosion med ett sandpapper, en stålborste eller en rund fil.

7 Undersök vajern och länkaget mellan reglagen, gasspjället och regulatorn för att se om de kärvar eller om någon del har lossnat. Smörj vajern med WD-40 om så behövs *(se bild)*.

4 Dålig effekt/ojämn funktion

Dessa symptom orsakas oftast av problem i tändsystemet (särskilt på motorer med brytarspetsar), eller av problem med förgasaren (särskilt tomgångsjusteringen).

1 Kontrollera bensinen i tanken för att se till att den är färsk och inte innehåller något vatten. Töm tanken och fyll på med ny bensin.

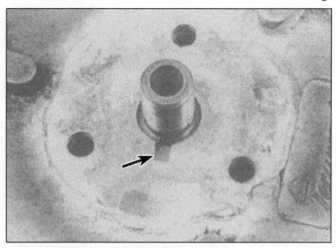

Om svänghjulets kil (vid pilen) är av, går tändningsinställningen förlorad och motorn slutar att gå

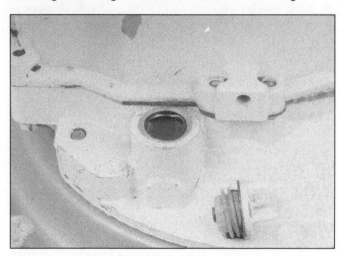

Även om du kan se olja i motorn efter det att pluggen har tagits bort, måste nivån vara vid hålets övre kant för att inte nivån i vevhuset ska vara farligt låg. Vissa motorer har en mätsticka där säker nivå är tydligt markerad

Om reglagen kärvar, smörj vajern – uppifrån och ner – med WD-40 eller liknande lösningsmedel/smörjmedel

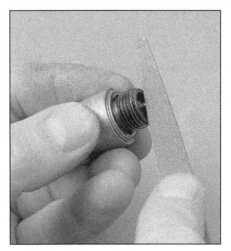

Om tändstiftet är täckt av avlagringar, rengör det med en stålborste, fila sedan elektrodspetsarna tills de får skarpa kanter (detta gör det lättare för tändsystemet att skapa gnista när motorn går)

Vissa förgasare har en eller två justerskruvar för justering av bränsle/luftblandningen – det här är ett typexempel på den sort som används på små motorer

Om blandningsskruvens spets är böjd eller sliten blir det svårt att erhålla korrekt justering

2 Kontrollera svänghjulskilen (se avsnittet under rubriken *Motorn stannar plötsligt*).

3 Kontrollera motorns kompression (se avsnittet under rubriken *Var man börjar*).

4 Kontrollera att tändstiftskabeln sitter fast ordentligt i tändstiftet.

Kabelskon i änden av tändstiftets kabel kan lossna och bli korroderad. Kläm ihop öglan med en tång (*se övre bild på sidan 3•7*) och ta bort korrosion med sandpapper, en stålborste eller en rund fil. Om så behövs, sätt tillbaka tändstiftshatten.

5 Kontrollera att reglagehandtaget kan röra sig fritt och fungerar ordentligt (inte hakar upp sig i något av lägena).

6 Se till att luftfiltret är rent (*se nedre bild på sidan 3•7*).

7 Ta ut tändstiftet, mät elektrodavståndet och se efter om stiftet är smutsigt. Rengör elektroderna med en stålborste och fila till sidoelektrodens spets så att slitna kanter blir skarpa (*se bild*). **Observera:** *Som en allmän regel kan tändstiftets elektrodavstånd sättas till 0,6 mm.*

8 Kontrollera förgasarens blandningsskruv för att se om den är rätt justerad. **Observera:** *Vissa förgasare har inga blandningsskruvar, medan andra har en för antingen höghastighetsjustering eller låghastighetsjustering, men inte båda. Det finns också de som har en skruv för justering av bränsle/luftblandningen vid höga hastigheter och en annan skruv som styr blandningen vid låga hastigheter – om två skruvar används måste de justeras separat.*

Blandningsskruven används till att styra bränsleflödet genom förgasaren (*se bild*). Om skruven blir skadad eller felaktigt justerad, kommer resultatet att bli bristande effekt och ojämn motorfunktion.

Ta bort blandningsskruven och undersök spetsen – om den ser böjd ut eller om ett spår har slitits i den avsmalnande delen,

sätt i en ny skruv (*se bild*). Försök inte att räta ut skruven. Om O-ringen på skruven är skadad eller sliten, byt ut den innan du försöker dig på att justera bränsleblandningen.

Om skruven inte är böjd eller sliten, sätt in den och dra åt den tills det tar stopp – dra endast åt med fingrarna, tvinga den inte. Backa den sedan ungefär 1$\frac{1}{2}$ varv (moturs) (*se bild*). **Observera:** *Det exakta antalet varv för backning som rekommenderas av tillverkaren varierar mellan olika förgasare, men den siffra som anges här är ett genomsnitt för de flesta motorer.*

Starta motorn och vrid skruven medurs tills motorn börjar sakta ned. Detta betyder att bränsleblandningen är för mager (inte tillräckligt mycket bränsle). Skruva ut skruven

När blandningsskruven vrids, justera bara lite i taget och vänta för att se vilken effekt det har på motorn (blanda inte ihop blandningsskruven med tomgångsskruven, som påverkar gasspjällänkaget)

sakta igen (moturs) tills motorn börjar gå mjukt och jämnt. Fortsätt mycket sakta tills motorn precis börjar gå ojämnt igen. Skruva slutligen in skruven igen (medurs) till ett läge halvvägs mellan ojämn och jämn gång. Detta är den perfekta inställningen.

Om en tomgångsskruv (låg hastighet) används, justera den på samma sätt med motorn på tomgång. När låghastighetsblandningen har ställts in, kontrollera höghastighetsjusteringen igen (om tillämpligt) – den kan påverkas av tomgångsjusteringen.

Vissa förgasare har också en tomgångsjusteringsskruv som används till att öppna eller stänga gasspjället något för att ändra tomgångshastigheten (endast hastigheten, inte blandningen). Om man vrider på den får man motorn att gå fortare eller långsammare.

9 Kontrollera om motorn har flödats.

Om man kör maskiner på kullar och slänter kan det orsaka flödning. Det kan också inträffa om motorn dras runt medan tändstiftskabeln är losskopplad och när blandningen är för fet (när förgasarens blandningsskruv är feljusterad).

Ställ reglagespaken i STOP-läget. Dra i startsnöret eller dra runt motorn flera gånger. Det stängda gasspjället skapar ett högt vakuum och öppnar choken, vilket rensar ut överflödigt bränsle ur motorn. Starta motorn.

Om motorn fortsätter att flöda, justera blandningsskruven enligt beskrivningen ovan. Om det inte fungerar finns det ett annat alternativ, men man måste vara ytterst försiktig (det finns risk för att bränsle antänds i förgasaren).

Ta bort luftfiltret och håll choken/gasspjällen öppna med en liten skruvmejsel *(se bild)*. Håll ansiktet och händerna borta från förgasaren och dra runt motorn flera gånger. Motorn bör starta. När den startar, ta bort skruvmejseln och sätt tillbaka luftfiltret.

När motorn går, justera blandningsskruven enligt beskrivningen ovan.

5 Kraftiga vibrationer

Motorvibrationer kan orsakas av en böjd vevaxel, vilket är resultatet av att bladet har stött emot något hårt.

Många verkstäder för små motorer kan räta ut vevaxeln utan att ta isär motorn. Om vevaxelns utmatningsände vobblar när den dras runt för hand, ta bort motorn från maskinen och ta den till en verkstad för att få vevaxeln uträtad.

1 Leta efter ett skevt blad. Gräsklipparblad kan bli vridna eller kraftigt skårade och kan ge dåligt lyft. Ibland kan ojämn slipning av ett blad göra att det hamnar ur balans. Slipa om bladet eller byt ut det.

2 Se till att bladet sitter fast hårt. Dra åt bladets fästbult eller bultar. Dra åt dem moturs.

3 Kontrollera att motorns fästbultar sitter hårt åtdragna. Dessa bultar håller motorn till maskinen *(se bild)*. Du kan behöva hålla fast bultarna uppe på medan du drar åt muttrarna under däcket.

4 Undersök om däcket är skadat. Om det är trasigt, sprucket

Om motorn flödas (tändstiftet är blött av bensin), håll choke- och gasspjäll – om möjligt – helt öppna med en skruvmejsel och dra runt motorn så att överflödigt bränsle töms ut

eller väldigt rostigt, kan motorn hamna ur balans och därför vibrera. Om däcket är skadat måste det repareras eller bytas ut. Reparationer innebär ofta svetsning (ett jobb för en yrkesmekaniker). Om däcket måste bytas ut, ring runt och kontrollera priser; det kan bli billigare att köpa en ny gräsklippare.

5 Kontrollera förgasarens justering (se avsnitt 4 ovan). En motor som går ojämnt kan orsaka vibrationer.

6 Oljud

Högt eller ovanligt ljud orsakas nästan alltid av att ljuddämparen har hål (ett resultat av rost), är deformerad eller saknas! En ny ljuddämpare åtgärdar detta problem.

1 Undersök ljuddämparen. En ljuddämpare i dåligt skick måste bytas ut (se kapitel 5).

2 Om oljudet inte kommer från avgassystemet, utan från själva motorn, kontrollera oljenivån utan dröjsmål!

3 Om du märker att motorn plötsligt går tystare, undersök om ljuddämparen och avgassystemet är täckta av gräs, smuts eller andra avlagringar.

Om fästbultarna (vid pilarna) är lösa vibrerar motorn

7 Rök från motorn

Detta kan vara resultatet av en trasig kolvring eller en skadad cylinder, men det är troligare att orsaken är en annan.

1 Kontrollera att förgasaren är korrekt justerad (se avsnitt 4 ovan).

Starta motorn och låt den gå på tomgång (om möjligt), öppna den sedan. Om svart rök kommer ut ur avgassystemet är blandningen troligen för fet. Justera bränsleblandningen (om möjligt) (följ beskrivningen i avsnitt 4).

2 Om röken är blå och luktar bränd olja, ligger problemet förmodligen hos kolvringarna, kolven eller cylinderloppet (troligtvis alla tre). Den blå röken kan åtföljas av kraftiga inre motorljud – motorn kan ge ifrån sig ett dovt, knackande ljud. Motorn måste då renoveras.

8 Överhettning

Detta är vanligtvis ett mindre problem, men ignorera det inte. Långvarig överhettning kan orsaka allvarliga motorskador.

1 Kontrollera oljenivån. Fyll på med ren, färsk olja efter behov. Se till att oljan har rätt viskositet – om den är för tunn eller förorenad med bränsle (om motorn har flödats), blir smörjningen otillräcklig.

2 Se till att kylflänsarna inte är igensatta med smuts, gräs etc. Rengör dem med en kittkniv och en pensel.

3 Se till att alla kåpor är korrekt monterade. Om de inte är det kan luften inte cirkulera ordentligt genom kylflänsarna.

4 Kontrollera att förgasaren är korrekt justerad (se avsnitt 4 ovan).

5 Kontrollera om ljuddämparen är igensatt av gräs, smuts etc.

6 Försäkra dig om att du inte överbelastar motorn. Du kanske har kört den för fort för länge (har någon grejat med regulatorn?). Motorn kanske belastas med för mycket utrustning. Stanna motorn, låt den svalna och koppla loss den extra utrustningen.

7 Undersök om topplocket har kraftiga sotavlagringar (se kapitel 4 för instruktioner om hur man demonterar och rengör topplocket).

8 Kontrollera ventillyftarnas spel för att se om de är för små (se kapitel 4).

9 Kontrollera att tändstift av rätt typ är monterat.

9 För hög oljeförbrukning

Detta problem kan ha många orsaker.

1 Kontrollera oljenivån. Om motorn har överfyllts pressas olja ut genom vevhusventilationen och hamnar över hela motorn.

2 Undersök regulatorn. Motorn kanske arbetar vid för höga hastigheter.

3 Se om oljenivå-/påfyllningspluggens packning saknas. Olja kan läcka ut runt pluggen (det rinner ut över motorn om så är fallet).

4 Kontrollera vevhusventilationen *(se bild)*. Rengör eller byt ut den efter behov.

Se till att oljereturhålet är öppet.

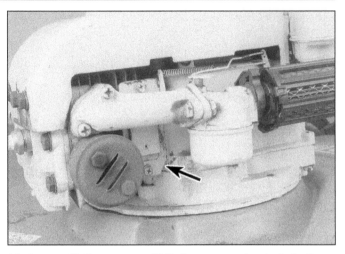

Vevhusventilationens uppgift är (som namnet antyder) att ventilera vevhuset, samt att hindra att olja pressas ut under tiden

5 Kolvringar eller cylinderlopp kan vara slitna eller skadade. För att undersöka detta måste du plocka isär motorn.

Felsökning – tvåtaktsmotor

De flesta problem med tvåtaktsmotorer faller under en eller fler av följande kategorier:

1 Startar inte/är svårstartad
2 Går inte runt
3 Motorstopp
4 Ojämn funktion
5 Brist på effekt
6 Kraftiga vibrationer
7 Överhettning
8 Mycket rök

1 Startar inte/är svårstartad

Observera: *När en motor inte startar är det vanligtvis för att reglagen inte är korrekt inställda, säkerhetssystemet (interlock) stör tändsystemet eller det är något fel med tändsystemet, men bränsleproblem och låg kompression kan också göra att en tvåtaktsmotor inte startar (se information under rubriken "Var man börjar" för att utesluta dålig kompression som en orsak).*

Som nämnts i avsnittet med rubriken *Hur en motor fungerar*, måste en tvåtaktsmotors vevhus vara lufttätt. Om luftläckor utvecklas vid tätningar eller packningar (eller på grund av poröst gjutgods), kanske inte motorn vill starta. Luftläckor av den här typen kan vara enormt svåra att hitta, så om du lyckas utesluta alla andra möjliga orsaker till varför motorn inte startar eller är mycket svårstartad, ta med den till en återförsäljare med den särskilda kontrollutrustning som behövs för att isolera luftläckor i vevhuset.

1 Se till att reglagen är korrekt placerade.

Följ reglagevajern från spaken till förgasaren. Gasspjället

Felsökning

ska vara helt öppet och choken ska aktiveras när spaken är ställd i läget START. När du flyttar reglagespaken från START till FAST till STOP, ska vajern vara så fastklämd att gasspjället fungerar korrekt. Vajern kan glida i klämman en aning och på så sätt göra att gasspjället inte fungerar som det ska, och det kan vara svårt att se den lilla rörelsen.

Flytta gasspjället till det öppna läget (START) med fingrarna. Du kan också behöva flytta reglagespaken med den andra handen för att spjället ska öppnas.

Om motorn nu startar, låt den gå i flera minuter, dra sedan tillbaka reglagespaken till STOP. Om motorn saktar ner men inte stannar, lossa vajerklämman med en skruvmejsel och dra vajern mot reglagespaken en aning tills motorn stannar, dra sedan åt klämman. Starta motorn igen och gå igenom reglagelägena. Motorn bör starta, gå sakta, gå fort och stanna när reglagespaken flyttas till motsvarande lägen indikerade på reglaget.

2 Se till att bränsletanken är åtminstone halvfull med färsk bensin/oljeblandning (och att blandningsförhållandet är korrekt). Kontrollera också att bränsle når förgasaren (ledningen från tanken till förgasaren kan vara igensatt, veckad eller losskopplad).

3 Kontrollera att tändstiftskabeln är ordentligt ansluten till tändstiftet.

Kabelskon i änden av tändstsiftskabeln kan bli lös och korroderad. Kläm ihop öglan med en tång (se den översta bilden på sidan 3•7) och ta bort korrosion med ett sandpapper, en stålborste eller en rund fil.

4 Kontrollera tändstiftets jordfläta för att se till att den fungerar. Vissa motorer har en metallfläta som används till att kortsluta tändstiftet för att stanna motorn. Om motorn har en sådan, se till att den inte vidrör tändstiftet (se bild).

5 Kontrollera att gräsuppsamlaren är ordentligt monterad.

Vissa gräsklippare har en säkerhetsbrytare för gräsuppsamlaren där denna fästs vid gräsklipparen. Denna brytare förhindrar att motorn startar innan gräsuppsamlaren sitter ordentligt på plats. Om gräsuppsamlaren inte används, kontrollera att utkastet är ordentligt anslutet till gräsklipparens däck.

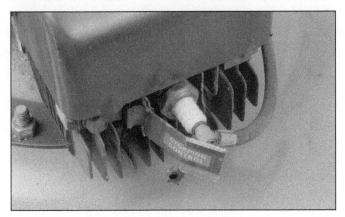

Se till att jordflätan som används till att stanna motorn inte är i kontakt med tändstiftet när du försöker starta

6 Om motorn har en primerpump, kontrollera att denna fungerar som den ska.

Den ska tryckas fyra eller fem gånger för att förgasaren ska fyllas när motorn är kall. Om motorn är varm, prima den inte – det kan flöda motorn. Dra istället i starthandtaget flera gånger med reglagespaken i läge STOP. Detta hjälper till att rensa ut överflödigt bränsle ur motorn. Ställ sedan reglaget i läge START och starta motorn som vanligt.

7 Se efter om tanklockets ventilation är igensatt.

Om tankventilationen är igensatt kommer ett vakuum att uppstå i tanken och förhindra att bränslet når förgasaren (motorn agerar då som om den inte har någon bensin).

Ta bort locket och kontrollera dess packning. Ibland kan mellanrummet mellan packningen och locket bli igensatt med skräp, vilket stänger av lufttillförseln till tanken. Kontrollera att hålet (hålen) i locket är öppet (öppna) (se bild på sidan 3•7). Om du inte är säker på om ventilationen är öppen eller inte, lämna locket av och försök att starta motorn. Om motorn går nu är det lockets ventilation som är problemet. Rengör ventilationen eller införskaffa ett nytt lock. KÖR INTE motorn utan att ha ett lock på bensintanken.

8 Kontrollera att luftfiltret är rent och se till att packningen mellan filtret och förgasaren är i gott skick.

9 Ta loss tändstiftet, kontrollera elektrodavståndet och att tändstiftet inte är smutsigt. Rengör elektroderna med en stålborste och fila sedan till sidoelektroden med en fin fil så att slitna kanter blir skarpa (se bild på sidan 3•10). Som en allmän regel kan tändstiftets elektrodgap ställas till 0,60 mm.

10 Kontrollera om tändstiftet ger en gnista (se Kontrollera tändsystemet i avsnittet med rubriken Var man börjar).

Man kan rengöra tändstift, som sagts ovan, men ett nytt bör ändå sättas in – de är inte dyra och du kan vanligtvis vara säker på att ett nytt tändstift fungerar som det ska.

Vid enstaka tillfällen kan det visa sig att ett nytt tändstift är defekt. Om du sätter in ett nytt tändstift och motorn inte vill tända även om allt annat verkar vara i ordning, försök med ett annat nytt tändstift eller använd en gnistprovare.

11 Kontrollera att tändstiftskabeln är i gott skick.

Böj kabeln för hand och leta efter sprickor i isoleringen. Leta också efter bränd eller smält isolering. Om skador upptäcks kan du behöva byta ut tändspolen, eftersom kabeln ofta är permanent ansluten till den.

12 Kontrollera att choken fungerar korrekt – om den inte stänger helt kan det hända att motorn inte startar. Om den inte öppnar när motorn har startat kan den orsaka flödning.

13 Se efter om bladet är löst – det måste sitta fast hårt på axeln eller adaptern.

2 Går inte runt

1 Undersök om det är något som sitter i vägen för bladet.

2 Se efter om startapparaten kärvar (demontering beskrivs i kapitel 5).

3 Undersök om svänghjulet blockeras av gräs etc. och se efter om kilen är av. Se informationen i avsnitt 3 under rubriken Felsökning – fyrtaktsmotor.

4 Kolvringen (-ringarna) kan ha gått sönder och fastnat i en av portarna. Motorn måste tas isär för att detta ska kunna kontrolleras.

5 Vevstaken kan vara trasig eller kärva. Även detta problem kräver isärtagning av motorn om det ska kunna undersökas.

3 Motorstopp

1 Se till att bränsletanken är åtminstone halvfull av färsk bränsle/oljeblandning (och att blandningsförhållandet är korrekt). Kontrollera också att bränslet når förgasaren (ledningen från förgasaren kan vara blockerad, veckad eller losskopplad).

2 Se efter om luftfiltret är igensatt.

3 Se efter om tanklockets ventilation är igensatt.

Om tankventilationen är igensatt kommer ett vakuum till slut att uppstå i tanken och förhindra att bränslet når förgasaren (motorn agerar då som när tanken är tom).

Ta bort locket och kontrollera dess packning. Ibland kan mellanrummet mellan packningen och locket bli igensatt med skräp, vilket stänger av lufttillförseln till tanken. Kontrollera att hålet (hålen) i locket är öppet (öppna) *(se bild på sidan 3•7)*. Om du inte är säker på om ventilationen är öppen eller inte, lämna locket av och försök att starta motorn. Om motorn går är det lockets ventilation som är problemet. Rengör ventilationen eller införskaffa ett nytt lock. KÖR INTE motorn utan att ha ett lock på bensintanken.

4 Se efter om förgasaren är korrekt justerad. Vrid ut blandningsskruven för att få en fetare blandning (följ beskrivning i avsnitt 4 under rubriken *Felsökning – fyrtaktsmotor)*.

5 Om motorn är utrustad med brytarspetsar, undersök dessa; de kan vara smutsiga, brända eller feljusterade (se kapitel 4).

4 Ojämn funktion

1 Se till att bränsletanken är åtminstone halvfull av färsk bränsle/oljeblandning (och att blandningsförhållandet är korrekt). Kontrollera också att bränslet når förgasaren (ledningen från förgasaren kan vara blockerad, veckad eller losskopplad).

2 Kontrollera att förgasaren är korrekt justerad. Se information i avsnitt 4 under rubriken *Felsökning – fyrtaktsmotor.*

3 Ta loss tändstiftet, kontrollera elektrodavstsåndet och se efter om tändstiftet är smutsigt. Rengör elektroderna med en stålborste och fila till sidoelektrodens spets med en liten fil så att eventuellt slitna kanter blir skarpa *(se bild på sidan 3•10)*. Som en allmän regel kan tändstiftes elektrodgap sättas till 0,6 mm.

4 Kontrollera att tändstiftet avger gnista (se *Kontrollera tändsystemet* i avsnittet med rubriken *Var man börjar)*.

Om tändstiftet är smutsigt är det visserligen möjligt att rengöra det, som nämnts ovan, men ett nytt bör monteras – de är inte dyra och du kan vanligtvis vara säker på att ett nytt tändstift fungerar som det ska.

Vid enstaka tillfällen kan det visa sig att ett nytt tändstift är defekt. Om du monterar ett nytt stift och motorn inte tänder trots att allt annat verkar vara i sin ordning, försök med ett annat nytt stift eller använd en gnistprovare.

5 Om motorn har brytarspetsar, undersök dessa; de kan vara smutsiga, brända eller feljusterade (se kapitel 4).

6 Kontrollera vevhusets reedventil (som sitter där förgasaren monteras till vevhuset) för att se om den har fastnat eller är igensatt (finns inte på alla motorer).

7 Om vevhuset inte är lufttätt, kan motorn gå ojämnt (se anmärkning i början av detta avsnitt).

8 Undersök kablaget till motorns stoppbrytare. Lösa anslutningar i kablagaet kan göra att motorn plötsligt stannar under användning.

5 Brist på effekt

1 Se till att bränsletanken är åtminstone halvfull av färsk bränsle/oljeblandning (och att blandningsförhållandet är korrekt). Kontrollera också att bränslet når förgasaren (ledningen från förgasaren kan vara blockerad, veckad eller losskopplad).

2 Se efter om luftfiltret är igensatt.

3 Ta loss tändstiftet, kontrollera elektrodavståndet och se efter om tändstiftet är smutsigt. Rengör elektroderna med en stålborste och fila till sidoelektrodens spets med en liten fil så att eventuellt slitna kanter blir skarpa *(se bild på sidan 3•10)*. Som en allmän regel kan tändstiftes elektrodgap sättas till 0,6 mm.

4 Kontrollera att tändstiftet avger gnista (se *Kontrollera tändsystemet* i avsnittet med rubriken *Var man börjar)*.

Om tändstiftet är smutsigt är det visserligen möjligt att rengöra det, som nämnts ovan, men ett nytt bör monteras – de är inte dyra och du kan vanligtvis vara säker på att ett nytt tändstift fungerar som det ska.

Vid enstaka tillfällen kan det visa sig att ett nytt tändstift är defekt. Om du monterar ett nytt stift och motorn inte tänder trots att allt annat verkar vara i sin ordning, försök med ett annat nytt stift eller använd en gnistprovare.

5 Leta efter sotavlagringar i avgasporten och ljuddämparen. Ljuddämparen måste demonteras för att denna kontroll ska kunna utföras (kapitel 5).

6 Kontrollera att förgasaren är korrekt justerad. Se informationen i avsnitt 4 under rubriken *Felsökning – fyrtaktsmotor.*

7 Kontrollera choke- och gasspjällsreglagen för att se till att de inte låter ventilerna röra sig när motorn går.

8 Kontrollera vevhusets reedventil (monterad där förgasaren sitter fast vid vevhuset) för att se om den har fastnat eller är igensatt (används inte på alla motorer).

9 Om vevhuset inte är lufttätt kan motorn förlora effekt (se anmärkningen i början av detta avsnitt).

10 Om kolvringarna är slitna eller cylindern är skadad kan effekten också minska.

Om kylflänsarna är igensatta med gräs eller annat skräp, rengör dem med en pensel eller tryckluft

Avgasportarna på en tvåtaktsmotor kan bli igensatta av sot – knacka ut sotet med en pinne av hårdträ för att undvika skador på kolvar och ringar

6 Kraftiga vibrationer

1 Undersök bladet för att se om det sitter fast hårt och är i balans.

2 Undersök om motorfästbultarna är lösa *(se bild på sidan 3•11)*.

3 Andra orsaker kan vara skadade vevaxelkullager, skadad vevaxel eller vevstake.

7 Överhettning

1 Se till att bensin/oljeblandningens förhållande är korrekt – för lite olja resulterar i dålig smörjning och värme; för mycket olja kan göra blandningen för mager.

2 Kontrollera om luftfiltret är smutsigt.

3 Se till att rätt typ av tändstift är monterat.

4 Undersök om kylflänsarna är igensatta *(se bild)*. Ta bort skräp från flänsarna med en pensel eller tryckluft.

5 Undersök avgasportarna för att se om de är igensatta med sot *(se bild)*. Ljuddämparen måste demonteras för att man ska komma åt portarna. Om du hittar sotavlagringar, ta bort dessa med en pinne av hårdträ.

6 Undersök om förgasaren är smutsig eller feljusterad. Blandningsskruven kanske är ställd på för mager blandning (inskruvad för långt).

7 Kontrollera att muttrarna, bultarna eller skruvarna som håller förgasaren på plats är hårt åtdragna *(se bild)*.

8 Se efter om svänghjulsmuttern är lös.

9 Om vevhuset inte är lufttätt kan motorn överhetta (se anmärkning i början av avsnittet).

10 Överbelasta inte motorn eller kör den för fort för länge.

8 Kraftig rökutveckling

1 Kontrollera att choken är av.

2 Se till att bränslets/oljans blandningsförhållande är korrekt – för mycket olja kan leda till kraftig rökutveckling.

3 Se efter om förgasarens blandningsskruv är inställd på för fet blandning (för långt ut).

4 Undersök om avgasportarna är igensatta med sot *(se bild)*. Ljuddämparen måste demonteras för att man ska komma åt portarna. Om du hittar kraftiga sotavlagringar, ta bort dessa med en pinne av hårdträ.

Tvåtaktsmotorer är särskilt känsliga för luftläckor, så se till att förgasarens fästmuttrar, -bultar eller skruvar är jämnt och hårt åtdragna

Kapitel 3

Justeringar och rutinunderhåll

Inledning

Det här kapitlet behandlar de kontroller och åtgärder som behövs för justering och underhåll av en typisk liten bensinmotor. Kapitlet innehåller en checklista över serviceåtgärder utformade för att hålla motorn i god kondition och förebygga eventuella problem. Separata avsnitt beskriver i detalj hur de olika åtgärderna i checklistan ska utföras, så väl som ytterligare underhållsinformation utarbetad för att öka motorns pålitlighet.

De avsnitt som behandlar underhålls- och kontrollåtgärderna är skrivna som omfattande steg-för-steg instruktioner för själva arbetet som utförs. Hänvisningar till ytterligare information i andra kapitel ges också, och dessa får inte förbises.

Det första steget i denna underhållsplan är att förbereda sig själv innan själva arbetet påbörjas. Läs igenom aktuella avsnitt som behandlar det eller de jobb som ska utföras innan du börjar. Samla ihop alla delar och verktyg som kommer att behövas. Om du misstänker att du kan få problem med ett särskilt jobb, tveka inte att fråga en återförsäljare, verkstad eller erfaren hemmamekaniker om råd.

Innan du ger dig på motorn med nycklar och skruvmejslar, rengör den med ett avfettningsmedel så att du inte får in smuts i motorns inre delar. En ordentlig rengöring hjälper dig också att upptäcka slitage och skador som du annars kanske skulle missa.

Checklista för justeringar och underhåll

Varje gång bränsle fylls på
Kontrollera oljenivån (endast fyrtaktsmotorer)
Kontrollera att reglagen fungerar

Underhåll varje år
Observera: *Följande åtgärder ska utföras minst en gång per år under normala förhållanden (ungefär 25 timmars användning av motorn per år) och oftare om motorn används väldigt mycket.*
Serva luftrenaren
Rengör bränsletanken och ledningen
Rengör förgasarens flottörskål
Byt olja (endast fyrtaktsmotorer)
Kontrollera startapparaten
Rengör kylflänsarna och kåpan
Kontrollera kompressionstrycket
Kontrollera regulator och länkage
Serva brytarspetsarna (om monterade)
Kontrollera spole och tändningskablage
Sota topplocket
Kontrollera ljuddämparen
Kontrollera ventillyftarspelen (endast fyrtaktsmotorer)
Byt ut tändstiftet
Kontrollera/justera reglagen
Justera förgasaren
Kontrollera motorfästenas bultar/muttrar

Motorns oljenivå/påfyllningsplugg ska vara tydligt markerad – torka av den innan du tar bort den

På motorer som saknar oljemätsticka skall nivån vara jäms med den övre kanten av påfyllningshålet, enligt bilden ovan

1 Kontrollera oljenivån (endast fyrtaktsmotorer)

Varje gång du fyller på bensintanken, eller varannan eller var tredje drifttimme, kontrollera oljenivån i vevhuset och fyll på efter behov. Vissa tillverkare kanske rekommenderar mindre täta oljekontroller – följ instruktionerna i den instruktionsbok som medföljer maskinen om de skiljer sig från de som ges här.

1 Leta reda på locket som används till att kontrollera oljenivån och fyll på olja – det kan vara ett lock eller en plugg, som skruvas eller helt enkelt trycks på plats. Locket/pluggen kan vara märkt "Engine oil" eller "Oil fill" *(se bild)*.

2 Torka av pluggen/locket och området runt den, så att inte smuts kan komma in i motorn när den tas bort.

3 Se till att motorn står plant, ta sedan bort oljekontrolls-/påfyllningslocket.

4 Om locket eller pluggen inte har en mätsticka, ska oljenivån vara längst upp i hålet *(se bild)*, eller i nivå med ett märke eller toppen av ett spår som indikerar nivån FULL.

5 Om locket/pluggen har en mätsticka, torka av oljan, sätt in stickan i motorn och dra ut den igen. Följ instruktionerna på mätstickan – ibland måste pluggen skruvas in helt igen för att man ska kunna göra en exakt avläsning.

6 Notera oljenivån på mätstickan. Nivån ska vara mellan markeringarna på stickan (vanligtvis ADD och FULL), inte ovanför det övre märket eller under det nedre.

7 Fyll på olja upp till korrekt nivå. Om det är dags att byta olja, fyll inte på nu – byt oljan istället (se avsnitt 5).

2 Serva luftrenaren

De flesta luftrenare på småmotorer är antingen av plast eller veckat papper, och de ska kontrolleras/rengöras ofta för att motorn ska gå bra. Det finns också motorer som har ett dubbelfilter, av både papper och plast. Om filtret inte kontrolleras och rengörs regelbundet kan det komma in smuts i motorn, eller så kan de tjocka avlagringarna på filtret göra att bränsleblandningen blir för fet – båda dessa förhållanden förkortar motorns livslängd.

1 Ta bort filtret från motorn. Vissa filter knäpps på plats, medan andra sitter under en kåpa fäst med skruvar eller vingmuttrar *(se bilder)*.

2 Om filtret är gjort av veckat papper, knacka det mot arbetsbänken för att lossa smutsen, eller blås ut den från insidan med lågt lufttryck. Om filtret har en reva, är böjt, blött eller på annat sätt skadat, montera ett nytt filter. TVÄTTA INTE ett pappersfilter för att rengöra det!

Ett typiskt luftfilter av veckat papper – det här hålls på plats med tre plastklämmor (vid pilarna) som måste lossas för att filtret ska kunna tas ut

Det här plastluftfiltret sitter i ett hus – kåpan fästs med en skruv

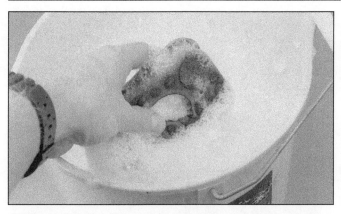
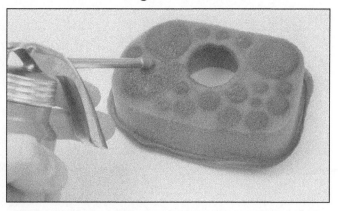

De flesta plastfilter kan tvättas i såpvatten och återanvändas. Det finns också plastfilter av engångstyp, som måste bytas ut mot ett nytt

Arbeta in ungefär två eller tre teskedar olja i plastfiltret innan du sätter in det i huset

3 Om det är ett plastfilter, rengör det i varmt såpvatten *(se bild)*, vrid ur det och låt det sedan torka ordentligt. Häll ungefär två teskedar motorolja i filtret och pressa ihop det flera gånger för att fördela oljan jämnt i filtret *(se bild)*. Det här är mycket viktigt – det är oljan som samlar upp smutsen i filtret. Om filtret har en reva eller har börjat lösas upp, sätt i ett nytt.

4 Ta bort smuts från luftrenarhuset och undersök packningen mellan huset och förgasaren. Om packningen är i dåligt skick eller om den saknas, kan smuts komma förbi filtret och in i motoron.

5 Montera filtret.

3 Rengör bränsletanken och ledningen

⚠️ *Varning: Bensin är extremt lättantändlig och väldigt explosiv under vissa förhållanden – säkerhetsföreskrifter måste följas när man arbetar på någon del av bränslesystemet! Rök inte och låt inga öppna lågor eller nakna glödlampor finnas i närheten av arbetsutrymmet. Utför inte dessa åtgärder i ett garage där det finns gasdrivna apparater (t.ex. varmvattenberedare).*

Bränsletanken samlar på sig damm, gräs, smuts, vatten och andra avlagringar. Den måste rengöras regelbundet för att dessa föroreningar inte ska komma in i förgasaren, eller blockera bränsleledningen. Tanken kan vara monterad separat, eller ansluten direkt till förgasaren. **Observera:** *Om tanken sitter fast i förgasaren kan det vara möjligt att ta loss den genom att bara skruva loss skruvarna, men ofta är utrymmet för begränsat för att man ska kunna få ut den från sin plats om inte förgasaren demonteras först.*

1 Ta bort eventuella kåpor som sitter över bränsletanken, skruva sedan loss tankens fästskruvar (om tillämpligt).

2 Om en bränsleavstängningsventil finns, stäng av den.

3 Koppla loss bränsleledningen från tanken och plugga igen hålet med fingret för att förhindra att bränsle rinner ut (behövs inte om en bränsleavstängningsventil är monterad)

4 Lyft bort tanken från motorn.

5 Töm ut bränslet från tanken i en bensindunk, skölj sedan ur tanken med lösningsmedel och torka ur den med tryckluft om detta finns tillgängligt, eller låt tanken stå ute i solen en stund. Om tanken har en sil vid utloppet, se till att den är ren.

6 Lossa slangklämmorna, om sådana används, och koppla loss bränsleledningen från anslutningen på förgasaren.

7 Kontrollera att ledningen är ren och inte blockerad. Om den är sprucken eller på annat sätt sliten, montera en ny ledning och nya klämmor. **Observera:** *Om ett filter sitter monterat i ledningen vid tankens utloppsanslutning, rengör det eller montera ett nytt.*

8 Gå vidare till avsnitt 4 och rengör flottörskålen (om tillämpligt), montera sedan tillbaka tanken.

4 Rengör förgasarens flottörskål

Vissa förgasare har en flottörskål (en behållare för bränsle) som samlar upp avlagringar och vatten som kan sätta igen munstyckena och göra att motorn går dåligt eller inte alls. Flottörskålen ska tömmas och rengöras regelbundet.

1 Vissa förgasare har en avtappningsplugg eller en liten fjäderbelastad ventil i botten av flottörskålen, som används till att tömma ut avlagringar och vatten *(se bild)*. Lägg en trasa under förgasasren, tryck sedan upp ventilen med en

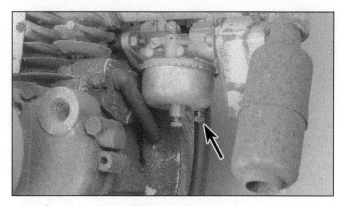

Vissa förgasare har en fjäderspänd avtappningsventil i botten av flottörskålen (vid pilen), genom vilken man kan släppa ut avlagringar och vatten från förgasaren

Kapitel 4

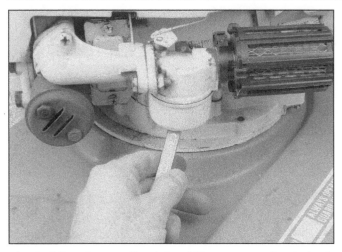

Flottörskålen sitter vanligtvis fast i förgasaren med en bult på undersidan (och den är ofta svår att komma åt)

Torka ur flottörskålen och undersök packningen innan den sätts tillbaka

liten skruvmejsel och låt bränslet rinna ut tills det ser rent ut (du kan se små droppar om det är vatten som kommer ut).

2 På motorer som saknar avtappningsventil, TA INTE loss flottörskålen förrän bränsletanken har tömts,

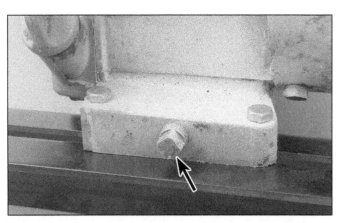

På vissa motorer sitter oljeavtappningspluggen på sidan av vevhuset . . .

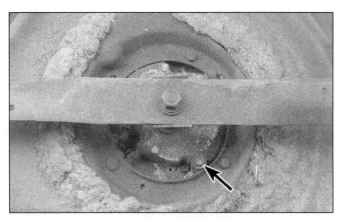

. . . medan den på andra sitter i botten. Arbeta aldrig under ett grässklippardäck om inte tändstsiftskabeln är losskopplad!

bränsleledningen klämts ihop eller tanken har demonterats – annars kommer stora mängder bränsle att rinna ut när skålen tas bort.

3 Du måste ta bort en bult eller annan fästanordning för att kunna demontera flottörskålen *(se bild)*. Använd en väl passande nyckel så att du inte runddrar bulten. På vissa motorer måste du demontera förgasaren för att kunna få ut bulten och ta loss skålen.

4 Häll ut bränslet ur skålen och torka av den med en trasa *(se bild)*.

5 Undersök packningen – om den är försämrad eller missformad, sätt dit en ny.

6 Sätt tillbaka flottörskålen och dra åt bulten hårt. Se till att sätta fiberbrickan på bulten om en sådan används.

7 Montera tanken, ta bort bränsleslangklämman eller fyll på bränsle i tanken. Starta sedan motorn och kontrollera att den går normalt.

5 Byt olja (endast fyrtaktsmotor)

Oljan är motorns hjärteblod; kontrollera och byt den ofta för att få ut bästa möjliga prestanda ur motorn och ge den längsta möjliga livslängd. Om maskinen används i dammiga förhållanden, byt olja ännu oftare än du skulle ha gjort i vanliga fall **Observera:** *De flesta tillverkare av småmotorer rekommenderar olja med vikt 30 (viskositet SAE 30W) – titta i tillverkarens handbok för exakta rekommendationer.*

1 Starta motorn och låt den värmas upp (varm olja rinner ut lättare och mer föroreningar följer då med ut).

2 Stanna motorn – tappa aldrig av oljan när motorn är igång!

3 Koppla loss kabeln från tändstiftet och lägg den åt sidan.

4 Leta reda på avtappningspluggen. Vissa sitter på den yttre kanten längst ner på motorn *(se bild)*, medan andra (särskilt på motorer som används i rotorgräsklippare) sitter under motorn *(se bild)*. **Observera:** *Vissa motorer har ingen avtappningsplugg – oljan tappas av genom påfyllningshålet genom att man lutar motorn.*

5 Rengör avtappningspluggen och ytan runt den, ta sedan ut den ur motorn och låt oljan rinna ner i en behållare. Ge oljan tid att rinna ut tills motorn är helt tom. Om så behövs, luta motorn för att få all olja att rinna mot öppningen.

6 Ta också bort oljenivå-/påfyllningspluggen.

7 Torka av avtappningspluggen och sätt fast den i motorn igen. Om packning används, se till att den sitter på plats och är oskadad, Dra åt pluggen ordentligt.

8 Fyll på vevhuset med ny, ren olja. Använd en tratt för att undvika spill, men kontrollera att den är helt ren innan du börjar hälla olja i den. Fyll på olja tills nivån är längst upp i öppningen, torka sedan av påfyllningspluggen och sätt i den. Torka bort eventuell spilld olja.

9 Anslut tändstiftskabeln och starta motorn, undersök om det förekommer något läckage och slå sedan av motorn.

10 Kontrollera oljenivån igen och fyll på mer olja om så behövs, men fyll inte på för mycket.

11 Gör dig av med den gamla oljan och oljiga trasor på ett särket sätt.

6 Kontrollera snörstarten (om monterad)

Detta är en enkel kontroll som kan utföras utan att man demonterar något från motorn.

Observera: *Koppla loss kabeln från tändstiftet för att förhindra att motorn startar.*

1 Dra ut startsnöret sakta.

2 Om snörstarten lever om, kärvar eller känns ojämn, kan returfjädern, remskivan eller snöret ha fastnat.

3 Om vevaxeln inte går runt när snöret dras ut, kopplar inte spärrhakemekanismen i som den ska.

4 Dra ut snöret helt och undersök om det är slitet.

5 Låt snöret lindas in igen, men släpp inte handtaget så att snöret rycks tillbaka.

6 Om snöret inte dras in, kan det vara så att remskivan kärvar, returfjädern kan vara trasig, lös eller otillräckligt spänd, eller så kan snörstarten vara felaktigt hopsatt.

7 Rengör kylflänsar och kåpa

Kåpans luftintag och motorns kylflänsar måste vara rena så att luft kan cirkulera ordentligt, förhindra överhettning och förlänga motorns livslängd.

1 Se kapitel 5 och ta bort kåpan från motorn.

2 Rengör kåpans galler med en borste/pensel eller tryckluft (*se bild*).

3 Rengör också flänsarna på cylinder och topplock (*se bild*).

4 Fortsätt till avsnitt 8.

Kompressionstrycket bör kontrolleras rutinmässigt varje år, eller var 50:e drifttimme (oftare om motorn är svårstartad eller om du märker av effektförlust). Om motorn körs med låg kompression, kommer bränsle- och oljeförbrukningen att öka och motorslitaget att påskyndas.

Honda är den enda av de motortillverkare som täcks i den här boken som rekommenderar användning av en mätare vid kompressionsprovet – de andra tillverkarna publicerar inga specifikationer för kompressionstryck, så en mätare kan inte användas till att dra några slutsatser om motorns skick.

8 Kontrollera kompressionstrycket

Bland andra faktorer, kan dålig motorprestanda bero på läckande ventiler, felaktiga ventillyftarspel, en läckande topplockspackning eller slitna kolvringar och/eller sliten cylinder. Ett kompressionsprov kan hjälpa till att identifiera dessa problem.

1 Ta bort tändstiftet, placera tändstiftskabeln på avstånd från motorn/maskinen och täck sedan över tändstiftshålet med tummen (*se bild på sidan 3•4*).

2 Aktivera startmekanismen – om kompressionstrycket pressar bort tummen från hålet är trycket bra nog för att motorn ska gå; var noga med att inte vidröra tändstiftets kabel när du gör detta – då kan du få en rejäl stöt!

3 Ett annat sätt att kontrollera kompressionen, med tändstiftet på plats, är att ta bort kåpan/startmekanismen och rotera svänghjulet i motsatt riktning mot den normala (moturs) (*se*

Kåpans luftintag skyddas vanligtvis av ett galler, som måste rengöras regelbundet

Använd en pensel eller tryckluft till att ta bort gräs, smuts och skräp från motorns kylflänsar

Kapitel 4

bild på sidan 3•4 i kapitel 3). Hjulet ska vända tillbaka snabbt. Om det gör det är trycket bra nog för att motorn ska gå.

4 För att ytterligare bekräfta resultatet, häll i ungefär 10 cc motorolja i cylindern genom att sticka in munstycket på en oljekanna genom tändstiftshålet *(se bild)*. Oljan har en tendens att täta kolvringarna om dessa läcker. Upprepa sedan testet.

5 Om kompressionen stiger märkbart när olja har tillsatts, är kolvringar och/eller cylinder definitivt slitna. Om kompressionstrycket inte stiger, läcker trycket förbi ventilerna eller toppackningen. Läckage förbi ventilerna kan orsakas av brända eller spruckna ventiler eller ventilsäten, skeva eller böjda ventiler eller otillräckligt ventilspel.

6 Sammanfattningsvis kan man säga att om kompressionstrycket är lågt, kan det bero på:

Lösa tändstift
Lösa topplocksbultar
Trasig topplockspackning
Skadade ventiler/ventilsäten (endast fyrtaktsmotorer)
Otillräckliga ventillyftarspel (endast fyrtaktsmotorer)
Skevt topplock
Böjt ventilskaft (endast fyrtaktsmotorer)
Slitet cylinderlopp och/eller slitna kolvringar
Trasig vevstake eller kolv

En kompressionsmätare kan användas på Hondas motorer eftersom de specificerar kompressionstryck

9 Kontrollera regulator och länkage

Två typer av regulator används på små motorer, en som styrs via en luftklaff och en mekanisk typ. För en rutinkontroll av en regulator med luftklaff måste man ta bort kåpan (se kapitel 5). Den mekaniska regulatorn är vanligtvis monterad inuti motorn, men länkaget som är anslutet till förgasaren kan ses på utsidan av motorn. **Observera:** *Om regulatorn inte är fasthakad eller om den inte verkar fungera som den ska, bör den repareras och motorns drifthastighet justeras av en återförsäljare eller en verkstad med nödvändiga verktyg.*

1 Ta bort gräs och annat skräp ur regulatorns länkage *(se bild).*

2 Se efter om länkaget kan röra sig fritt.

3 Gasspjället på förgasaren ska vara vidöppet när motorn är av. Om det inte är det kan det vara så att länkaget kärvar eller är felaktigt hopkopplat.

4 Leta efter slitna länkar och hål och losskopplade fjädrar.

5 Om motorn har en luftklaffsregulator, ska klaffen kunna röra sig fritt och styra länkaget *(se bild).* Om klaffen är böjd eller på annat sätt missformad kan inte regulatorn fungera som den ska.

6 Om motorn har en mekanisk regulator, se till att armen är ordentligt fastsatt i axeln där den går ut ur vevhuset.

10 Serva brytarspetsarna

Brytarspetsarna ska kontrolleras minst en gång per år, och bytas ut om så behövs. På alla motorer som behandlas i den här boken som har brytarspetsar, sitter de under svänghjulet, så det måste demonteras först (se relevant motorkapitel).

> ⊘ *Varning: Var noga med att ta bort tändstiftet från motorn innan arbete påbörjas på tändsystemet.*

Separata steg-för-steg beskrivningar för Briggs & Stratton och Tecumseh motorer finns här – följ relevant fotosekvens och läs noga texten under bilderna. **Observera:** *Vissa Honda GV150 motorer är också utrustade med brytarspetsar.*

Om kompressionen ökar avsevärt när olja sprutas in i cylindern, är kolvringarna slitna och motorn bör tas isär för ytterligare kontroller

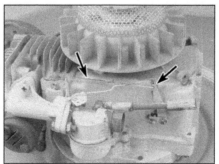

Typiskt regulatorlänkage och fjädrar – kontrollera att inget är losskopplat samt att länkaget kan röra sig fritt

Luftklaffen måste vara oskadad och röra sig fritt så att den kan driva länkaget korrekt

Proceduren är väldigt lik den för Tecumseh motorer, men tillverkaren anger att en särskild kontroll av tändningsinställningen ska göras när nya brytarspetsar har monterats. Detta gör man genom att först ansluta en ohmmeter eller en testlampa till brytarspetsarnas kabel och en bra jord. Dra sedan runt svänghjulet och observera ohmmetern/testlampan för att se om brytarspetsarna öppnar när "F"-märket på svänghjulet är i linje med indexmärket på motorblocket (ohmmetern ger en avläsning/lampan släcks när brytarspetsarna är öppna). Om justering behövs, ta bort

svänghjulet och öka eller minska brytarspetsarnas avstånd tills inställningen blir korrekt.

Eftersom svänghjulet måste demonteras för att man ska komma åt brytarspetsarna, kom ihåg att leta efter oljeläckage vid vevaxeltätningen under svänghjulet. Om tätningen läcker kommer olja så småningom att förorena brytarspetsarna och du kommer då att behöva ta bort svänghjulet för ytterligare reparationer. Byte av tätningen behandlas i kapitel 5.

BRIGGS & STRATTON – KONTROLL OCH BYTE AV BRYTARSPETSAR

Observera: Om olja läcker förbi kolvbulten och förorenar brytarspetsarna, är kolvbultens lopp troligen slitet. Låt en verkstad kontrollera loppet (en särskild mätare finns för detta). Om det är slitet kommer verkstaden att brotscha hålet och sätta in en bussning för att återställa loppet.

Skruva loss bultarna och ta bort brytarspetsarnas kåpa. Undersök om brytarspetsarna är brända, gropiga, nedslitna eller täckta av olja. Om de är i gott skick kan de putsas med en liten fil, rengöras och justeras om (steg 9 till 11), men när du ändå har gjort dig besväret att demontera svänghjulet, är det en bättre idé att montera nya brytarspetsar (de kostar inte mycket)

Kontrollera svänghjulets kil (vid pilen) – om den har gått av, sätt dit en ny; se efter om olja läcker vid vevaxeltätningen

Skruva loss bulten och ta bort kondensatorn, tryck sedan in den lilla fjädern och lossa primärkabeln från polen i änden av kondensatorn

Skruva loss bulten och lyft ut den rörliga brytarspetsen, returfjädern och fästpelaren

5

Dra ut kolvbulten och undersök om den är sliten – om den har slitits så att längden är mindre än 22 mm eller om den är skadad på något sätt, sätt i en ny (ta med den gamla till återförsäljaren)

6

Rengör brytarspetsens urtag, med ett milt lösningsmedel om så önskas, och torka ur det med en trasa. Om du har ett lösningsmedel, använd detta till att rengöra de nya brytarspetsarna innan monteringen

7

Sätt i kolvbulten (med den skårade änden utåt, mot den rörliga brytarspetsen), den rörliga brytarspetsen, returfjädern och fästpelaren – se till att skåran i fästpelaren hakar i klacken i urtaget, den rörliga spetsens arm sitter i urtaget i fästpelaren och att jordkabeln är under bulten

8

Anslut kabeln till den nya kondensatorn (de nya brytarspetsarna bör ha ett litet plastverktyg med vilket man pressar ihop fjädern som håller fast kabeln på kondensatorn) och kläm försiktigt fast kondensatorn på motorn – låt bulten vara så lös att kondensatorn kan flyttas fram och tillbaka

9

Vrid vevaxeln sakta tills kolvbulten/den rörliga brytarspetsen är öppen så långt det går – du kan behöva göra detta flera gånger innan det blir rätt

10

Stick in ett rent bladmått – 0,5 mm tjockt – mellan brytarspetsarna och flytta kondensatorn väldigt försiktigt med en skruvmejsel tills avståndet mellan spetsarna är lika stort som bladmåttet är tjockt (var noga med att inte ändra den rörliga brytarspetsens position när detta görs)

11

Dra åt kondensatorns klämbult helt. Vrid vevaxeln och kontrollera att den rörliga armen öppnar och stänger

12

Sätt tillbaka kåpan och dra åt bultarna – om kåpan är deformerad, byt ut den mot en ny, annars kommer olja och fukt att komma åt brytarspetsarna

13

Använd RTV-tätning till att täta kring kablarna för att förhindra att olja och fukt når brytarspetsarna

TECUMSEH – KONTROLL OCH BYTE AV BRYTARSPETSAR

Undersök svänghjulets kil (vid pilen) – om den har gått sönder, montera en ny. Undersök om brytarspetsarna är brända, gropiga, nedslitna eller täckta med olja. Om de är i gott skick kan de putsas med en liten fil, rengöras och justeras om (steg 10 till 12), men när du ändå har gjort dig besväret att demontera svänghjulet, är det en bättre idé att montera nya (de kostar inte mycket)

Lossa fästklämman och lyft bort brytarspetsarnas kåpa och packning; se efter om olja läcker förbi vevaxeltätningen

Ta bort muttern och koppla loss primärkablarna från brytarspetsarnas anslutning – när du monterar en ny kondensator måste du kapa originalkabeln vid fästet (den nya har ett fäste som passar över fästpelaren)

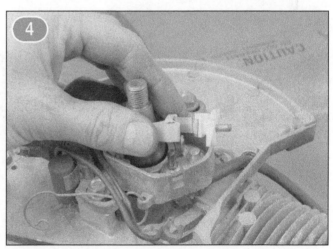

Dra upp den rörliga brytarspetsen, över fästpelaren, och ta bort fjädern och kabelfästet och isolatorn

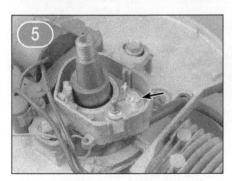

Skruva loss skruven och lyft ut den fasta brytarspetsen

Skruva loss fästskruven och ta loss kondensatorn, sätt sedan dit den nya och dra över kabeln till brytarspetsens kabelfäste

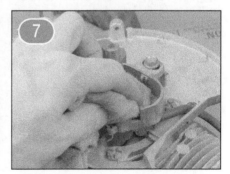

Rengör brytarspetsens urtag, med ett milt lösningsmedel om så önskas, och torka det med en trasa. Om du har ett lösningsmedel, rengör de nya brytarspetsarna med detta innan monteringen

Sätt den nya fasta brytarspetsen på plats – lämna skruven tillräckligt lös för att plattan ska kunna justeras

Sätt på den nya rörliga brytarspetsen och placera isolatorn i urtaget – placera primär- och kondensatorkablarna på kabelfästet och sätt på muttern

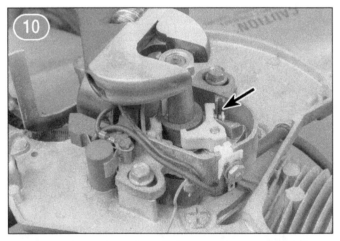

Vrid vevaxeln mycket sakta tills kammen öppnar den rörliga brytarspetsen så långt det går – om kammen demonterades för byte av oljetätningen, se till att den sätts tillbaka med rätt sida vänd utåt

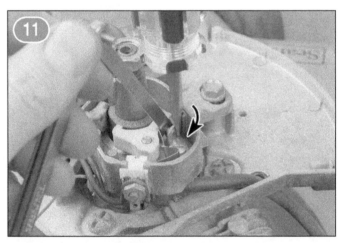

Stick in ett 5,0 mm tjockt bladmått mellan brytarspetsarna och flytta den fasta brytarspetsen mycket försiktigt med en skruvmejsel tills avståndet mellan spetsarna är lika stort som bladmåttet är tjockt (var noga med att inte rubba den rörliga brytarspetsen när detta görs)

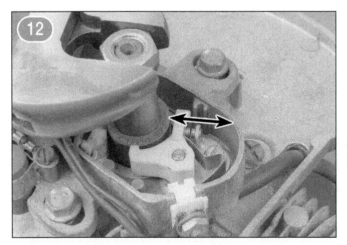

Dra åt den fasta brytarspetsens skruv helt. Vrid vevaxeln och kontrollera att den rörliga armen öppnar och stänger

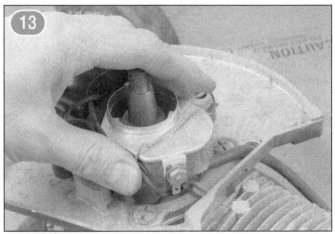

Montera packning och kåpa och snäpp fästklämman på plats

Undersök tändstiftskabeln och se efter om den är sprucken eller har smält, och se till att den sitter fast ordentligt i spolen

Den här enkla motorstoppkontakten jordar tändsystemet när reglagespaken flyttas till läget STOP – om armen inte kommer i kontakt med kontakten, justera vajern tills den gör det

11 Kontrollera spole och tändningskablage

Tändspolen är vanligtvis monterad bredvid svänghjulet, så kåpan måste tas bort för att man ska komma åt kablaget.

1 Undersök tändstiftskabeln för att se om den är sprucken eller om isoleringen har smält, och se till att den sitter fast ordentligt i tändspolen *(se bild)*.

2 Se till att kabelskon sitter fast hårt i tändstiftets ände. Kläm ihop den med en tång om så behövs.

3 Undersök också primärkablarna (små). Leta efter lösa och korroderade anslutningar och nött eller smält isolering. Nu är också ett bra tillfälle att kontrollera motorns stoppkontakt. Se till att kontakten aktiveras när reglagespaken flyttas till läget STOP. Om inte, justera vajern *(se bild)*.

12 Sota topplocket

Med moderna bränslen är problemet med sotavlagringar i topplocket inte lika stort som det brukade vara. Det är ändå en bra idé att ta bort topplocket vid vårförberedelserna, och skrapa bort sot och andra avlagringar. Innan du påbörjar det här jobbet, köp en ny topplockspackning till din motor.

Observera: *Den här åtgärden gäller inte OHV (överliggande ventiler) eller OHC (överliggande kamaxel) motorer.*

1 Börja med att koppla loss tändstiftskabeln.

2 Ta sedan bort kåpan och eventuella andra täckpaneler som sitter ivägen för topplocket och bultarna **Observera:** *På många motorer används topplocksbultarna till att fästa kåpan eller förgasarens fästbygel till motorn (se bild). Om du arbetar på en av dessa motorer, lossa alla topplocksbultarna i steg om 1/4 varv, i ett korsmönster, tills kåpans fästbultar kan tas bort för hand.*

3 Rita nu av den nya packningen på en bit pappkartong *(se bild)*. Gör hål på bultarnas platser i mallen.

4 Om det inte redan har gjorts, lossa topplocksbultarna i steg om 1/4 varv tills de kan tas bort för hand. Lossa dem i ett korsmönster för att undvika att göra topplocket skevt.

5 Placera bultarna i pappmallen allteftersom de tas bort –

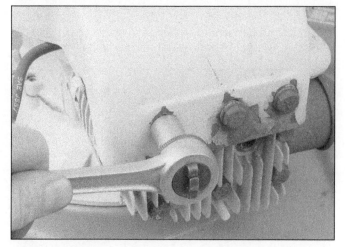

På vissa motorer används topplocksbultar också till att fästa kåpan eller fästbyglarna

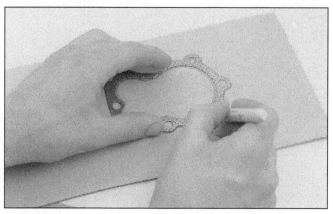

För att undvika sammanblandning av topplocksbultarna (om de skulle vara olika långa), rita av den nya packningen på en bit kartong och gör hål på bultarnas platser i kartongen. Sätt sedan dit bultarna i motsvarande hål allteftersom du tar bort dem från motorn

detta gör att du kan vara säker på att du sätter tillbaka bultarna på rätt platser, vilket är mycket viktigt (bultar av olika längd används på vissa motorer).

6 Ta bort topplocket från motorn. Om det sitter fast hårt, knacka på det med en mjuk hammare för att bryta packningens tätning – STICK INTE in en skruvmejsel i fogen.

7 Ta bort och kasta packningen – använd den nya när topplocket monteras.

8 Vrid vevaxeln tills kolven är längst upp i cylindern, använd sedan en skrapa eller kittkniv och en stålborste till att ta bort alla avlagringar från kolven och området runt ventilerna (se bild). Var försiktig så att du inte skadar packningens fogyta.

9 Vrid vevaxeln så att du öppnar varje ventil och undersök om de (eller deras säten) är brända eller spruckna (se bild). Om ventilerna är spruckna, gropiga eller böjda och sätena är i dåligt skick, krävs omfattande motorreparationer.

10 Ta bort avlagaringarna från förbränningskammaren i topplocket (se bild).

11 Fogytorna på topplocket och blocket måste vara helt rena när topplocket monteras.

12 Använd en packningsskrapa eller en kittkniv och ta bort alla rester av sot och gammalt packningsmaterial, rengör sedan fogytorna med lösningsmedel. Om det finns olja på fogytorna när topplocket monteras, kan packningen inte täta ordentligt och det finns risk för läckage.

13 Undersök motorblockets och topplockets fogytor, leta efter gropar, djupa repor eller andra skador. Om skadorna är mycket små kan de tas bort med en fil (se bild).

14 Använd en gängtapp av rätt storlek och rengör gängorna i topplocksbultarnas hål (se bild), blås sedan ur hålen med tryckluft (om tillgängligt). Försäkra dig om att inget skräp blir kvar i hålen.

 Varning: Bär skyddsglasögon när du arbetar med tryckluft!

15 Om du har ett gängsnitt av rätt storlek, sätt fast varje bult i ett skruvstäd och för ner gängsnittet över gängorna, för att ta bort korrosion och återställa gängorna (se bild). Smuts, korrosion, tätningsmedel och skadade gängor påverkar åtdragningsmomentet.

16 Montera topplocket med en ny packning. Använd inte tätningsmedel på packningen.

17 När topplocksbultarna har dragits åt för hand, om du har

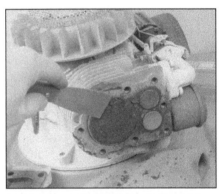

En kittkniv används till att ta bort sot från kolv och ventiler. Se till att inte skada eller urholka block eller kolv (om avlagringarna är oljiga kan ringarna vara slitna)

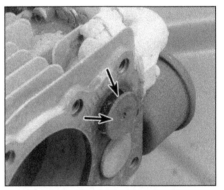

Vrid vevaxeln så att ventilerna öppnas och undersök ventiltallrikar och säten (vid pilarna) för att se om de är skadade

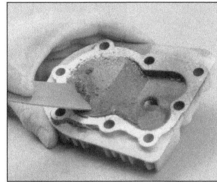

Skrapa bort avlagringarna från topplocket, avsluta sedan med stålborste och lösningsmedel

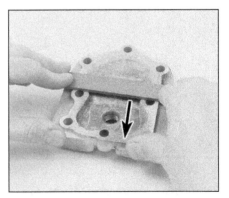

Jämna till och återställ blockets och topplockets fogytor med en enkelgradig fil – rör filen i sidled (se pilen) och tryck inte för hårt

Om du har en gängtapp av rätt storlek, rengör och återställ topplocksbultarnas hål i motorblocket

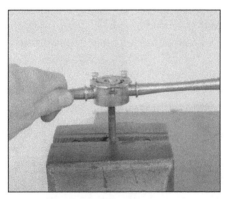

Fäst varje topplocksbult i ett skruvstäd och återställ gängorna med ett gängsnitt av rätt storlek

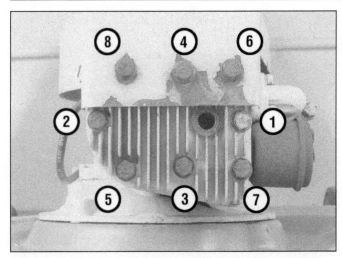

När du drar åt topplocksbultarna, gör det i korsvis ordning – dra aldrig åt dem en efter en runt kanten

en momentnyckel, dra åt bultarna i steg om 1/4 varv till det moment som anges i specifikationerna i relevant kapitel. När bultarna dras åt, följ ett korsmönster för att undvika att deformera topplocket *(se bild)*.

Observera: *Glöm inte att sätta fast kåpan först om vissa av bultarna också används till att hålla denna på plats.*

18 Om du inte har en momentnyckel, dra åt bultarna ordentligt med en hylsa och ett spärrhandtag eller ett skruvhandtag.

13 Kontrollera ljuddämparen

1 Kontrollera att inte ljuddämparen är igensatt (om den är böjd, bucklad, rostig eller håller på att gå i bitar, montera en ny).

2 Kontrollera att fästbultarna är hårt åtdragna. En lös ljuddämpare kan skada motorn.

3 Om ljuddämparen skruvas in direkt i motorn, se till att den sitter hårt.

4 Om det handlar om en tvåtaktsmotor, ta bort ljuddämparen och leta efter sotavlagringar i avgasportarna *(se bild)*. Skrapa bort sotet från portarna och sätt tillbaka ljuddämparen.

14 Kontrollera ventillyftarnas spel (endast fyrtaktsmotorer)

Korrekt spel för ventillyftarna är väsentligt för att man ska få effektiv bränsleförbrukning, bra starter och maximal effekt, och för att förebygga överhettning och erhålla jämn motordrift. Det försäkrar också att ventilerna håller så länge som möjligt.

När ventilerna är stängda ska det finnas ett spel mellan änden av ventilskaftet och ventillyftaren/vipparmen. Spelet är väldigt litet, men mycket viktigt. Rekommenderade spel återfinns i Tekniska data för relevant motorkapitel. Observera att insugs- och avgasventiler ofta ska ha olika spel.

Observera: *Motorn måste vara kall när spelen kontrolleras.*

Ett bladmått av samma tjocklek som specificerat ventilspel behövs för kontrollen.

På de flesta sidventilsmotorer (L-head), om spelen är för små, måste ventilerna tas ut och skaften försiktigt slipas ned så att större spel erhålls (demontering av ventiler är ett stort jobb, som tas upp i respektive motorkapitel). Om spelen är för stora kan man ibland åtgärda detta genom inslipning i ventilsätet. Det finns dock en gräns för inslipning och det kan hända att man måste montera nya ventiler (även det en mycket omfattande åtgärd). **Observera:** *OHV/OHC motorer har justerbara vipparmar för ändring av ventilspelen.*

1 Koppla loss kabeln från tändstiftet och lägg den på avstånd från motorn/utrustningen.

Alla utom OHV/OHC motorer

2 Skruva loss bultarna och ta loss ventillyftarnas täckplåt eller vevhusventilationen *(se bild)*.

Observera: *På vissa motorer sitter vevhusventilationen bakom förgasaren, i vilket fall förgasaren måste demonteras först (se bild).*

Avgasportarna på en tvåtaktsmotor kan bli blockerade av sot, som då måste knackas bort med en pinne av hårdträ

Skruva loss bultarna och ta bort ventillyftarnas täckplåt eller vevhusventilationen från motorn

På vissa motorer måste man först demontera förgasaren för att komma åt ventillyftarhuset

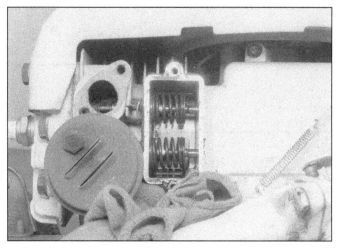

Se till att ventilerna är helt stängda när spelen kontrolleras

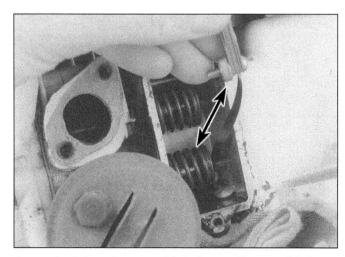

Om spelet är korrekt, passar bladmåttet mellan ventilskaftet och ventillyftaren med ett litet motstånd

På OHV/OHC motorer kontrolleras ventilspelet mellan ventilskaftet och vipparmen

3 Vrid vevaxeln för hand och observera ventilerna för att se om de fastnar i styrningarna.

4 Vrid vevaxeln tills insugsventilen är helt öppen, vrid den sedan ytterligare 360 grader (ett helt varv). Detta försäkrar att ventilerna är helt stängda inför kontrollen av spelet *(se bild)*.

5 Välj ett bladmått med en tjocklek som motsvarar specificerat ventilspel och för in det mellan ventilskaftets ände och ventillyftaren *(se bild)*.

6 Om bladmåttet kan röras fram och tillbaka med ett litet motstånd, är spelet korrekt. Om bladmåttet går väldigt lätt är spelet för stort och om det går mycket trögt (titta på ventilen för att se om den tvingas upp något), är spelet otillräckligt.

7 Om spelet är inkorrekt, se relevant kapitel för information om service av ventiler.

8 Montera tillbaka vevhusventilationen eller ventillyftarnas täckplåt.

OHV/OHC motorer

9 Skruva loss bultarna och ta bort topplockskåpan från motorn. **Observera:** *På vissa motorer måste den stora kåpan tas bort först, för att man ska kunna demontera topplockskåpan.*

10 Ta bort tändstiftet och placera tummen över hålet, vrid sedan vevaxeln sakta med startmekanismen eller bladet tills du känner att tryck byggs upp i cylindern. Titta in i tändstiftshålet med en ficklampa för att se om kolven är längst upp i sitt slag. Fortsätt att vrida vevaxeln tills den är det.

11 Välj ett bladmått med en tjocklek som motsvarar specificerat ventilspel och för in det mellan ventilskaftets ände och vipparmen *(se bild)*.

12 Om bladmåttet kan röras fram och tillbaka med ett litet motstånd, är spelet korrekt. Om det är löst är spelet för stort; om det går trögt (titta på ventilen för att se om den tvingas upp något), är spelet otillräckligt.

13 För att justera spelet på OHV motorer, lossa vipparmens låsmutter och skruva pivån in eller ut så långt som behövs (skruva ut den för att öka spelet, inåt för att minska spelet). På OHC motorer, lossa låsmuttern och vrid ventillyftarens justerskruv tills korrekt spel erhålls.

14 Håll fast pivåstiftet/ventillyftarskruven med en nyckel och dra åt låsmuttern hårt, kontrollera sedan spelet igen.

15 Montera ett nytt tändstift

Ett dåligt tändstift ökar bränslekonsumtionen, leder till avlagringar i topplocket, orsakar startsvårigheter, bidrar till utspädning av motoroljan (på grund av bränsleförorening) och gör att motorn misständer. Tändstiften i tvåtaktsmotorer har särskilt en tendens att bli smutsiga och de bör kontrolleras och rengöras ofta.

1 Koppla loss tändstiftskabeln från stiftet.

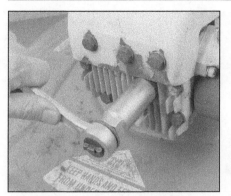

Använd en tändstiftshylsa till att demontera och montera tändstiftet

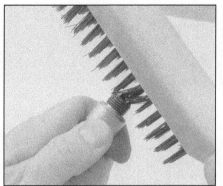

Använd en stålborste till att ta bort avlagringar från tändstiftsspetsen

Tändstiftselektroderna ska vara kantiga och skarpa – detta kan åstadkommas med en fin fil

2 Ta bort tändstiftet från motorn *(se bild)*.

3 Om tändstiftet är täckt med avlagringar kan det rengöras med en stålborste *(se bild)*.

4 Om avlagringarna är tjocka eller hårda, ta bort det värsta med en kniv och resten med en stålborste .

5 Om elektroderna är lite avrundade, fila till dem med en liten fil så att kanterna blir raka igen *(se bild)*. De skarpa kanterna gör det lättare för en gnista att uppstå.

6 Om elektroderna är mycket slitna eller om isolatorn är sprucken, montera ett nytt tändstift – kostnaden är minimal. Se till att det nya tändstiftet har samma längd på gängorna och spetsen som originalet.

7 Kontrollera elektrodavståndet med en trådtolk *(se bild)*. Korrekt avstånd anges i Tekniska data i relevant motorkapitel.

8 Om justering behövs, böj sidoelektroden (aldrig mittelektroden) med justeraren på trådtolken *(se bild)*.

9 Undersök det gängade hålet i topplocket. Om gängorna är skadade kan en särskild insats användas så att man ändå kan använda topplocket (se kapitel 2).

10 Sätt in tändstiftet i motorn och dra åt det med fingrarna.

En momentnyckel bör användas för den slutliga åtdragningen av tändstiftet till specificerat moment. Detta åtdragningsmoment är dock inte alltid tillgängligt (det varierar beroende på tändstiftets storlek, typen av säte och vilket material topplocket är tillverkat av). Som en allmän regel ska tändstiftet dras åt 1/2 till 3/4 varv efter det att packningen kommer i kontakt med topplocket.

11 Anslut tändstiftskabeln. Om den sitter löst på tändstiftet, kläm ihop kabelskon med en tång *(se bild)*.

16 Kontrollera/justera reglagen

Motorreglagen består vanligtvis av en enda spak som styr en vajer ansluten till regulatorns länkage och/eller chokeventilen på förgasaren. Vissa typer av utrustning har också säkerhetsrelaterade reglage som stänger av motorn om operatören släpper/förlorar taget om maskinen.

Det finns så många olika reglageutföranden på små motorer att det vore omöjligt att behandla korrekt anslutning och justering av alla. Följande information är därför mycket allmän.

1 Kontrollera spaken för att försäkra dig om att den går

Tändstiftstillverkare rekommenderar användning av en trådtolk vid kontroll av elektrodavståndet – om tråden inte glider mellan elektroderna med ett litet motstånd behövs justering

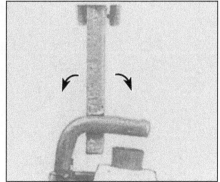

För att justera gapet, böj endast sidelektroden, enligt pilarna, och var försiktig så att inte porslinsisolatorn som omger mittelektroden spräcks eller stöts

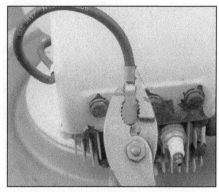

Kläm ihop tändstiftskabelns kabelsko så att den får en tät passning på tändstiftet

Smörj vajern med WD-40 (spruta in smörjmedlet i vajerns övre ände)

Vajern måste sitta fast ordentligt på motorn, annars fungerar inte reglagen som de ska

mjukt och jämnt och att den påverkar vajern. Smörj spakens pivå och vajern om så behövs *(se bild)*.

2 Vajern måste vara fixerad med en klämma på en plats på motorn för att reglaget ska fungera. Dra åt klämman om så behövs *(se bild)*.

3 När spaken flyttas till STOP läget, måste kontakten på förgasaren aktiveras och kortsluta (jorda) tändsystemet *(se bild på sidan 4•11)*.

17 Justera förgasaren

Justeringar av förgasaren görs genom att man vrider blandningsskruvarna för hög och/eller låg hastighet. Vissa förgasare har inga blandningsskruvar, medan andra har en för antingen höghastighets- eller låghastighetsblandning, men inte båda. Ytterligare andra har en skruv för justering av bränsle/luftblandningen vid höga hastigheter och en annan skruv som styr blandningen vid låga hastigheter – låghastighetsskruven är vanligtvis den närmast motorn. Om två skruvar används måste de justeras separat.

Blandningsskruvarna styr flödet genom förgasarens krets(ar) *(se bild)*. Om spetsen är skadad eller om skruven är felaktigt justerad leder det till effektförlust och ojämn motordrift.

1 Ta bort blandningsskruven och kontrollera spetsen – om den ser böjd ut eller om ett spår har nötts i den konformade änden, montera en ny skruv *(se bild)*. Försök inte att räta ut den. Om O-ringen på skruven är skadad eller försämrad, byt ut den innan du justerar blandningen.

2 Om skruven inte är böjd eller sliten, sätt tillbaka den och skruva in den tills det tar stopp – dra bara åt den med fingrarna och tvinga den inte.

3 Backa sedan ut den igen ungefär $1\frac{1}{4}$ varv (moturs) *(se bild)*. **Observera:** *Exakt rekommenderat antal varv som skruven ska backas varierar mellan olika förgasartyper, men den siffra som anges här är ett genomsnitt för de flesta motorer.*

4 Starta motorn och vrid skruven medurs tills motorn börjar att sakta ner. Detta betyder att bränsleblandningen är för mager (inte tillräckligt mycket bränsle).

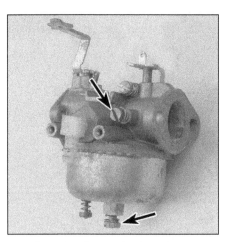

Typiska justerskruvar för blandning

Undersök blandningsskruvens spets för att se om den är skadad

Vrid justerskruven i små steg och vänta på motorns respons innan du fortsätter

5 Skruva sakta ut skruven (moturs) tills motorn börjar gå mjukt. Fortsätt mycket sakta tills motorn precis börjar gå ojämnt igen. Titta också efter svart rök från avgassystemet.

6 Skruva till sist in skruven igen (medurs) till en punkt halvvägs mellan ojämn och mjuk/jämn drift. Detta är den korrekta inställningen.

7 Om en tomgångs- (låghastighets-) blandningsskruv används, justera den på samma sätt med motorn gående på tomgång. **Observera:** *Honda motorer har en luftskruv (pilot screw), snarare än en låghastighets blandningsskruv. Att vrida på luftskruven har samma effekt (den förändrar bränsle/luftblandningen), men det blir omvänd effekt. När luftskruven skruvas in blir blandningen fetare och när den backas ut blir blandningen magrare.* När blandningen för låg hastighet har ställts in, kontrollera höghastighetsjusteringen igen – den kan påverkas av tomgångsjusteringen.

8 Vissa förgasare har också en tomgångsjusteringsskruv som används till att öppna eller stänga gasspjället något för ändring av tomgångshastigheten, inte bränsleblandningen. Om man vrider på den börjar motorn att gå fortare eller långsammare. Du kan skilja tomgångshastighetsskruven från blandningsskruven (-skruvarna) eftersom den påverkar gasspjället och inte skruvas in i förgasarhuset.

18 Kontrollera motorfästbultarna/ -muttrarna

Om motorfästenas bultar/muttrar är lösa vibrerar motorn kraftigt och kan skada den maskin den är monterad på.

1 Koppla loss tändstiftets kabel från tändstiftet och jorda den mot motorn.

2 Använd nycklar och hylsor och dra åt infästningarna ordentligt.

3 Om muttrarna/bultarna har strippade gängor, byt ut dem mot nya.

4 Anslut tändstiftskabeln.

Förbereda en motor för förvaring

Eftersom sådana här maskiner ofta är designade för användning bara under en viss säsong (t.ex. gräsklippare eller snöslungor), hamnar småmotorer oftast i förvaring i flera månader åt gången. Som ett resultat av detta underhålls de inte alltid som de bör – behövliga reparationer ignoreras, korrosion uppstår, bränsle som lämnas i tanken och förgasaren blir tjock och kladdig, fukt bildas i tänd- och bränslesystemens komponenter och maskinen utsätts för fysiska skador när den flyttas omkring för att man måste klämma in något annat för förvaring bakom den.

Efter en lång stillastående period tas utrustningen fram, bränsle hälls i tanken, oljan kontrolleras (men inte alltid!) och motorn startas – men risken finns att den inte startar alls, eller att den går dåligt. För att undvika problem orsakade av säsongsförvaring, gå igenom följande checklista över åtgärder som bör vidtas och se till att motorn är ordentligt förberedd så att den överlever en lång period av

stillastående. Om du gör det kommer motorn att starta och även gå bra när du väl behöver den igen.

- *Kör motorn tills det blir slut med bensin, töm sedan flottörskålen (om sådan finns).*
- *Ett alternativ till att köra slut på bränslet är att hälla i bensinstabiliserare i det. Dessa tillsatser "bevarar" det bränsle som är kvar i tanken under den tid motorn står i förvaring, och underlättar den första starten efter förvaringstiden.*
- *Torka bort allt damm och smuts från motordelarna.*
- *Serva luftrenaren (se avsnitt 2 i det här kapitlet).*
- *Ta bort tändstiftet och spruta in lite ren motorolja i hålet, aktivera sedan startmekanismen för att fördela oljan i cylindern.*
- *Rengör tändstiftet, kontrollera elektrodavståndet och justera det om så behövs, sätt sedan in det igen (se avsnitt 15 i det här kapitlet)*
- *Förvara maskinen på en torr plats och täck över motorn med plast – försegla dock inte plasten längst ner under motorn, eftersom det kan leda till kondens.*

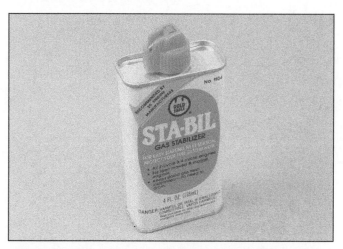

När du ska ställa undan motorn/maskinen för säsongen, kör motorn tills bränslet tar slut, eller häll bensinstabiliserare i den kvarvarande bensinen

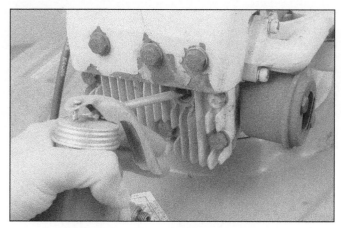

Spruta lite olja i tändstiftshålet för att förhindra rost på kolv, ringar och cylinder

Kapitel 4

Reparationer för alla motortyper

Demontering och montering av motor

Demontering av motorn görs vanligtvis bara om omfattande reparationer eller renovering krävs (eller, naturligtvis, om en ny motor ska installeras på maskinen). I de flesta fall kan mindre reparationer utföras utan att motorn behöver tas bort.

1 Koppla loss tändstiftskabeln och lägg undan den från motorn.

2 Koppla loss reglagevajrarna från motorn. **Observera:** *På många nyare typer av maskiner måste man eventuellt koppla loss en svänghjulsbromsvajer och en kabelhärva så väl som gasspjällvajern.*

3 Töm och/eller demontera bränsletanken, så att inte bränslet rinner överallt om maskinen måste lutas för att man ska komma åt bladet eller motorfästbultarna.

4 Demontera bladet och navet eller drivremmen (-remmarna)/kedjan från vevaxelns utgående ände.

Bulten (bultarna) som håller ett gräsklipparblad på plats sitter vanligtvis väldigt hårt och de är ofta korroderade. Lägg på rostolja och låt den verka en bra stund, använd sedan en sexkantshylsa och skruvhandtag för att få extra kraft. Ha gärna på dig en skinnhandske så att du inte skär dig på bladet, eller kila fast ett träblock mellan gräsklippardäcket och bladet så att det inte kan röras. Om allt annat misslyckas, ta gräsklipparen till en återförsäljare eller en verkstad och låt dem ta bort bultarna med en slående mutterdragare.

5 Skruva loss fästmuttrarna/bultarna och ta bort motorn från maskinen.

6 Om omfattande reparationer planeras, rengör motorn med ett avfettningsmedel innan den tas isär.

7 Montering sker i omvänd ordning mot demonteringen.

Demontering och montering av ljuddämpare

Vissa ljuddämpare skruvas in i motorn, medan andra fästs med bultar. Vissa sitter ovanför gräsklippardäcket, medan vissa (särskilt på tvåtaktsmotorer) sitter under det.

Observera: *Om ljuddämparen är i bra skick kan den rengöras genom att man knackar på den med en mjuk hammare och tömmer ut sotet som då lossnar.*

Ljuddämpare som skruvas in

1 För att ta bort den här typen av ljuddämpare, lägg först på rostolja på gängorna och låt den verka i flera minuter. Du måste kanske lägga maskinen på sidan för att göra detta.

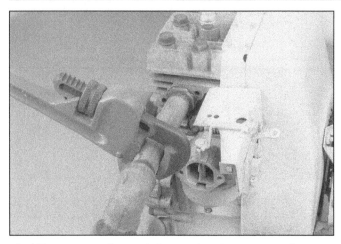

Ljuddämpare som skruvas in kan tas bort/monteras med en rörtång. Om ljuddämparen har en sexkant avsedd för en öppen nyckel är det förstås logiskt att använda denna. Använd rörtång endast på det rör som skruvas in i motorn, inte på ljuddämparhuset

2 Försök att ta bort ljuddämparen med en rörtång genom att vrida den moturs *(se bild)*. Vissa ljuddämpare har en låsring som måste lossas med hammare och dorn för att röret ska kunna rubbas. Andra har en sexkant avsedd för en öppen nyckel (vanligtvis finns det inte tillräckligt med utrymme för att använda en rörtång på dessa modeller).

3 Om den går av, försök att ta bort den del som är kvar i motorn (om det går att ta tag i den del som sticker ut med en tång). Om den inte vill komma ut, försök att ta bort den med en stor skruvutdragare eller en huggmejsel. Ljuddämparens material är ganska mjukt, så var försiktig så att du inte skadar gängorna i motorn.

4 Skruva in den nya ljuddämparen, men dra inte åt för hårt. Om en låsring används, dra åt den med hammare och dorn.

Ljuddämpare fäst med bultar

5 Lägg på rostolja på bulten (-arna) och låt verka en stund.
6 Skruva loss bultarna och ta bort ljuddämparen (vissa ljuddämpare har en packning).

7 Om en bult går av i motorblocket (vilket de ofta gör), kan det vara möjligt att få ut den med en skruvutdragare (läs kapitel 2 innan du bestämmer dig för att tackla detta jobb). Om den sticker ut en bit kan det vara möjligt att gripa tag i den med en självlåsande tång och skruva ut den. Lägg på mer rostolja innan du försöker dig på detta.

8 Montera den nya ljuddämparen (med ny packning om sådan används) och dra åt bulten/bultarna ordentligt.

Demontering och montering av snörstartmekanism/kåpa

Snörstartmekanismen på de flesta motorer utgör en del av den kåpa som används till att leda kylande luft runt cylindern och topplocket. På vissa motorer är startmekanismen fäst på kåpan eller motorn med muttrar eller bultar och kan demonteras separat för reparationer eller byte *(se bilder)*.

1 Koppla loss reglagevajrar/kablage som är fastklämda på kåpan.

2 Om bränsletanken är monterad på kåpan, demontera den, eller koppla loss bränsleledningen från förgasaren och plugga igen den för att förhindra bränslespill. **Observera:** *En del motorer är utrustade med en avstängningsventil på tanken – om din motor har en, stäng av den innan du kopplar loss bränsleledningen från förgasaren.*

3 Skruva loss muttrarna/bultarna och lyft av kåpan från motorn *(se bild)*.

4 Innan du monterar kåpan, ta bort gräs och annat skräp och rengör den ordentligt. Kontrollera också att bultgängorna i motorn är rena och i gott skick.

Byte av oljetätning

Två tätningar används på vevaxeln för att hålla inne oljan i vevhuset (fyrtaktsmotorer) eller bensin/oljeblandningen inne i

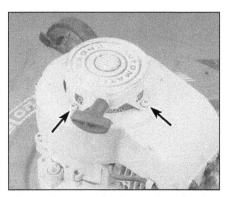

Vissa snörstartmekanismer sitter fast i kåpan med skruvar . . .

. . .medan andra är fastskruvade i motorn och kan tas bort separat från kåpan

Vanligtvis används tre eller fyra bultar till att hålla fast kåpan på motorn – ofta håller några av topplocksbultarna fast kåpan i ena änden

vevhuset och luften ute (tvåtaktsmotorer) – en i svänghjulsänden och en i den utgående (driv-) änden.

Om en oljetätning fallerar kommer olja att läcka ut över motorn och prestandan blir lidande. Detta är särskilt märkbart på motorer med brytarspetsar, eftersom brytarspetsarna förorenas av oljan. Tvåtaktsmotorer kan lida av startproblem och ojämn drift, och kan till och med ta skada av en för mager bränsle/luftblandning, orsakad av den extra luft som kommer in i vevhuset genom läckande tätningar.

Tätningar kan ofta bytas utan att vevaxeln demonteras. Om tätningen i den utgående änden av vevaxeln läcker måste bladet eller drivremskivan/drevet demonteras först. Svänghjulet måste demonteras om tätningen under det läcker (se relevant motorkapitel för demontering av svänghjul).

När tätningen väl är åtkomlig, gör enligt följande:

1 Notera hur tätningen sitter monterad (hur den sida som är vänd utåt ser ut och hur långt in i loppet den sitter), ta sedan bort den. På de flesta motorer kan tätningen bändas ut med en skruvmejsel (*se bild*). Var försiktig så att du inte skadar tätningens säte om du använder denna metod.

Vissa tätningar består av tre separata delar – en låsring, en hållare och en tätning. **Observera:** *Erfarenhet har visat att denna typ av tätning är svår att byta ut med vevaxeln på plats. Det finns vanligtvis inte så mycket arbetsutrymme, vilket gör jobbet ytterst irriterande, och ökar risken för att den nya tätningen inte blir lufttät, vilket omintetgör hela syftet med jobbet. Dessutom måste förmodligen tändspolen demonteras av utrymmesskäl, så det kan vara lättare i det långa loppet att helt enkelt ta isär motorn (demontera vevaxeln) för att byta ut tätningen.*

Bänd ut låsringen med ett vasst verktyg som en pryl, ritsspets eller isdubb, vänd sedan motorn upp och ner och knacka på änden av vevaxeln för att driva loss hållaren. Ta bort tätningen med ett vasst verktyg. Om det inte går att få ut den kan du behöva demontera vevaxeln (vilket kräver isärtagning av motorn).

2 Rengör tätningens säte och vevaxeln. Om det finns borrskägg på vevaxeln som skulle kunna skada den nya tätningen, ta bort dessa med en fil eller brynsten.

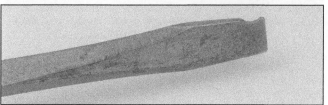

Bänd försiktigt ut oljetätningen med en skruvmejsel (övre bild); slipa ett litet spår i spetsen på skruvmejseln så att den greppar tätningen bättre (nedre bild)

3 Om så behövs, linda eltejp runt vevaxeln för att skydda den nya tätningen när den monteras. Kilspåret i vevaxeln har en tendens att skära eller på annat sätt skada tätningen när den förs över axeln.

4 Lägg ett tunt lager universalfett på den yttre kanten på den nya tätningen och smörj tätningens läpp(ar) med stora mängder fett (*se bild*).

5 Placera tätningen rakt i sätet med den öppna sidan vänd mot motorn.

6 Knacka försiktigt tätningen på plats med en stor hylsa eller en rörbit och en hammare tills den sitter i sätet (*se bild*). Hylsans/rörets yttre diameter måste vara lika stor som tätningens ytterdiameter.

7 Om tätningen består av flera delar, sätt i hållaren och låsringen och se till att låsringen sätter sig i spåret.

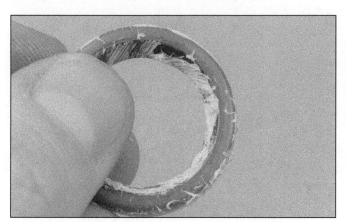

Lägg universalfett på den nya tätningens yttre kant och läpp/läppar innan den monteras

En hylsa eller ett rör blir ett händigt monteringsverktyg för tätningen

Kapitel 5

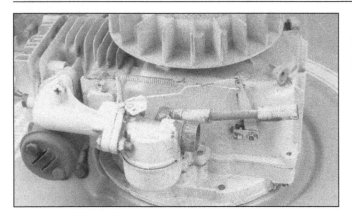

Regulatorlänkage är unika och något komplexa, så gör en skiss över hur alla delar sitter ihop innan något kopplas loss

En regulatorlänk (vid pilen) måste vanligtvis kopplas loss från förgasaren under demonteringen

Demontering av förgasare

1 Om en bränsleavstängningsventil finns, stäng denna.

2 Demontera luftrenaren.

> **⚠** *Varning: Bensin är extremt lättantändligt och kan också vara explosivt – säkerhetsföreskrifter måste följas vid arbete på förgasaren eller bränsletanken! Rök inte och låt inga öppna lågor eller oskyddade glödlampor finnas i närheten av arbetsplatsen. Utför inte följande åtgärd i ett garage med gasdrivna apparater (t.ex. varmvattenberedare) och ha alltid en brandsläckare till hands.*

3 Koppla loss regulatorns fjäder/fjädrar *(se bild)*.

Det här är väldigt viktigt – de flesta regulatorlänkage har flera hål för inkoppling av diverse delar och det kan bli förvirrande. Lita inte på ditt eget minne – det kan hända att du inte lyckas sätta ihop allt korrekt efteråt. Gör en enkel skiss som du kan titta på senare.

Ibland är det enklare att koppla loss regulatorlänkaget efter det att förgasaren har lossats från motorn.

4 Koppla loss gasvajern och stoppkabeln (om sådan finns) från förgasaren. Det här är inte nödvändigt på alla motorer – försök att avgöra om vajern/kabeln kommer att störa demonteringen av förgasaren innan den/de kopplas loss (ibland är de anslutna till regulatorlänkaget och måste inte kopplas loss). Observera att när fästbultarna har tagits bort, måste regulatorlänken *(se bild)* lirkas ut ur gasspjällarmen när förgasaren tas bort.

5 Koppla loss bränsleledningen från förgasaren eller bränsletanksanslutningen och plugga igen den (om inte en bränsleavstängningsventil finns) *(se bild)*. Det här är ett bra tillfälle att undersöka bränsleledningen och montera en ny om den är skadad eller försämrad. **Observera:** *Vissa förgasare är monterade direkt på bränsletanken och då används ingen bränsleledning.*

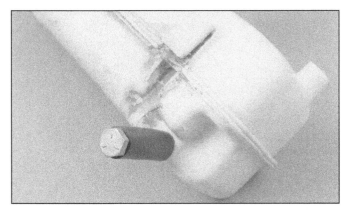

Plugga igen bränsleledningen med en tätt passande bult eller liknande för att förhindra bränsleförlust

6 Skruva loss muttrarna/bultarna och ta loss förgasaren (eller bränsletanken/förgasaren) från motorn, koppla sedan loss eventuellt länkage som fortfarande sitter fast. Se efter om det finns distanser på motorer där förgasaren är monterad på tanken – se i så fall till att de sätts tillbaka på rätt platser när bultarna skruvas i. Förgasaren kan vara fäst direkt på motorn eller på ett insugsgrenrör *(se bild)*. Om ett insugsgrenrör

De flesta förgasare sitter fast på ett grenrör, som är fastskruvat i motorn – försök inte att ta loss förgasaren från grenröret förrän de båda har demonterats från motorn

---

används är det vanligtvis enklare att ta loss grenröret från motorn och separera förgasaren från grenröret efteråt.

7 Ta bort packningen och kasta den – använd en ny när förgasaren monteras. Vissa motorer har också en isolator och/eller en värmesköld (och en andra packning) mellan förgasaren och motorn. **Observera:** *På Honda motorer måste isolatorn monteras med den spårade sidan vänd mot förgasaren.*

8 På grund av de många skillnaderna mellan olika tillverkare, behandlas isärtagning och hopsättning av förgasare i varje motorkapitel.

9 Förgasaren monteras i omvänd ordning mot demonteringen.

Renovering av förgasare

> **⊘ Varning:** *Bensin är extremt lättantändlig och kan också vara explosiv – säkerhetsföreskrifter måste följas vid arbete på förgasaren eller bränsletanken! Rök inte och låt inga öppna lågor eller oskyddade glödlampor finnas i närheten av arbetsplatsen. Utför inte följande åtgärd i ett garage med gasdrivna apparater (t.ex. varmvattenberedare) och ha alltid en brandsläckare till hands.*

Dåliga motorprestanda, tvekan, svart rök och lite eller ingen motorrespons på justeringar av bränsleblandningen, är alla tecken på att omfattande renovering av förgasaren behövs.

Kom ihåg att många så kallade förgasarproblem i själva verket inte alls är problem med förgasaren, utan mekaniska problem i motorn eller fel på tändsystemet. Fastställ med säkerhet att förgasaren behöver servas innan du tar för givet att en renovering behövs. Till exempel misstas ofta bränslebrist för ett förgasarproblem. Kontrollera att inte bränslefiltret (om monterat), bränsleledningen eller bränsletanklockets ventilationshål är igensatta innan du anklagar förgasaren för detta relativt vanliga problem.

De flesta förgasarproblem orsakas av smutspartiklar, lack och andra avlagringar som byggs upp och blockerar bränsle- och luftpassager. Efter en tid krymper också packningar och O-ringar och orsakar bränsle- och luftläckor, vilket leder till dåliga prestanda.

När förgasaren renoveras måste den vanligtvis tas isär helt – isärtagning behandlas i relevant motorkapitel – och metallkomponenterna blötläggs i förgasarrengöring (som löser upp bränsleavlagringar, lack och smuts). Delarna sköljs sedan noggrant med avfettningsmedel och torkas med tryckluft. Bränsle- och luftpassagerna blåses också ut med tryckluft så att eventuell kvarvarande lös smuts tvingas ut. När rengöringen är klar sätts förgasaren ihop med nya packningar, O-ringar, membran och vanligtvis en ny nål med säte (används inte på alla förgasare).

Innan förgasaren tas isär, se till att ha en monteringssats (som inkluderar alla nödvändiga packningar och andra delar), någon typ av förgasarrengöring, lösningsmedel, trasor, något sätt att blåsa ur förgasarens passager och en ren arbetsplats.

Vissa av förgasarens inställningar, som storlekar på munstycken och de inre passagerna, är förutbestämda av tillverkaren. Under normala förhållanden finns det inget behov av att förändra dessa och de ska aldrig förstoras. Innan förgasaren tas isär, rengör utsidan med avfettningsmedel och lägg den på ett rent papper.

När förgasaren har tagits isär helt, lägg ner metalldelarna i förgasarrengöring och låt dem ligga i ungefär 30 minuter.

> **⊘ Försiktighet:** *Lägg aldrig plast- eller gummidelar i förgasarrengöring – de kan skadas eller lösas upp. Undvik också att få förgasarrengöring på huden.*

När förgasaren har legat så länge att rengöringsmedlet har löst upp lacken och de andra avlagringarna, skölj den noggrant med avfettningsmedel och torka den med tryckluft. Blås också ur bränsle- och luftpassagerna i förgasarhuset. **Observera:** *Rengör aldrig munstyckena eller passagerna med ståltråd eller borr – de kan förstoras och därmed förändra inställda bränsle- och luftmängder.*

Hopsättning och förgasarjusteringar behandlas i relevant motorkapitel.

Rengöring av motorblock

När motorn är helt isärtagen, rengör blocket enligt beskrivning här och utför sedan en noggran inspektion för att se om det kan användas igen.

1 Använd en packningsskrapa, ta bort all gammal packning och tätningsmedel från blocket (*se bild*). Var försiktig så att du inte skadar eller urholkar packningsytorna.

Använd en skrapa eller en kittkniv till att ta bort gammal packning från motorns komponenter – om packningen är envis, använd ett lösningsmedel för packningar

2 Rengör blocket med lösningsmedel för att ta bort smuts, slam och olja, och torka det sedan med tryckluft (om tillgängligt). Ta tid på dig och gör ett noggrant jobb.
3 De gängade hålen i blocket måste vara rena för att åtdragningsmomenten ska bli korrekta, och för att inte gängorna ska ta skada under hopsättningen. Använd en gängtapp av korrekt storlek i varje hål för att ta bort rost, korrosion, gänglåsvätska eller smuts, och för att återställa skadade gängor. Om möjligt, använd tryckluft för att rengöra hålen från det skräp som uppstår under det här arbetet. Det här är ett bra tillfälle att också rengöra gängorna på topplocksbultarna och även gängorna på bultarna till vevstaksöverfallen.

Kontroll av motorblock

1 Innan motorblocket kontrolleras bör det rengöras enligt beskrivningen ovan. Försäkra dig om att sot- eller slitagekanten längst upp i cylindern är helt borta.
2 Undersök blocket visuellt, leta efter sprickor, rost och korrosion och skadade gängor i bulthålen. Det är också en bra idé att låta en verkstad med rätt utrustning undersöka om blocket har dolda sprickor. Om skador hittas, låt reparera blocket eller byt ut det.
3 Undersök om cylindern har repor eller gropar.
4 Mät cylinderloppets diameter.

Detta ska göras längst upp (just under kanten), i mitten och längst ner i cylinderloppet, parallellt med vevaxeln (se bilder).

Därefter, mät cylinderdiametern vid samma punkter tvärs över vevaxeln. Notera resultaten och rådfråga en specialist på små motorer om huruvida blocket är användbart.

Om cylindern är mycket repig eller om den är orund eller konformad utöver de gränsvärden som anges i specifikationerna, låt borra om och hona motorblocket hos en återförsäljare eller en verkstad. Om omborrning görs måste kolv och kolvringar av överstorlek användas.
5 Om cylindern är i relativt bra skick och inte sliten utöver angivna gränser, och om spelet mellan kolv och lopp kan bibehållas, måste den inte borras om. Honing är då allt som behövs (se nästa avsnitt).

Honing av cylinder

Innan motorn sätts ihop ska cylinderloppet honas så att de nya kolvringarna sätter sig ordentligt och ger bästa möjliga tätning för förbränningskammaren.
Observera: *Den här åtgärden gäller endast motorer med ett lopp av järn – cylinderlopp av aluminium behöver inte honas för att kolvringarna ska sätta sig. De flesta tillverkare av små motorer tillhandahåller också kromringar (för både järn- och aluminiumlopp) som inte kräver cylinderhoning innan*

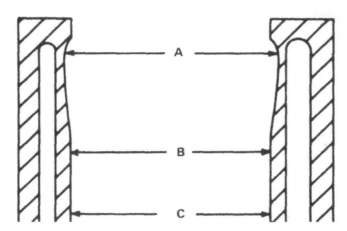

Mät cylinderdiametern just under slitkanten (A), i mitten (B) och längst ner (C)

montering. Om du inte har verktygen eller inte vill ge dig på honingsjobbet, kan de flesta bilverkstäder och återförsäljare av små motorer göra det för ett rimligt pris.

Det finns två vanliga typer av honingsverktyg – flex- eller "flaskborst"-typen och den mer traditionella typen med fjäderspända stenar. Båda gör sitt jobb, men för den mindre erfarne hemmamekanikern är "flaskborst"-modellen förmodligen enklare att använda.

Du behöver också stora mängder lätt olja eller honingsolja, några trasor och en elektrisk borrmaskin. Gör enligt följande:
1 Montera honingsverktyget i borren, tryck ihop stenarna och för in verktyget i cylindern (se bild). Bär skyddsglasögon eller ett visir!

"Känslan" för när teleskopmätstickan är vid rätt punkt kommer med erfarenhet, så arbeta långsamt och upprepa kontrollen tills du är säker på att loppet har mätts korrekt – teleskopmätstickan mäts sedan med en mikrometer så att man får fram loppets storlek

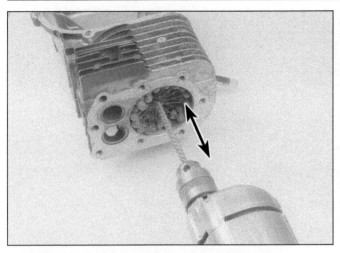

Om det är första gången du honar en cylinder får du förmodligen ett bättre resultat med ett "flaskborst"-verktyg än med ett verktyg med fjäderspända stenar

När cylindern har honats, fasa av den övre kanten av loppet för att göra den mindre skarp, så att inte ringarna fastnar när kolven monteras. Linda tejp runt filens ände för att undvika skador på cylinderväggen

2 Smörj cylindern med mycket olja, slå på borren och för honingsverktyget upp och ner i en takt som gör att du får ett fint korsmönster på cylinderväggarna.

Allra helst ska linjerna korsa varandra vid ungefär 60 graders vinkel *(se bild nedan)*. Använd mycket smörjmedel och ta inte bort mer material än absolut nödvändigt för att uppnå önskad finish **Observera:** *Kolvringstillverkare kan specificera en mindre korsvinkel än den traditionella 60-gradiga – läs och följ eventuella instruktioner som följer med de nya ringarna.*

3 Ta inte ut honingsverktyget från cylindern medan det går runt. Slå istället av borren och fortsätt att föra honingsverktyget upp och ner i cylindern tills den stannar helt, tryck sedan ihop stenarna och ta ut verktyget. Om du använder en ett honingsverktyg av "flaskborst"-typen, stanna borren och vrid sedan chucken i normal rotationsriktning medan verktyget dras ut ur cylindern.

4 Torka bort oljan från cylinderloppet.

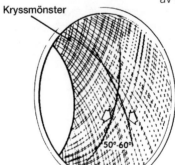

Kryssmönster

50°-60°

5 När honingsarbetet är klart, fasa av den övre kanten på loppet med en liten fil så att inte ringarna fastnar när kolven monteras *(se bild)*. Var mycket försiktig så att du inte skadar cylinderväggarna med filen.

6 Motorblocket måste rengöras igen mycket noggrant med

Heningsverktyget ska skapa ett mjukt korsmönster där linjerna korsar varandra i ungefär 60 graders vinkel

varmt såpvatten, så att allt överflödigt material från cylinderhoningen sköljs bort. **Observera:** *Cylinderloppet kan anses rent när man kan torka det med en ren, vit trasa – fuktad med lite motorolja – och det inte längre fastnar några honingsrester (som ser ut som grått damm) på den.*

7 När motorblocket har sköljts, torka det och lägg på ett lager lätt olja i cylindern för att förhindra rost. Om motorn inte ska sättas ihop på en gång är det en bra idé att förvara motorblocket i en plastpåse tills den ska monteras ihop så att den hålls ren.

Kontroll av vevaxel och lager

Vevaxel

När vevaxeln har demonterats från motorn, rengör den ordentligt med lösningsmedel och torka den med tryckluft (om tillgängligt). Om vevaxeln har oljekanaler, rengör dessa med en vajer eller en styv plastborste, spola dem sedan med avfettningsmedel.

 Varning: Använd alltid skyddsglasögon eller visir vid arbete med tryckluft!

1 Undersök om vevstakens lagertapp är ojämnt sliten, har gropar eller repor, sprickor eller plana punkter. Om vevstakslagertappen är skadad eller sliten, undersök även vevstakslagrets yta. Om vevaxeln löper i glidlager, kontrollera ramlagertapparna och tryckbrickorna på samma sätt (tryckbrickorna ligger mot lagren för att begränsa vevaxelns axialspel).

2 Gnid ett kopparmynt mot varje lagertapp (om axeln löper i glidlager) *(se bild på nästa sida)*. Om lite koppar från myntet fastnar på lagertappen är den för ojämn.

Kapitel 5

Att dra ett kopparmynt över lagertappen ger dig en indikation om dess skick – om koppar från myntet nöts av och blir kvar på vevaxeln, är den för ojämn och måste bytas ut

Undersök om drevkuggarna är slitna eller skadade . . .

. . . och kontrollera att konan och kilspåret är i gott skick

3 Undersök om drevkuggarna har sprickor, är stötta eller kraftigt slitna *(se bild)*.

4 Undersök gängorna i ändarna av vevaxeln – om de är slitna eller skadade kan det vara möjligt att återställa dem med ett gängsnitt eller en gängfil. Kontrollera att den utgående änden inte är böjd.

5 Kontrollera om vevaxelns kona är rostig eller skadad *(se bild)*. Om skador upptäcks, undersök motsvarande kona i svänghjulet.

6 Undersök om kilspåren är deformerade – om spåret i konan är slitet eller uttänjt gör det att tändningsinställningen blir inkorrekt. En ny vevaxel behövs då.

7 Undersök resten av vevaxeln för att se om den är sprucken eller på annat sätt skadad.

8 Mät diametern på ramlager- och vevlagertapparna med en mikrometer *(se bild)*.

9 Notera resultaten och rådfråga en specialist på små motorer om huruvida vevaxeln kan användas.

Genom att mäta diametern på flera olika punkter runt varje lagertapp, kan du avgöra om lagertappen är orund eller inte.

Ta också ett mått i varje ände av lagertappen, nära vevslängarna, för att se om den är konisk.

Om vevaxellagertapparna är skadade, koniska, orunda eller slitna utöver angivna gränsvärden, kommer en ny vevaxel att behövas.

10 Undersök oljetätningarnas anliggningsytor i ändarna av vevaxeln för att se om de är slitna eller skadade. Om tätningen har slitit ett spår i ytan, eller om ytan är stött eller repig, kan den nya tätningen läcka när motorn sätts ihop.

Lager

Lagren ska inte tas bort från vevhuset om de inte är defekta eller om de har följt med vevaxeln ut.

11 Rengör lagren med avfettningsmedel och låt dem sedan lufttorka.

> **(!)** *Varning: Använd inte tryckluft till att rotera kullager – att rotera ett torrt lager kan orsaka snabbt slitage och skador*

12 Undersök kul- eller rullagren, leta efter slitage, skador och spel i loppet. **Observera:** *Om det är en tvåtaktsmotor, undersök vevstakens storändsnållager och stålfoder (om sådana används) för att se om de är slitna, skadade eller missformade. Leta efter sprickor, gropar, flagade områden och platta punkter på nålarna.*

Rotera lagren för hand och känn efter så att de går mjukt utan axial- eller radialspel. Om lagret sitter i motorn, kontrollera att den yttre banan sitter fast ordentligt i loppet. Om lagerbanan sitter löst måste man eventuellt göra små gropar i blocket med en dorn för att det ska hålla lagret hårdare, eller så måste ett flytande lagerfäste (liknande gänglåsvätska) användas.

13 Undersök om glidlagren är slitna, har repor eller djupa fåror. Kontrollera även tryckbrickorna (de förhindrar att vevaxeln rör sig fram och tillbaka allt för mycket). Lagerytan ska vara slät men lite matt, inte blankpolerad.

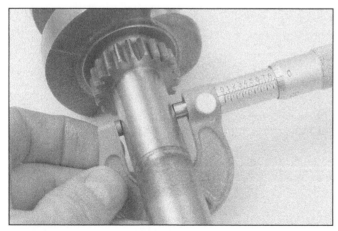

Vevstaks- och ramlagertapparnas diameter kan mätas med en mikrometer

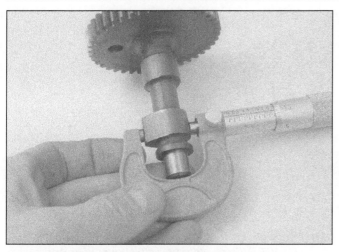

*Om höjden på kamnocken är mindre än specificerat blir
motorns prestanda lidande – montera en ny kamaxel*

*Mät kamaxellagertapparnas diameter med en mikrometer för
att kunna bedöma om de är kraftigt slitna*

Om nya glidlager behövs, låt en återförsäljare installera
dem, så att de också kan brotschas till rätt storlek.
Observera: *På många motorer löper vevaxeln direkt i det
aluminiummaterial som används i motorblocket. Om
lagerytorna är slitna eller skadade kan en återförsäljare
brotscha ur hålen och installera bussningar.*

Kontroll av kamaxel och lager

När kamaxeln har demonterats från motorn, rengör den
grundligt med avfettningsmedel och torka den med tryckluft
(om tillgängligt).

 *Varning: Använd skyddsglasögon eller visir vid
arbete med tryckluft!*

1 Undersök om kamaxeln är sliten och/eller om den har
skador på drevkuggarna, kamnockarnas ytor och
lagertapparna. Om kamnockarna är slitna eller skadade,
undersök även motsvarande ventillyftare.

2 Mät kamaxelnockarnas höjd *(se bild)*, notera resultatet och
rådfråga en specialist på småmotorer om huruvida kamaxeln
kan användas.

3 Mät kamaxellagertapparnas diameter *(se bild)*.

4 Om lagertapparna eller kamnockarna är slitna utöver de
gränsvärden som anges måste kamaxeln bytas ut.

5 Om en mekanism för automatisk tändförställning finns,
kontrollera viktens fria rörelse och se till att fjädern drar
tillbaka den. Om den inte gör det, och om vikten inte kärvar,
montera en ny fjäder (om sådan finns separat).

6 Om en automatisk kompressionsförminskare är monterad
på kamaxeln, undersök om komponenterna kärvar eller om
de är slitna.

Kontroll av kolv/vevstake

Om cylindern måste borras om finns det ingen anledning att
kontrollera kolven, eftersom en ny (större) kolv då ändå
måste monteras.

Innan kontrollen kan utföras måste kolven/vevstaken
rengöras med avfettning och kolvringarna tas bort från
kolven. **Observera:** *Använd alltid nya kolvringar när motorn
sätts ihop – rådfråga en återförsäljare för att försäkra dig om
att rätt ringar införskaffas.*

1 Ta bort kolvringarna från kolven – med ett kolvringsverktyg
om det finns till hands, annars med fingrarna *(se bild)*. Var
försiktig så att du inte skadar eller urholkar kolven när du
gör detta.

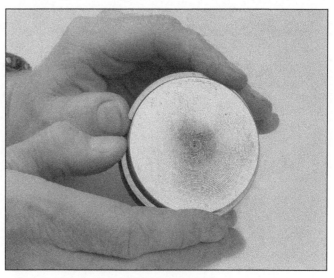

*Om du inte har tillgång till det särskilda kolvringsverktyget
kan ringarna demonteras för hand, men var försiktig så att de
inte går sönder (om inte nya ändå ska monteras)*

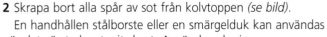

Ta bort sot från kolvtoppen med en skrapa eller en stålborste, fortsätt sedan med en fin smärgelduk eller stålull och lösningsmedel

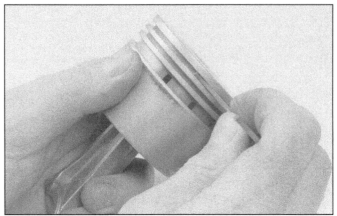

Kolvringsspåren kan rengöras med en bit av en gammal kolvring. Var rädd om fingrarna – kolvringar är vassa!

2 Skrapa bort alla spår av sot från kolvtoppen *(se bild)*.

En handhållen stålborste eller en smärgelduk kan användas när det värsta har tagits bort. Använd under inga omständigheter en stålborste monterad i en borrmaskin för att ta bort avlagringar – kolven är tillverkad av mjukt material som kan ta skada av stålborsten.

3 Ta bort sot i ringspåren med en bit av en gammal kolvring *(se bild)*. Det finns också särskilda verktyg för detta.

Var mycket försiktig, så att du endast tar bort sotavlagringar. Skrapa inte bort någon metall och se till att inte göra gropar eller repor i ringspårens sidor.

4 När avlagringarna har tagits bort, rengör kolven och vevstaken med avfettningsmedel och torka dem med tryckluft (om tillgängligt). Se till att oljereturhålen i den bakre sidan av oljeringspåret och oljehålet i den nedre änden av vevstaken är öppna *(se bild)*.

5 Om inte kolven och cylindern är skadade eller mycket slitna, och om blocket inte behöver borras om eller bytas ut, är det inte nödvändigt att montera en ny kolv. Kolvringarna

däremot, som vi nämnt ovan, bör vanligtvis bytas ut när en motor tas isär och sätts ihop.

6 Undersök kolven noggrant, leta efter sprickor runt kjolen, vid kolvbultens nav och mellan ringarna. **Observera:** *Om kolven är från en tvåtaktsmotor, se till att stiften som används för att begränsa kolvringsrotation sitter fast ordentligt.*

7 Se efter om kolvmantelns tryckytor är kraftigt skavda eller repade, om det finns hål i kolvkronan eller brända områden i kanten av kronan.

8 Mät kolvringarnas sidospel genom att lägga en ny kolvring i varje spår och föra in ett bladmått bredvid den *(se bild)*. Kontrollera spelet vid tre eller fyra punkter runt varje spår. Se till att använda rätt ring för varje spår; de är olika. Om sidospelet verkar för stort (mer än 0,12 mm), måste en ny kolv monteras.

9 Kontrollera spelet mellan kolv och cylinderlopp genom att mäta cylinderloppet (se *Kontroll av motorblock*) och kolvens diameter. Mät kolven över manteln, i 90 graders vinkel i

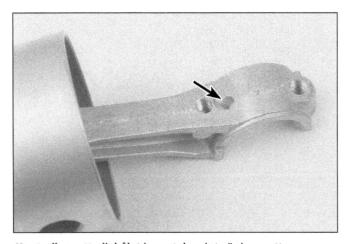

Kontrollera att oljehålet i vevstaken inte är igensatt

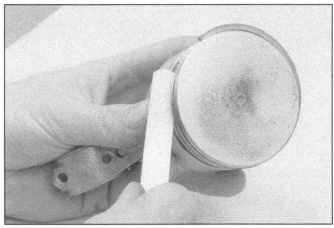

Kontrollera kolvringarnas sidspel med ett bladmått på flera punkter runt spåret

förhållande till kolvbulten, nära den nedre kanten. Dra bort kolvens diameter från loppets diameter för att få fram spelet (om tillämpligt – det är inte alla tillverkare som anger specifikationer för detta). Om spelet är större än specificerat måste cylindern borras om och en ny kolv med nya ringar monteras.

10 Kontrollera spelet mellan kolv och vevstake genom att vrida kolven och vevstaken i motsatta riktningar. Märkbart spel tyder på kraftigt slitage, vilket då måste korrigeras genom montering av en ny kolv, vevstake eller kolvbult (eller alla tre – rådfråga din återförsäljare).

11 Undersök vevstaken för att se om den är sprucken eller på annat sätt skadad. Rengör och undersök lagerytorna, leta efter repor, urholkning och djupa fåror.

Montering av kolvringar

1 Innan du monterar nya kolvringar måste deras ändgap kontrolleras. Det förutsätts här att ringarnas spel i spåren har kontrollerats och funnits vara korrekta (se *Kontroll av kolv/vevstake* ovan).

2 Sätt in den översta ringen (övre kompressionsring) i cylindern och räta till den mot cylinderväggen genom att trycka ner den med kolvtoppen *(se bild)*. Ringen ska placeras nära botten av cylindern, vid den nedre gränsen för ringrörelsen.

3 Mät ändgapet.

För att göra detta, för in olika bladmått mellan ringändarna tills ett blad hittas som passar ändgapet *(se bild)*. Bladmåttet ska glida mellan ringändarna med ett litet motstånd.

Jämför måttet med det som anges i Tekniska data i relevant motorkapitel. Om gapet är större eller mindre än specificerat, kontrollera igen att du med säkerhet har rätt ringar innan du fortsätter.

Om gapet mellan ringändarna är för litet måste det förstoras, annars kan ringändarna komma i kontakt med varandra under drift, vilket kan orsaka mycket allvarliga motorskador. Gapet kan förstoras genom att man försiktigt filar ändarna på en fin fil. Montera filen i ett skruvstäd med mjuka käftar, för ringen över filen och dra den sakta så att lite material filas bort från ringändarna. Fila bara utifrån och in.

4 För stort ändgap är inte så allvarligt om det inte överstiger 1,0 mm. Kontrollera som sagt om du har rätt ringar för din motor.

5 Upprepa åtgärderna för varje kolvring.

6 När ringarnas ändgap har kontrollerats/korrigerats, kan ringarna sättas tillbaka på kolven. **Observera:** *Följ alltid instruktionerna som kommer med de nya kolvringarna om de skiljer sig från den här informationen.*

7 Montera kolvringarna.

Oljeringen (den som sitter längst ner på kolven – endast

När kolvringarnas ändgap mäts måste ringen ligga rakt i loppet – detta kan åstadkommas om man trycker ner ringen med kolvtoppen

fyrtaktsmotorer) monteras först. På de flesta motorer består den av tre separata delar. För in distansen/expandern i spåret först. Om en antirotationsflik finns, se till att denna sticks in i hålet i ringspåret.

Sätt därefter in den nedre sidoringen. Använd inte ett kolvringsverktyg på sidoringarna – de kan skadas. Placera istället ena änden av sidoringen i spåret ovanför expandern, håll den hårt på plats och för ett finger runt kolven medan du trycker in ringen i spåret. Sätt sedan in den övre sidoringen på samma sätt.

När de tre oljeringsdelarna har monterats, kontrollera att både övre och nedre sidoring kan vridas runt mjukt i spåret.

8 Därefter monteras den nedre kompressionsringen (tvåtaktsmotorer har endast kompressionsringar).

Den här ringen har vanligtvis en markering som ska vara

När ringen befinner sig vid den nedre gränsen för dess rörelsebana och sitter rakt i cylindern, mät ändgapet med ett bladmått

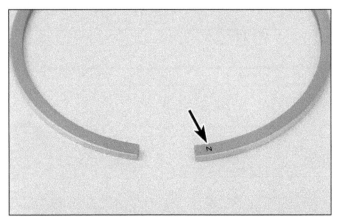

Kolvringar är vanligtvis markerade (vid pilen) på den sida som ska vara vänd uppåt, mot kolvtoppen

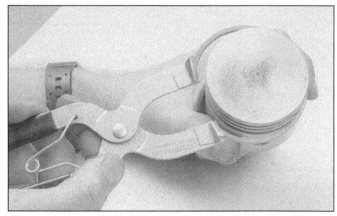

Montera kompressionsringarna med en kolvringstång – kom ihåg att markeringen måste vara vänd uppåt!

vänd uppåt, mot kolvtoppen *(se bild)*. **Observera:** *Följ alltid instruktionerna som följer med kolvringarna – olika tillverkare kan rekommendera olika tillvägagångssätt. Blanda inte ihop den nedre och den övre kompressionsringen, eftersom de har olika profiler.*

Använd ett kolvringsverktyg, se till att identifikationsmärket är vänt uppåt mot kolvtoppen, för sedan in ringen i det mittre spåret (det nedre spåret på en tvåtaktsmotor) på kolven *(se bild)*. Öppna inte upp ringen mer än absolut nödvändigt när den förs över kolven.

9 Montera den övre kompressionsringen på samma sätt. Se till att markeringen är vänd uppåt. Blanda inte ihop de två kompressionsringarna. **Observera:** *På Honda motorer är den övre ringen vanligtvis förkromad.*

10 Kontrollera att ringarna kan rotera fritt i spåren (såvida de inte är fästa med stift).

11 Vrid ringarna så att gapen hamnar med ungefär 120 graders mellanrum (inte i rad).

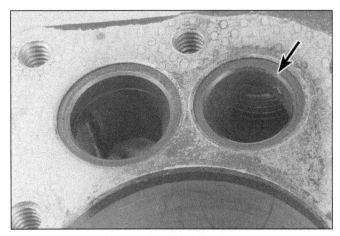

Undersök ventilsätena (vid pilen) i motorblocket eller topplocket, se om de har gropar, sprickor eller brända punkter

Kontroll och service av ventiler/ventillyftare

Kontroll

1 Om du arbetar på en OHV/OHC motor, undersök topplocket mycket noga för att se om det har sprickor eller andra skador. Om sprickor hittas behövs ett nytt topplock. Använd en exakt stållinjal och bladmått för att kontrollera om topplockspackningens yta är skev. Lägg linjalen diagonalt (hörn-till-hörn), över bulthålen, och försök att föra in ett 0,10 mm tjockt bladmått under linjalen nära varje hål. Upprepa kontrollen med linjalen placerad mellan varje par hål längs topplockets sidor. Om bladmåttet går in mellan packningsytan och linjalen, är topplocket skevt. Kontakta din återförsäljare angående möjligheter att fräsa om det.

2 Undersök ventilsätena *(se bild)*.

Om de är gropiga, spruckna eller brända krävs åtgärder som ligger utanför vad hemmamekanikern normalt klarar av – ta motorn eller topplocket till en återförsäljare och låt installera nya ventiler och säten.

Mät bredden på varje ventilsäte *(se bild)*. Om den är mer

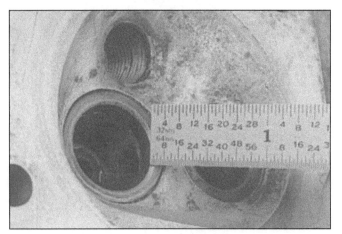

Mät bredden på varje ventilsäte med en linjal

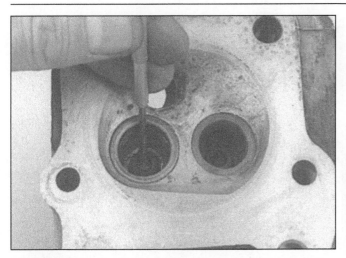

Ett litet hålmått kan användas till att mäta ventilstyrningens inre diameter

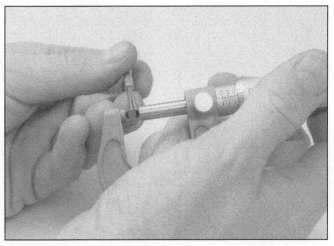

Mät hålmåttet med en mikrometer för att erhålla styrningens exakta storlek

än 1,5 mm, eller om bredden varierar runt om sätet, måste ventilsätena åtgärdas.

3 Rengör ventilstyrningarna för att få bort sotavlagringar, mät sedan innerdiametern på styrningarna (i båda ändar och i mitten av styrningen).

Detta görs med ett litet hålmått och en 0 – 25 mm mikrometer *(se bilder)*. Skriv ner måtten. De här måtten, tillsammans med måtten på ventilskaftens diameter, hjälper dig att beräkna spelet mellan ventilen och styrningen. Det här spelet, om man jämför resultatet med det som anges i specifikationerna, är en faktor som kommer att avgöra omfattningen av det servicearbete som behövs. Styrningarna mäts i ändarna och i mitten för att man ska kunna avgöra om de är slitna mer i ändarna. Om de är det måste styrningarna absolut bytas ut eller slipas om.

Vissa motortillverkare publicerar inte specifikationer för spel mellan ventil och styrning. Istället distribuerar de särskilda pluggmätare som man sätter in i styrningarna för att avgöra omfattningen av slitaget i styrningen. Om inga specifikationer finns för din motor, ta den till en

återförsäljare och låt dem kontrollera och serva styrningarna.

4 Undersök varje ventil noggrant.

Undersök ventilens anliggningsyta mot sätet, leta efter sprickor, gropar, brända punkter *(se bild)*. Undersök om ventilskaftet och knasterspåret eller hålet har sprickor *(se bild)*.

Rotera ventilen och leta efter uppenbara tecken på att den är böjd. Undersök om änden av skaftet har gropar eller är väldigt sliten.

Om något av ovanstående problem upptäcks tyder det på att ventilen måste bytas ut.

5 Mät ventilskaftets diameter *(se bild)*.

Genom att subtrahera ventilskaftets diameter från ventilstyrningens diameter, får man fram spelet mellan de två delarna. Om spelet mellan ventil och styrning är större än specificerat, måste styrningarna bytas ut och nya ventiler kan behöva monteras, beroende på vilken kondition de gamla ventilerna är i.

6 Undersök ventilfjädrarnas ändar för att se om de är slitna.

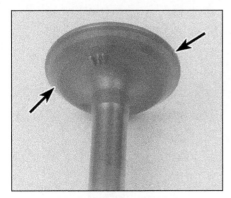

Undersök kanten och anliggningsytan mot sätet på varje ventil, leta efter sprickor eller tecken på slitage

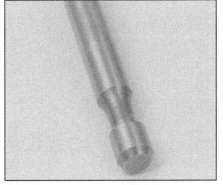

Leta efter tecken på slitage i änden av ventilskaftet och kontrollera att inte knasterspåret eller hålet är deformerat på något sätt

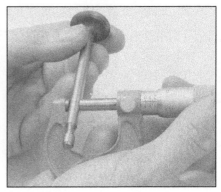

Mät ventilskaftets diameter med en mikrometer

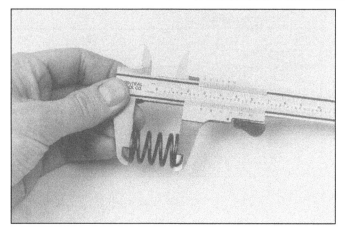

Mät ventilfjäderns fria längd med ett skjutmått

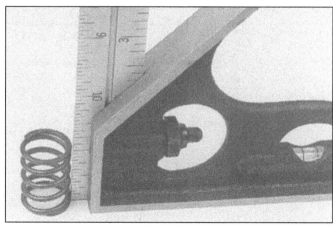

Kontrollera att fjädern är rak med hjälp av en vinkelhake

Mät fjädrarnas fria längd och jämför resultatet med specifikationerna, om tillämpligt *(se bild)*. Fjädrar som är kortare än specificerat har tappat spänst och måste bytas ut. Ställ också varje fjäder på en plan yta för att se om den är rak *(se bild)*.

7 Kontrollera om ventilfjädersätena och/eller knastren eller stiftet är uppenbart slitna eller spruckna. Delar i tveksamt

skick bör inte återanvändas – om en del fallerar under drift kan det orsaka omfattande skador.

8 Undersök om ventillyftarna är slitna, kraftigt skavda eller repade *(se bild)*. Se till att de har tät passning i hålen och att de kan röra sig fritt utan att kärva eller fastna.

Ventilinslipning

Om kontrollen visar att inget servicearbete behövs, kan ventilkomponenterna sättas tillbaka i motorblocket eller topplocket (se aktuellt motorkapitel).

Innan ventilerna monteras ska de slipas in så att de ger en säker tätning mellan sätet och ventilens anliggningsytor. För detta behövs fin slippasta (finns hos grossister) och ett ventilslipningsverktyg (se kapitel 1).

9 Lägg på en liten mängd fin slippasta på ventilens anliggningsyta *(se bild)*, för sedan in ventilen i styrningen. **Observera:** *Se till att placera ventilen i rätt styrning och var försiktig så att det inte kommer slippasta på ventilskaftet.*

10 Placera inslipningsverktyget på ventilen och rotera

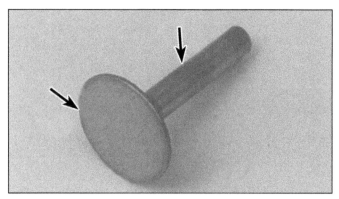

Undersök om ventillyftarnas skaft eller ändar (vid pilarna) är slitna eller skadade

Lägg på slippasta i mycket små mängder, och endast på ventilens anliggningsyta mot sätet

Rotera inslipningsverktyget fram och tillbaka mellan handflatorna

verktyget mellan handflatorna, fram och tillbaka *(se bild)*. Lyft upp ventilen från sätet med jämna mellanrum för att fördela slippastan jämnt *(se bild)*.

11 Fortsätt med inslipningen tills ventilens och sätets kontaktyta är jämnbred och obruten runt hela sätets/ventilens omkrets *(se bilder)*.

12 Ta försiktigt bort ventilen från styrningen och torka bort all slippasta. Använd avfettningsmedel till att rengöra ventilen och torka av sätet med en trasa med avfettning. Upprepa för den andra ventilen.

13 När båda ventilerna har slipats in, kontrollera ventiltätningen genom att hälla en liten mängd avfettningsmedel i var och en av portarna med ventilerna på plats, hårt hållna mot ventilsätena. Om avfettningsmedlet läcker förbi ventilen in i förbränningskammaren, upprepa inslipningen, sätt tillbaka ventilen och kontrollera igen. Upprepa proceduren tills en tillfredsställande tätning erhålls.

Lyft upp verktyget och ventilen då och då för att omfördela slippastan på ventilen och sätet

Efter inslipningen ska ventilens anliggningsyta ha ett jämnt, obrutet kontaktmönster (vid pilen) . . .

. . . och sätet ska ha specificerad bredd (vid pilen), men en jämn, obruten kontaktyta

Kapitel 5

Briggs & Stratton MAX 4 hk fyrtaktsmotor

Tekniska data

Isärtagning

Hopsättning

Elektrisk startmekanism – isärtagning och hopsättning

Snörstart – reparation

Tekniska data

Tändstiftets elektrodavstånd	0,75 mm
Tändspolens/laddningsspolens avstånd till svänghjulet...	0,25 till 0,36 mm
Ventilspel:	
Insug	0,13 till 0,18 mm
Avgas	0,23 till 0,28 mm
Vevhusventilationens skivventil, spel	1,10 mm

Trådmåttet får inte föras in mellan ventilen och huset.

Kolvringarnas ändgap får inte överskrida:

Kompressionsringar	0,80 mm
Oljering	1,14 mm

Cylinderslitage:

Borra om vid överstorlek större än	0,08 mm
Eller ovalitet större än	0,06 mm
Olja	SAE 30 eller SAE 10W-30

Kapitel 6

Isärtagning

Innan isärtagningen påbörjas, läs kapitel 5 för att få händiga tips om isärtagning och hopsättning. Den information som ges där hjälper dig att utföra en motorrenovering på ett metodiskt sätt. **Observera:** *I följande åtgärdsbeskrivning antas att motorn har demonterats från den maskin/utrustning den sitter i. För allmän information om demontering av motor, se kapitel 5.*

- [ ] Demontera startmekanismens kåpa.
- [ ] Demontera bränsletanken, som hålls av tre små bultar och en större, koppla sedan loss bränsleröret från kranen.
- [ ] Demontera motorkåpan och mätstickans rör.
- [ ] Demontera batteriets laddningsspolar, notera den mindre distansen under spolen på den bakre bulten.
- [ ] Ta bort luftfilterhuset, koppla loss motorns ventilationsrör från baksidan.
- [ ] Haka loss stoppvajern från gasspjällarmens platta.
- [ ] Skruva loss och ta bort den elektriska startmekanismen.
- [ ] Ta bort förgasaren och gasspjällarmens platta, notera noggrant hur regulatorlänkarna och fjädern sitter.
- [ ] Demontera tändspolen.
- [ ] Demontera nätskärmen från startkopplingen.
- [ ] Skruva loss och ta bort startkopplingen. Svänghjulet kan spärras med en skruvmejsel i startkuggarna, mot den bakre klacken. Vrid startapparaten med en stor rörtång eller ett särskilt demonteringsverktyg. Ta bort brickan.
- [ ] Demontera svänghjulet.

- [ ] Ta bort avgasskölden, böj sedan undan låsflikarna och ta bort avgassystemets fästbultar.
- [ ] Ta bort motorns vevhusventilation från lyftarhuset. Observera stålplattan som sitter på den övre bulten.
- [ ] Skruva loss och ta bort kvarvarande topplocksbultar, ta bort topplock och packning.
- [ ] Vänd på motorn och ta bort PTO-drevets kåpa och packning.
- [ ] Ta bort axelns fästplatta från spåret, därefter kan axeln skjutas inåt så att man kommer åt bulten på insidan av sumpen.
- [ ] Ta bort rost och skräp från vevaxeln med smärgelduk, för att undvika skador på tätningen när du tar bort sumpen.
- [ ] Skruva loss de sex bultarna och ta bort oljesumpen.
- [ ] Demontera kamaxeln med regulator och oljekastare. Notera hur eventuella brickor/shims sitter i änden av axeln.
- [ ] Demontera kamföljarna.
- [ ] Demontera överfallet i vevstakens storände.
- [ ] Ta bort allt sot längst upp i cylinderloppet och tryck ut kolven. Var försiktig så att du inte skadar loppet. Demontera vevaxeln. Demontera ventilfjädrarna med ett ventilfjäderverktyg eller en nyckel, tryck upp fjädersätet längs ventilskaftet och dra det mot urtaget för att lossa det. **Observera:** *Avgasventilfjädern är längre än insugsventilfjädern.*
- [ ] Demontera till sist ventilerna.

Hopsättning

Rengör alla delar i fotogen eller motoravfettning, ta bort alla spår av gammal packning från alla fogytor på oljesump, motorblock och topplock. Gör detta väldigt försiktigt, så att inte aluminiumdelarna skadas. Ta bort sot från ventilerna, avgasportarna och kolvkronan, och slipa in ventilerna enligt beskrivning i kapitel 5, men sätt inte tillbaka fjädrarna än, eftersom ventilspelen måste kontrolleras senare.

Undersök skicket på alla lager i motorn (bilderna visar lagrens placeringar) och kontrollera om vevaxeln är sliten på ram- och vevlagertappar enligt beskrivningen i kapitel 5.

Undersök om cylinderloppet har djupa repor. Undersök om gjutdelarna har sprickor och kontrollera också på skicket på vevaxelns tätningar och PTO-axelns tätning.

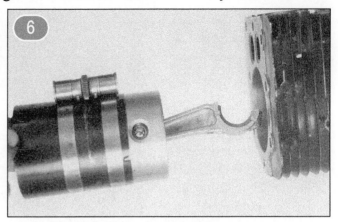

Montera drevet på PTO-axeln (power take-off). Valstappen går genom drevet och in i hålet i axeln och låser ihop de två delarna.

Ta försiktigt bort kolvringarna och notera vilken väg de sitter i spåren. För sedan ner ringarna i cylinderloppet, en och en ungefär 25 mm, och kontrollera att gapet mellan ringändarna inte överskrider de värden som anges i *Tekniska data* i början av kapitlet. Byt ut kolvringarna om gapet är för stort.

Undersök om kolvbultslagret är slitet genom att hålla kolven i den ena handen och vrida vevstaken med den andra. Kolven ska glida fritt på kolvbulten, men inte gunga. Om slitage upptäcks måste vevstaken och kolvbulten bytas ut.

Smörj kolven och cylinderloppet och montera kolven. En kolvringskompressor måste användas till att trycka ihop kolvringarna innan kolven förs in i loppet. Den öppna änden av vevlageröverfallet ska vara vänd mot ventilerna som i den här bilden. Sänk försiktigt ned kolven i loppet utan att skrapa det. Tryck ut kolven ur kompressorn med ett hammarskaft. Detta bör gå ganska lätt – om du stöter på motstånd, stanna upp och undersök saken.

Olja vevlagret och montera vevlageröverfallet.

Smörj ramlagret i vevhuset och den koniska änden av vevaxeln med motorolja. Montera vevaxeln i vevhuset.

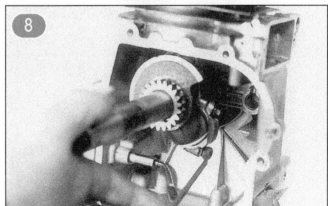

Se till att dra åt bultarna hårt, eftersom det inte finns några låsflikar. Rotera vevaxeln för att se att den kan röra sig fritt.

Smörj och montera kamföljarna. Försäkra dig om att de sätts tillbaka i rätt hål.

Rotera vevaxeln så att gropen i drevet är vänt mot kamaxellagerhålet.

Montera kamaxeln så att inställningsmärkena på vevaxeln och kamaxeln är i linje – kom ihåg eventuella brickor/shims som satt på kamaxeln vid demonteringen.

Notera placeringen av oljekastaren/regulatorn. Sätt på en ny oljesumpspackning och smörj ramlagret med motorolja.

För försiktigt ned oljesumpen på vevaxeln. Kontrollera att oljekastaren och kamaxeln är i sina korrekta positioner och att styrstiften är i linje med motsvarande hål.

Sätt i oljesumpens bultar, den korta ska sitta i hålet bredvid PTO-axelns drev. Dra åt bultarna jämnt för att undvika att spräcka eller deformera oljesumpen.

Dra försiktigt i PTO-axeln och vrid den så att drevet går i ingrepp.

Axelns fästplatta kan nu placeras i spåret så att axeln låses i sitt läge.

Lägg på en ny packning och skruva sedan fast PTO-kåpan med de fyra små bultarna.

Kontrollera ventilspelen. Ventilen måste hållas ner i sitt säte med kolven vid ÖD (övre dödpunkt) i arbetstakten (med båda ventilerna stängda). Bladmåttet ska glida mellan ventilskaftet och kamföljaren utan att rubba ventilen. Spelen anges i specifikationerna i början av kapitlet. Om spelet är för litet måste änden av ventilskaftet filas av lite för att rätt spel ska erhållas (som nämnts i kapitel 4).

Montera ventilfjädrarna.

Ta bort allt sot från topplocket med en mjuk skrapa eller en stålborste, men undvik att skrapa aluminiumytan. Placera en ny packning på topplocket. Montera topplocket men utelämna de bultar som visas i bilden – dessa används till att skruva fast förgasaren senare.

Ta bort förgasaren från gasspjällarmens platta – två bultar – och kontrollera skicket på O-ringen mellan plattan och förgasaren. Undersök skicket på nålventilen, blandningsskruven och flottören. Rengör delarna i bensin och blås igenom munstycken. Använd inte ståltråd till att rengöra munstycken, eftersom det kan ändra storleken på hålen.

Montera nålventilen och flottören, för in pivåstiftet för att fästa den. Skruva in blandningsjusternålen försiktigt för att undvika skador på sätet. Skruva ut den 1½ varv för ungefärlig blandningsinställning.

Montera flottörskålen med den stora gummitätningen på förgasaren och fiberbrickan och bulten. Montera gasspjällarmens platta och kom ihåg att placera O-ringen mellan förgasaren och plattan.

Här visas korrekt placering av regulatorlänkarna och fjädern.

Montera förgasaren på motorn. Stryk lite olja på inloppsrörets ände så att det går lättare att föra in det i förgasaren. Haka fast regulatorlänken i plastarmen och skjut förgasaren mot grenröret. Sätt i resten av topplocksbultarna och dra åt dem i diagonal ordning.

Undersök om svänghjulets kil är skadad. Om så behövs, byt ut den mot en ny av korrekt typ. Använd inte en stålkil. Placera kilen i spåret i vevaxeln.

Montera svänghjulet på vevaxeln och se till att kilspåret hamnar i linje med kilen i vevaxeln.

Sätt brickan på vevaxeln. Om det är en kupad bricka ska kupan vara vänd uppåt.

Skruva fast snörstartens koppling. Du måste spärra svänghjulet genom att sticka in en stor skruvmejsel i svänghjulets kuggar och stötta den mot en av klackarna på motorn. Dra fast startmekanismen hårt.

Montera den elektriska startmekanismen på motorn och dra åt de två bultarna.

Montera nätskärmen över startkopplingen och fäst med de två bultarna.
   Montera tändspolen och laddningsspolen, kom ihåg den lilla distansen på laddningsspolen. Dra inte åt bultarna än.

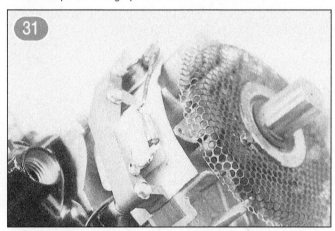

Ställ in luftgapet på tändspolen och laddningsspolen. Placera en bit plast eller kartong av korrekt tjocklek, enligt Tekniska Data, mellan spolen och svänghjulsmagneterna. Magneterna drar till sig spolen och håller den mot kartongen. Dra åt bultarna och rotera sedan svänghjulet så att du kan ta bort kartongen. Gör likadant med laddningsspolen.

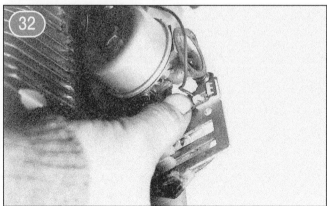

Anslut stoppkabeln till gasspjällarmens platta. Fjäderkontakten ska tryckas upp mot plattan och vajern förs sedan genom hålet. När kontakten släpps hålls vajern på plats.

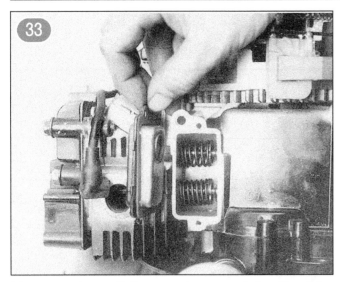

Montera vevhusventilationen med en ny packning. Kom ihåg att placera plattan under den övre bulten.

Montera avgasljuddämparen. Placera låsremsan på ljuddämparen, dra sedan åt bultarna och vik över låsflikarna.

Montera avgasskölden med de tre små skruvarna.

Kontrollera snörstartens funktion och sätt på kåpan (se slutet av det här kapitlet för information om hur man byter snöre). Var försiktig så att du inte klämmer tändstiftskabeln eller laddningskabeln under kåpan. Anslut laddningskabeln.

Undersök om O-ringstätningen längst ner på mätstickans rör är sprucken eller på annat sätt skadad och byt ut den om så behövs. Sätt fast röret på motorkåpan med de två bultarna.

Montera luftfilterhuset, anslut ventilationsröret på baksidan när det är i rätt läge mot förgasaren. Fäst med de två bultarna.

Undersök i vilket skick luftfiltret är och byt ut det om det är smutsigt eller förorenat av olja. Placera luftfiltret i kåpan och sätt fast den på motorn.

Montera motorn på maskinen, fyll sedan oljesumpen med ny motorolja av rätt mängd. Montera tändstiftet och anslut tändstiftshatten. Häll färsk bensin i bränsletanken.

Anslut bränsleröret till bensinkranen, montera bränsletanken och fäst med tre små skruvar och en större.

Sätt plastkåpan över snörstarten.

Elektrisk startmekanism

Isärtagning

☐ För att underlätta kommande hopsättning, markera ändplattans läge på motorn och motorns läge mot drevhuset.

☐ Ta bort låsringen som håller huvuddrevet.

☐ Dra loss drevet och spiralen, se efter om drevet är slitet eller har trasiga kuggar.

☐ Skruva loss de tre bultarna och ta bort drevhusets kåpa

☐ Dra loss det stora och det lilla drevet, notera vilken väg de sitter.

☐ Skruva loss de två skruvarna som håller motorns ändplatta och dra bort motorn från huset. Notera att det sitter två brickor i var ände av lindningen, en av plast på utsidan och så en av stål. I drivänden är stålbrickan kupad.

☐ Ta försiktigt bort borstplattan och dra ut kabelisolatorn

☐ Ta bort lindningen och undersök om kopparkommutatorn är bränd eller sliten.

☐ Undersök borstarna med avseende på fri rörelse och slitage. Om de är kraftigt slitna eller brända ska de bytas ut.

Hopsättning

Häll en droppe olja på bronsbussningen i borstplattan.

Sära på borstarna och sätt in lindningen i lagret. Montera motorhuset på lindningen – var försiktig, magneterna drar in lindningen. Passa in borstplattan mot styrspåret och för in den isolerade kabelutföringen.

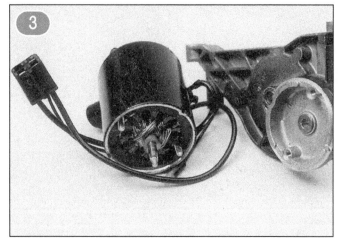

Lindning och motorhus monterade.

Sätt fast brickorna i änden av motorns axel, smörj axeln med olja och montera den i drevhuset. Kontrollera att styrspåren är i linje.

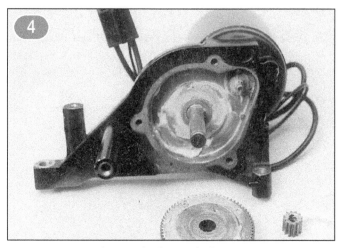

Hopsatt motor och smorda drev redo för montering.

Montera dreven i huset, se till att det lilla drevet placeras korrekt på motoraxeln.

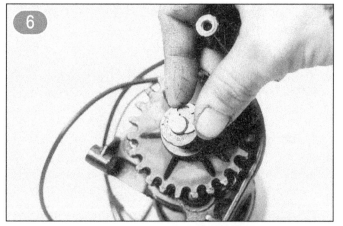

Montera kåpan och packningen och dra åt de tre skruvarna. Montera startdrevet och spiralen, denna hakar i det stora drevet under kåpan. Den är ordentligt på plats när låsringsspåret på skaftet syns.

Sätt låsringen i spåret för att låsa startdrevet till axeln.

Snörstart – reparation

Om startsnöret inte dras tillbaka in i huset när det har dragits ut, är den troligaste orsaken en trasig fjäder. Fjädern sitter ovanpå startsnörets remskiva. För att byta ut fjädern, gör enligt följande:

Dra ut snöret helt och kläm fast remskivan för att hålla fjädern spänd. Håll knuten i linje med snörets utgångshål. Klipp av knuten och ta bort snöret.

Lossa fjädern och släpp ut den långsamt med hjälp av en träbit enligt följande. Ta en 15 cm lång ribba, 15 mm i fyrkant. Slå in en 10 cm spik genom den ena änden (för att möjliggöra kontrollerad vridning) och stick in den andra änden i mitten av remskivan. Böj upp tungorna och ta bort remskivan.

För att montera en ny fjäder, stick in den nya fjäderns ände genom hålet i sidan av startmekanismen och haka i den i remskivan.

Böj ner tungorna för att säkra remskivan. Dra runt remskivan moturs för att dra in fjädern.

När fjädern är helt indragen kommer fjäderänden att gå in i den smalare delen av hålet i kåpan.

Linda upp fjädern tills den är hårt spänd, backa sedan ett varv eller tills hålet är i linje med snörets utgångshål. Kläm fast skivan med en självlåsande tång eller en klämma och trä igenom snöret. Fäst handtaget i den andra änden av snöret. Håll fast snöret och lossa den självlåsande tången eller klämman. Låt snöret dra tillbaka startmekanismen.

Kapitel 6

Briggs & Stratton Intek/Europa OHV motorer

Tekniska data	Snörstart – reparation
Isärtagning	'Sloper' Intek motor
Hopsättning	Elektrisk startmekanism

Tekniska Data

Tändstiftets elektrodavstånd	0,75 mm
Tändstift typ	NGK B2LM
Cylinderlopp, max ovalitet	0,038 mm
Kolvringarnas ändgap, gräns	0,8 mm
Ventilspel:	
Insug (kall)	0,13 till 0,18 mm
Avgas (kall)	0,18 till 0,23 mm
Avstånd mellan tändspole och svänghjul	0,25 mm
Olja	SAE 30
Oljekapacitet	0,6 liter

Kapitel 7

Isärtagning

Innan isärtagningen påbörjas, läs kapitel 5. De åtgärder som beskrivs där gäller alla motorer, och om instruktionerna följs metodiskt i rätt ordning, gör det både isärtagning och hopsättning enklare.

Demontera motorn från maskinen och gör följande:

☐ Skruva loss de två bultarna och ta bort luftfilterkåpan.

☐ Ta bort bränslepåfyllningslocket och de två bultarna som håller motorns plastkåpa. Lyft av kåpan. Sätt tillbaka bränslepåfyllningslocket.

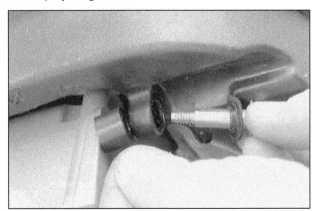

☐ Lossa klämman och dra tillförselröret från bränsletanken. Var beredd på bränslespill. Skruva loss de fyra bultarna som håller bränsletanken. Notera hur distansen sitter på den nedre fästbulten.

☐ Med hjälp av ett verktyg med 3/8" fyrkantsanslutning, skruva loss oljesumpens plugg och tappa av motoroljan i en lämplig behållare.

☐ Skruva loss de tre bultarna och ta bort avgasskölden.

☐ För att motorkåpan ska kunna demonteras, måste oljepåfyllningshalsen först tas bort. Skruva loss fästbulten och lyft bort påfyllningshalsen. Notera O-ringen längst ner på halsen. Skruva loss de fyra bultarna och ta bort kåpan.

☐ Skruva loss de fyra fästbultarna och ta bort avgassystemet.

☐ Koppla loss ventilationsröret från luftfilterhuset. Skruva loss de två fästbultarna och ta bort huset.

☐ Skruva loss förgasarens två fästbultar och haka loss regulatorlänkaget när förgasaren tas bort.

☐ Skruva loss flottörskålens mutter och ta bort skålen. Var beredd på bränslespill.

☐ Tryck ut flottörens pivåstift och lyft försiktigt ut flottören med nålventilen.

☐ Undersök nålventilen och sätet och leta efter tecken på slitage eller skador (se kapitel 5). Kontrollera om flottörskålens O-ring är sprucken etc. Flottörskålens mutter innehåller huvudmunstycket. Kontrollera att hålen är rena. Om så behövs, rengör hålen genom att blåsa genom dem eller använda ett tunt nylonborst. Använd aldrig en nål eller ståltråd till att rengöra ett munstycke. Undersök om flottören är skadad eller läcker.

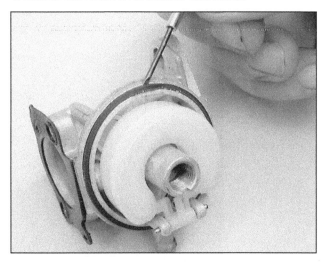

☐ Koppla loss stoppkabeln från tändspolen och skruva loss fästbulten till förgasarens fäst-/ länkageplatta. Lyft bort plattan.

☐ Ta bort motorns kåpa genom att skruva loss fästbulten och haka loss regulatorns länkage.

☐ Dra försiktigt loss tändstiftshatten från tändstiftet. Skruva loss de två bultarna och ta bort tändspolen.

☐ För att kunna ta bort svänghjulets fästmutter måste man hålla svänghjulet stilla. Om tillverkarens särskilda verktyg inte finns till hands, kan man använda en remtång runt svänghjulets kant. Frestas inte att kila fast en skruvmejsel mot svänghjulsfenorna – de är gjorda av aluminium och kan lätt ta skada.

☐ Ta bort kylflänsskivan av plast från svänghjulet. Notera de två styrstiften.

☐ Se kapitel 5, dra svänghjulet från vevaxeln. Om du använder tillverkarens avdragare, kan det bli nödvändigt

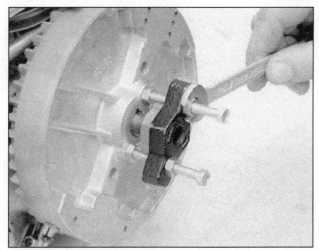

att skära gängorna i svänghjulet. Hålen avsedda för avdragaren är tydligt markerade på svänghjulet, och avdragarbultarna är särskilt utformade så att de skär gängorna. Ta vara på kilen från vevaxeln.

☐ Skruva loss de fyra bultarna och ta bort ventilationskammarens kåpa.

☐ Skruva loss de två bultarna och ta bort motorns vevhusventilation/lyftarhusets kåpa.

☐ Skruva loss de fyra bultarna och ta bort vipparmskåpan.

☐ Skruva loss vipparmarnas fästmuttrar och halvrunda brickor. Ta försiktigt bort vipparmarna, tryckstängerna och ventilernas kontaktplattor. Skriv upp eller märk vilka delar som hör ihop med insugs- respektive avgasventilerna; om de ska återanvändas är det viktigt att de sätts tillbaka på sina ursprungliga platser.

☐ Skruva loss de fyra bultarna och ta bort topplocket. Man kan behöva knacka försiktigt på topplocket för att få loss det från motorblocket, men bänd inte mellan blocket och topplockets kylflänsar. Notera topplockets styrstift.

☐ För att ta bort en ventil, tryck in ventilfjäderbrickan och tryck den mot spåret i kanten av brickan. Det finns visserligen en särskild ventilfjäderkompressor, men på grund av fjäderns storlek är det möjligt att trycka ihop den tillräckligt mycket för hand. Fjäderbrickorna har två angränsande hål, ett större än det andra. Detta gör att ventilskaftet kan gå igenom brickan. Ta bort fjädern och dra ut ventilen ur topplocket. Det är viktigt att märka upp (eller lägga i särskild ordning) komponenterna så att, om de ska återanvändas, de kan sättas tillbaka på sina ursprungliga platser. Notera tätningen/fjädersätet som sitter på insugsventilen.

☐ Skruva loss de två bultarna och ta bort vipparmarnas fästplatta. Undersök om ventilstyrningarna är repade eller kraftigt slitna. Undersök ventilsätena och åtgärda efter behov (se kapitel 5).

☐ Skruva loss fästbulten och ta bort kvarvarande motorkåpa.

☐ Dra bort remskivan från vevaxeln och ta vara på Woodruffkilen.

☐ Ta bort smuts och rost från vevaxeln, skruva loss de sju

fästbultarna och ta bort sumpen. Du kan behöva knacka försiktigt på sumpen med en mjuk hammare eller ett träblock. Notera de två styrstiften.

☐ Dra loss regulatorn/oljekastaren från änden av kamaxeln och lyft ut kamaxeln ur vevhuset.

☐ Demontera kamföljarna. Skriv upp eller märk varje följare med avgas respektive insug.

☐ Dra loss kamaxelns drivhjul från vevaxeln. Om Woodruffkilen är lös, ta bort den.

☐ Skruva loss fästbultarna och ta bort vevstakslagrets överfall.

☐ Ta bort sot längst upp i cylinderloppet med ett mjukt verktyg och tryck försiktigt upp vevstaken/kolven ut ur cylindern. Var försiktig så att du inte skadar cylinderloppet med vevstaken.

☐ Om så behövs, ta bort kolvringarna från kolven genom att försiktigt töja ut ringarna i ändarna och dra bort dem från kolven. Notera hur ringarna sitter för att underlätta hopsättningen.

☐ Ta bort låsringen och tryck ut kolvbulten ur kolven.

☐ Dra försiktigt ut vevaxeln från vevhuset.

☐ Vevaxelns oljetätningar kan nu bändas ut från vevhuset och sumpen. Notera vilken väg de sitter.

☐ Innan du tar bort regulatorns arm och spak, markera spakens position på axeln. Det är viktigt att spaken monteras tillbaka i samma läge. Ta bort spakens klämbult och dra loss spaken från axeln. Bänd loss stålklämman och ta bort regulatorns arm/axel från vevhuset.

☐ Kontrollera skicket på vevaxellagret, kamaxellagret och cylinderloppet; leta efter slitage, repor och sprickor. Om loppet är skadat, slitet, ovalt eller för stort, behövs professionell hjälp och speciell utrustning för att åtgärda det. Detsamma gäller slitna eller skadade lager. Dessa kan brotschas ur så att man kan sätta in bussningar, men särskilda brotschningsverktyg och kunskaper är väsentliga. Undersök alla gängade hål för att se om de är skadade, och reparera dem om så behövs genom att montera en gänginsats av rätt storlek (se kapitel 5).

Kapitel 7

Montera nya oljetätningar i vevhuset och oljesumpen genom att försiktigt trycka in dem med en hylsa av lämplig storlek. Tätningarna ska vara monterade med den skarpa gummikanten vänd mot motorns insida.

Montera regulatorarmen i vevhuset. Notera brickan som sitter mellan armen och vevhuset på insidan.

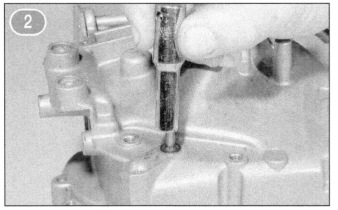

Montera en ny "push-on" klämma på armen på utsidan av vevhuset.

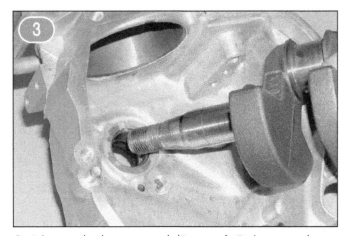

Smörj vevaxelns lagertapp och läppen på tätningen med färsk motorolja och montera vevaxeln i vevhuset, med den koniska änden först.

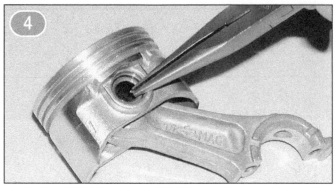

Om den har tagits bort, sätt in kolvbulten i kolven/vevstaken. Kolven ska monteras så att pilen på kronan pekar mot vevaxelns koniska ände, och den "öppna" sidan på vevstaken vänd mot kamaxellagret. Montera alltid en ny låsring. Om kolvbulten inte vill röra sig, lägg ner kolven i hett vatten i några minuter. Detta får aluminiumet att expandera och kolvbulten att glida lätt.

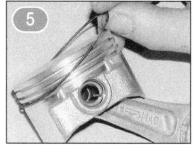

Montera kolvringarna på kolven. Oljeringen (den nedersta) ska monteras först. Töj försiktigt ut spiraldelen bara precis så mycket att den kan föras över kolven och in i sitt spår.

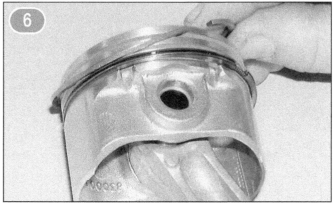

Montera sedan den andra delen av oljeringen på samma sätt. Placera den så att spiraldelen hamnar inuti den andra delen. Montera sedan kompressionsringen i det mittre spåret. Den här ringen måste monteras med den inre fasningen vänd nedåt. Montera sedan den övre kompressionsringen med den inre fasningen vänd uppåt. Varning: *Kolvringar är väldigt sköra. Om de töjs ut för mycket går de sönder.* Placera ringgapen runt kolven så att de hamnar med 120 graders mellanrum.

Smörj kolvringarna och cylinderloppet med olja.

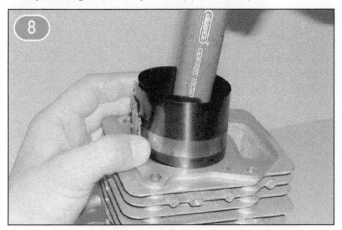

Med hjälp av en kolvringskompressor, montera kolven i cylindern genom att föra in vevstaken först. Se till att pilen på kolven pekar mot vevaxelns koniska ände, och att vevstaken inte repar cylinderväggarna. Tryck ner kolven i loppet, så att den glider ut ur kompressorn när kolvringarna går in i loppet. Om så behövs, knacka försiktigt ut kolven ur kompressorn och ner i loppet med ett hammarskaft eller liknande. Om motstånd känns, stanna upp och undersök.

Smörj olja på vevaxellagertappen och placera vevstaksänden på lagertappen.

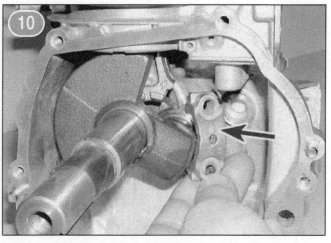

Montera vevstaksöverfallet, med pilen så att den pekar mot kolven (vid pilen), och fäst med de två bultarna. Dra åt bultarna ordentligt – det finns inga låsflikar – men dra inte åt alltför hårt. Rotera vevaxeln för att kontrollera att den kan röra sig fritt.

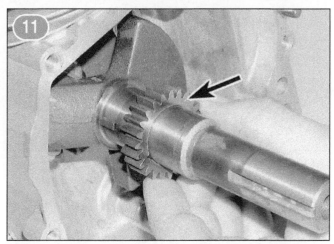

Om Woodruffkilen tagits bort, sätt tillbaka den i vevaxeln och sätt sedan på kamaxeldrevet på vevaxeln, med inställningsmärket vänt utåt (vid pilen).

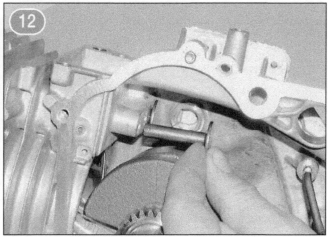

Lägg en droppe olja på kamföljarna och sätt in varje följare i samma hål som den demonterats från.

Kapitel 7

Vrid vevaxeln tills inställningsmärket på drevet (vid pilen) pekar mot mitten av kamaxellagrets hål i vevhuset (syns ej här, bakom det stora drevet). Smörj lite olja på kamaxellagertappen och montera kamaxeln. Den lilla borrade gropen i vevaxeldrevet måste vara exakt i linje med märket på kamaxeldrevet när dreven är i ingrepp. Dra runt vevaxeln två varv för att kontrollera att den rör sig som den ska.

Montera regulatorn/oljekastaren på kamaxeln. Rikta in huvudet på svängviktsenheten mot regulatorarmen.

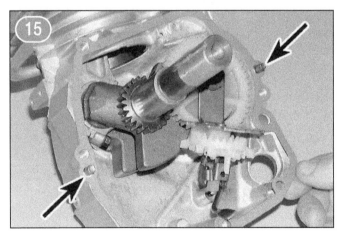

Montera en ny oljesumpspackning på vevhuset. Notera styrstiften.

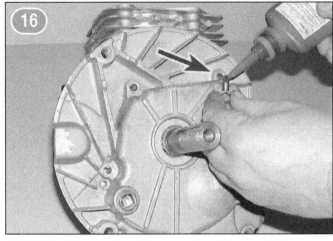

Smörj olja på vevaxeln och kamaxellagertappen. Sätt försiktigt oljesumpen på plats, se till att styrstiften på vevhuset passas in mot motsvarande hål, samt att inte oljetätningsläppen skadas under monteringen. Dra åt de sju bultarna ordentligt och lägg gänglås på den bult som skruvas in i motorns ventilationskammare (vid pilen).

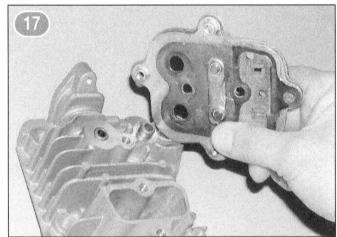

Montera vipparmarnas fästplatta på topplocket, tillsammans med en ny packning.

Skruva fast plattan med de två bultarna.

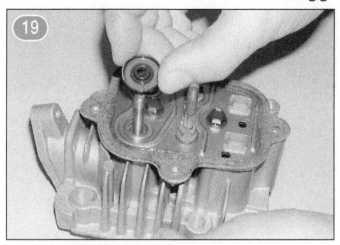

Montera ventilerna i topplocket, och ett nytt ventilsäte/ny tätning på insugsventilen.

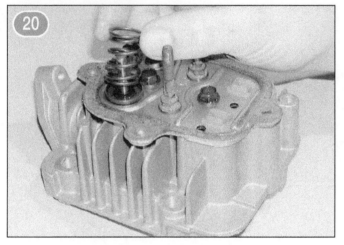

Sätt i och tryck ihop fjädrarna på respektive ventil.

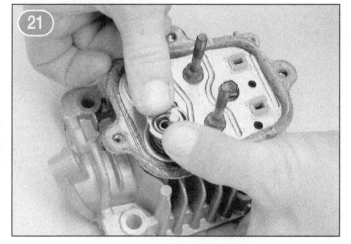

Placera ventilsätena över ventilskaften. För sätena i riktning bort från urtagen på kanterna och släpp sakta upp fjädrarna. Kontrollera att ventilskaften sätter sig ordentligt i sätena.

Montera topplocket på motorblocket med en ny packning. Packningen är inte symmetrisk och den kan därför endast sitta på ett sätt. Använd ingen fogmassa. Kontrollera att styrstiften på topplockets undersida går in i packningen och blocket ordentligt.

Sätt i de fyra topplocksbultarna och dra åt dem ordentligt i diagonal ordning.

Sätt in tryckstängerna i hålen i vipparmarnas fästplatta och kontrollera att de hamnar korrekt i kamföljarnas ändar. Förutsatt att de förs in rakt nedåt, bör ändarna av tryckstängerna hamna rätt i kamföljarna nästan automatiskt. När tryckstängerna har monterats korrekt, var mycket försiktig så att du inte rubbar de utstickande ändarna, eftersom du riskerar att de faller ner genom ett oljeavtappningshål och in i vevhuset.

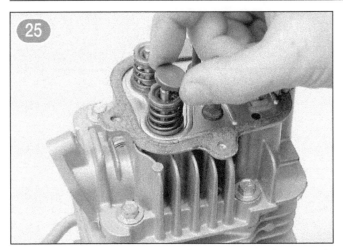

Montera kontaktplattorna. Det är viktigt att kontaktplattorna och tryckstängerna sätts tillbaka på sina ursprungliga platser.

Montera vipparmarna, de halvrunda brickorna och fästmuttrarna på sina ursprungliga platser.

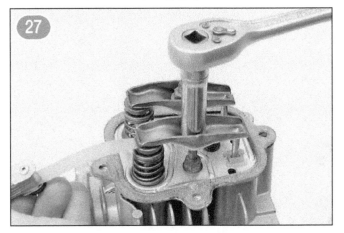

Justera ventilspelen. Detta görs genom att man vrider vipparmens fästmutter. Avgasventilens spel ska justeras när insugsventilen är helt öppen, och insugsventilens spel justeras med avgasventilen helt öppen. Vrid vevaxeln för att öppna eller stänga ventilerna. Specificerade spel anges i avsnittet *Tekniska Data* i början av kapitlet.

Sätt tillbaka vipparmskåpan med en ny packning. Dra åt de fyra bultarna ordentligt.

Montera motorblockets kåpa och dra åt bulten ordentligt.

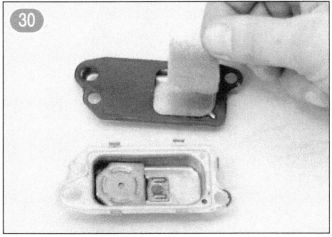

Undersök om skivventilen i vevhusventilationen är deformerad eller sprucken. Avståndet mellan ventilen och huset får inte överstiga 1,1 mm. Ventilen hålls på plats av en inre fästbygel, som kan missformas om alltför högt tryck läggs an på skivan. Om ventilen är defekt, byt ut hela vevhusventilationen.

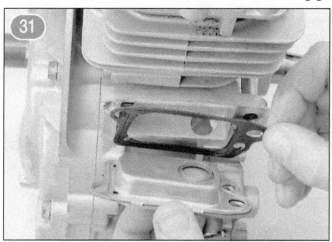

Använd en ny packning och montera vevhusventilationen med de två bultarna. Dra åt bultarna ordentligt.

Använd en ny packning och montera ventilationskammarens kåpa. Dra åt de fyra bultarna ordentligt.

Montera Woodruffkilen på vevaxeln och trä på remskivan.

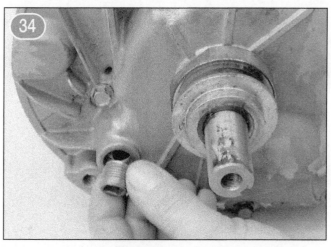

Sätt i och dra åt oljeavtappningspluggen i oljesumpen. Använd ett verktyg med 3/8" fyrkantsanslutning.

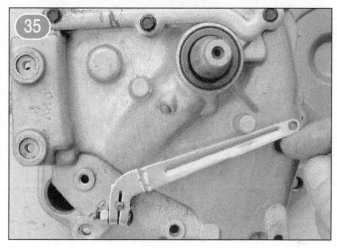

Sätt tillbaka regulatorspaken på axeln och rikta in de tidigare gjorda märkena. Dra åt klämbulten hårt. Om inriktningsmärkena har försvunnit, vrid regulatoraxeln tills armen inne i vevhuset kommer i kontakt med svängviktsenheten. Tryck sedan spaken mot stoppet och dra åt klämbulten.

Sätt svänghjulet på plats på vevaxelns koniska ände och sätt in kilen.

Montera kylflänsskivan av plast på svänghjulet; se till att styrstiften i skivan går in i motsvarande hål i svänghjulet.

Sätt fast startflänsen på vevaxeländen och sätt på fästmuttern. Dra åt muttern hårt, och håll samtidigt svänghjulet stilla genom att placera en remtång runt kanten.

Montera tändspolen. Spolen är märkt "Cylinder side" på ena sidan och "This side out" på den andra. Innan du drar åt de två fästbultarna, vrid svänghjulet så att magneterna placeras på motsatt sida mot spolen, och mät luftgapet mellan de två benen på spolens ankare och svänghjulet med bladmått. Rätt luftgap är 0,254 mm. Fästhålen i ankarbenen är avlånga. Flytta spolen tills korrekt luftgap erhålls, dra sedan åt bultarna ordentligt.

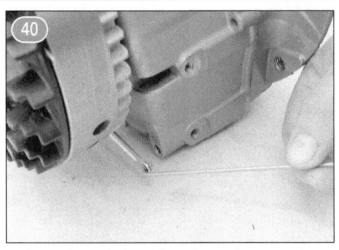

Anslut regulatorns länkage till regulatorspaken, sätt sedan tillbaka vevhuskåpan som fästs med en bult.

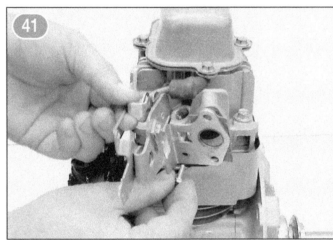

Placera en ny packning runt insugsporten och sätt tillbaka förgasarfästet/länkageplattan som fästs med en bult. Anslut jordkabeln från länkageplattan till tändspolen.

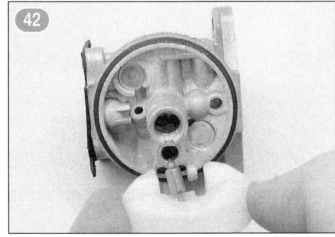

Sätt ihop förgasaren genom att placera nålventilen i hållaren i flottören och försiktigt föra enheten på plats.

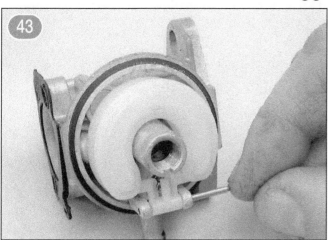

Stick in flottörstiftet. Det går inte att justera flottörhöjden.

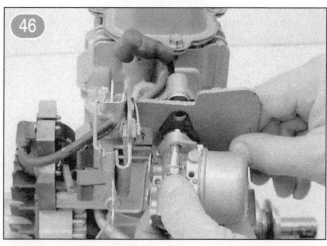

Håll värmeskölden på plats och montera förgasaren med en ny packning. Dra åt de två bultarna ordentligt.

Sätt tillbaka flottörskålen och fäst den med muttern. Dra inte åt för hårt. Notera fiberbrickan mellan muttern och flottörkammaren (vid pilen).

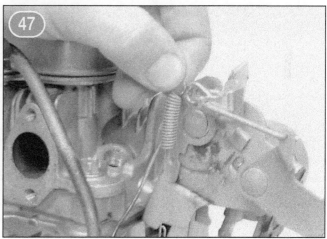

Haka i änden av regulatorlänkagets fjäder i relevant hål i länkageplattan.

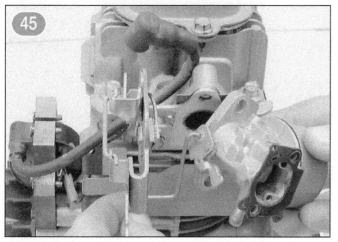

Haka i änden av regulatorlänkaget med relevant hål i förgasarens gasspjällarm.

Montera luftfilterhuset på förgasaren med en ny packning. Notera styrstiften på husets packningsyta. Dra åt de två bultarna.

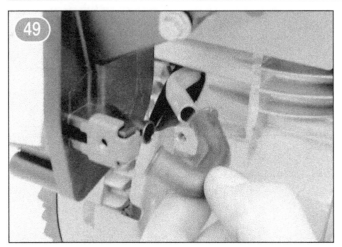

Anslut vevhusets ventilationsrör till luftfilterhuset.

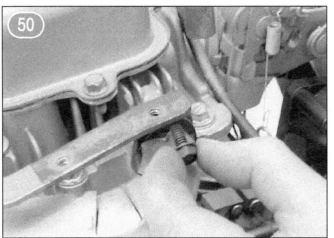

Montera avgassystemet med en ny packning. De två självgängande bultarna ska sitta i vevhuset och i sidan av topplocket, medan de andra två bultarna håller systemet till avgasporten.

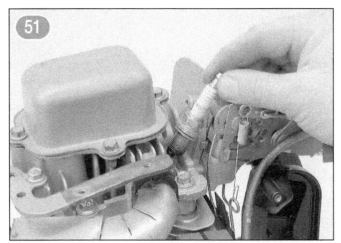

Montera tändstiftet i topplocket och anslut tändkabeln.

Sätt motorkåpan på plats och fäst med de fyra bultarna. Se till att kanten på kåpan griper i vevhuskåpan som redan har monterats.

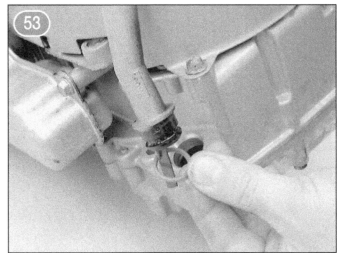

Sätt en ny O-ring längst ner på oljepåfyllningsmunstycket och fäst munstycket på plats med bulten.

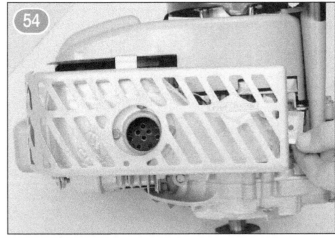

Montera avgassystemets värmesköld. Dra åt de tre bultarna ordentligt.

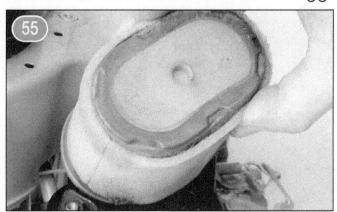

Montera luftfiltret. En sida är märkt med ordet "Top".

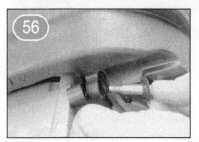

Bränsletanken fästs med fyra bultar – tre på ovansidan och en, längre bult, på undersidan. Notera distansen som sitter mellan det nedre fästet och vevhuset.

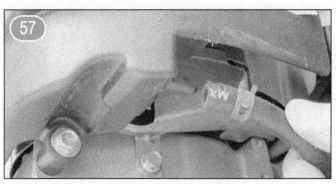

Montera bränsleröret mellan bränsletanken och förgasaren. Fäst ändarna av röret med de två klämmorna.

Ta bort bränsletankens lock och sätt på motorkåpan. Dra åt de två bultarna och sätt sedan tillbaka tanklocket.

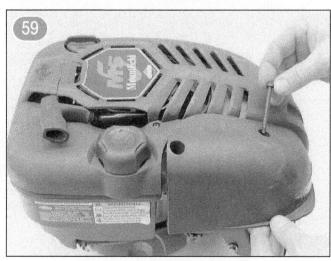

Montera luftfilterkåpan och dra åt de två bultarna. Kom ihåg att fylla motorns oljesump med rätt mängd olja av korrekt kvalitet.

Snörstart – reparation

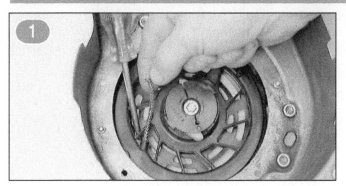

Ta bort startmekanismen/motorkåpan och dra ut startsnöret så långt det går. Lås snörets skiva i det här läget genom att sticka in en skruvmejsel (eller liknande) mellan ekrarna på skivan och genom hålen i motorkåpan.

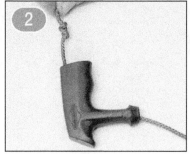

För att byta ut snöret: Där snöret går genom remskivan, klipp av knuten och dra loss snöret från startmekanismen. Mata in det nya snöret genom det yttre hålet i kåpan och hålet i remskivan. Knyt en knut. Mata den andra änden av snöret genom hålet i starthandtaget och knyt en knut även här. Spänn snöret och ta bort skruvmejseln från remskivan. Var beredd på att fjädern kan dra in snöret med en rejäl snärt. Montera tillbaka startmekanismen/motorkåpan.

Kapitel 7

För att byta ut fjädern: Där snöret går genom remskivan, knyt upp knuten och ta bort snöret från startmekanismen. Ta bort skruvmejseln från remskivan. Skruva loss den mittre bulten från spärrmekanismen och lyft upp styrplattan. Notera hur starthakarna sitter och ta sedan bort dem.

Lyft försiktigt ut remskivan och notera spåret där fjäderns ände sitter. Lyft ut fjädern.

Sätt i den nya fjädern och placera den inre änden runt klacken på kåpan.

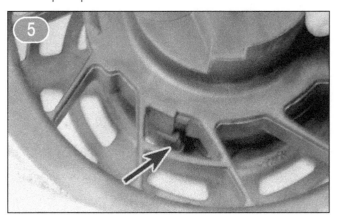

Montera remskivan och placera fjäderns yttre ände i spåret i skivan (vid pilen).

Undersök om starthakarna är skadade eller mycket slitna och sätt tillbaka dem på remskivan. Sätt tillbaka styrplattan på starthakarna och rikta in styrklackarna på starthakarna mot urtagen i styrplattans undersida. Dra åt mittbulten.

Med hjälp av en skruvmejsel (eller liknande), vrid remskivan mycket försiktigt ungefär sju hela varv och rikta in snörhålet i remskivan mot hålet i kåpan. Exakt antal varv beror på längden på snöret. Lås remskivan på plats genom att sticka in en skruvmejsel (eller liknande) genom remskivans ekrar och hålen i motorkåpan. Var ytterst försiktig när detta görs. Det kan gå ganska trögt att vrida remskivan (dra upp fjädern), och om skruvmejseln skulle halka kommer fjädern/remskivan att rotera tillbaka med våldsam kraft.

Mata snöret genom det yttre hålet i kåpan och hålet i remskivan. Knyt en knut i änden av snöret. Spänn snöret och ta bort skruvmejseln från remskivan. Var beredd på att fjädern drar in startsnöret med stor kraft. Montera sedan tillbaka startmekanismen/motorkåpan.

'Sloper' Intek motor

Briggs & Stratton Intek OHV "Sloper" motor . . .

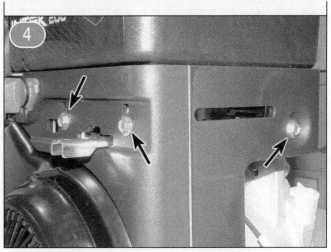

. . . skruva sedan loss skruvarna (vid pilarna) och ta bort styrreglagets kåpa.

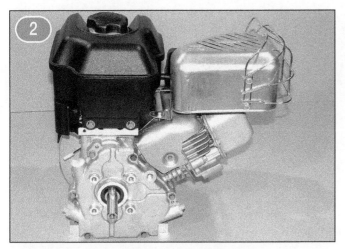

. . . är i stort sett identisk med den gamla motorn, men vevaxeln ligger horisontellt och cylindern sitter i vinkel.

Skruva loss skruven och ta bort luftfilterkåpan . . .

Kontrollera att bränslekranen är i av-läget . . .

. . . följt av luftfiltret och förfiltret.

Plattan bakom filtret sitter fast med två skruvar.

. . . och ventilmekanismen . . .

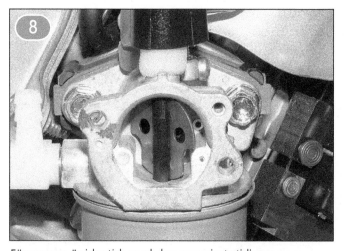

Förgasaren är identisk med den som visats tidigare. . .

. . . men vipparmskåpan har en klaffventil (vid pilen) som inte kan tas bort.

. . . och det är även tändspolen . . .

Vevhuskåpan hålls fast av sex bultar (vid pilarna).

Vevaxeln, vevstaken och kolven är identiska med delarna på den tidigare motorn . . .

. . . men regulatorenheten är ny. När vevaxelns drivna kugghjul roterar, svänger de två armarna (A) ut, och staget i mitten (B) sticker ut och trycker mot regulatorspaken.

Vid montering av vevaxeln, se till att inställningsmärkena (vid pilarna) på dreven hamnar i linje.

Notera hur regulatorns spak och länkar sitter monterade.

Regulatorfjädern måste sättas tillbaka i exakt samma läge.

Inloppets distans monteras med flänsen mot förgasaren.

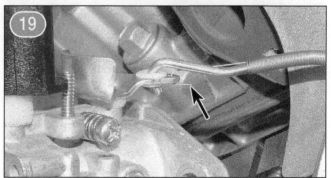

Notera den lilla fjädern (vid pilen) som sitter runt förgasarens reglagearm.

Kapitel 7

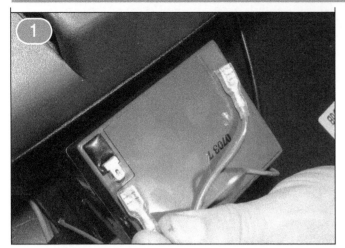

Koppla loss batteriets negativa kabel.

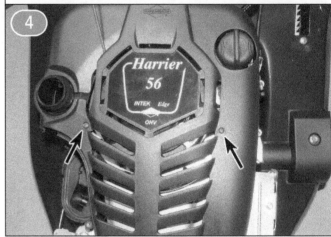

Ta bort bränslepåfyllningslocket, skruva loss de två skruvarna (vid pilarna) och ta bort plastkåpan.

Skruva loss de två bultarna och ta bort luftfilterkåpan . . .

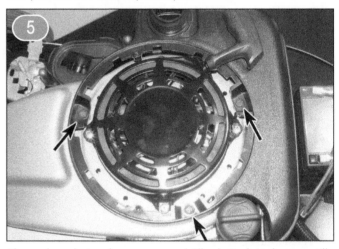

Skruva loss de tre skruvarna som håller bränsletanken upptill (vid pilarna). . .

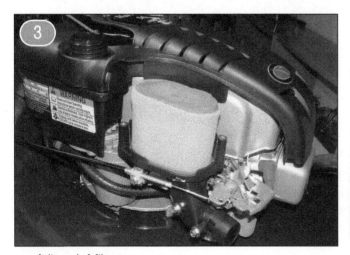

. . . följt av luftfiltret.

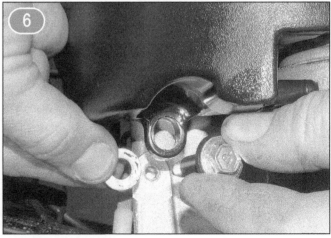

. . . och bulten i tankens nedre kant – glöm inte distansen mellan tanken och vevhuset.

Lossa klämman och koppla loss bränsleröret från tanken. Var beredd på bränslespill och plugga igen tanken eller tappa av bränslet när tanken demonteras.

För att ta isär reducerväxeln, bänd loss låsklämman . . .

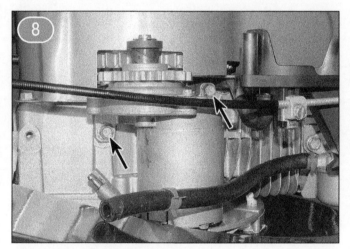

Koppla loss startmekanismens kontaktdon, skruva sedan loss de två bultarna (vid pilarna). . .

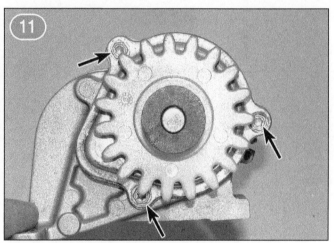

. . . skruva loss de tre bultarna (vid pilarna) som håller reducerväxelns kåpa . . .

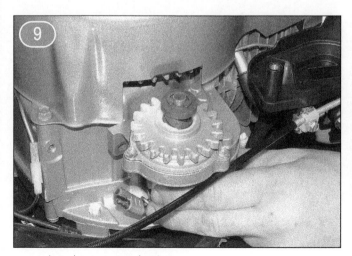

. . . och ta bort startmekanismen.

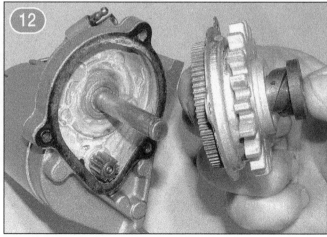

. . . och ta bort kåpan och dreven.

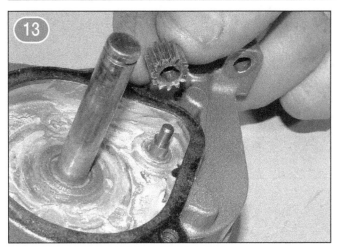

Det lilla drevets mitthål är avlångt, så att det passar över två plana ytor på motorspindeln.

. . . genom kåpan . . .

Placera filttätningen i urtaget i reduktionsdrevet.

. . . och in i reduktionsdrevet. Var försiktig så att det inte fastnar i filttätningen.

Sätt in drevet med snabbgänga genom plastdrevet . . .

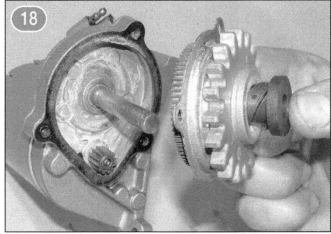

Sätt hela enheten på axeln, dra åt kåpans tre bultar, sätt på låsringen och montera tillbaka startmekanismen på motorn.

Briggs & Stratton Quantum 55 "L Head" fyrtaktsmotor

Tekniska Data	Isärtagning
Snörstart – reparation	Hopsättning
Touch-N-Mow startsystem	

Tekniska Data

Tändstift...	NGK B2LM
Tändstiftselektrodernas avstånd...................................	0,75 mm
Ventilspel (kalla):	
Insug...	0,12 till 0,17 mm
Avgas..	0,17 till 0,22 mm
Avstånd mellan tändspole och svänghjul......................	0,15 till 0,25 mm
Oljegrad..	SAE 30
Oljekapacitet...	0,6 liter
Åtdragningsmoment:	
Svänghjulsmutter...	74 Nm
Vevstaksöverfallets bultar	11 Nm
Topplock..	16 Nm

Snörstart – reparation

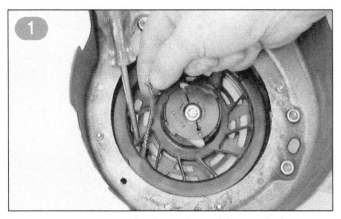

Demontera snörstartmekanismen/motorkåpan och dra ut startsnöret så långt det går. Lås snörets remskiva i detta läge genom att sticka in en skruvmejsel (eller liknande) genom ekrarna i remskivan och hålen i motorkåpan.

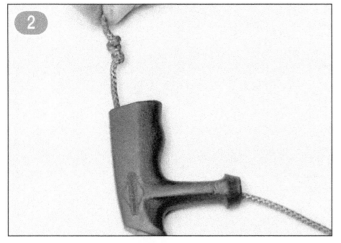

För att byta snöre: Där snöret går genom remskivan, klipp av knuten och dra bort snöret från startmekanismen. Mata det nya snöret genom det yttre hålet i kåpan och det inre hålet i remskivan. Knyt en knut. Mata sedan den andra änden av snöret genom hålet i starthandtaget och knyt en knut även här. Spänn snöret och ta bort skruvmejseln från remskivans ekrar. Var beredd på att fjädern kommer att dra in snöret med våldsam kraft. Montera startmekanismen/motorkåpan.

För att byta ut fjädern: Där snöret går genom remskivan, knyt upp knuten och dra bort snöret från startmekanismen. Ta bort skruvmejseln från remskivan. Skruva loss den mittre bulten från spärrmekanismen och lyft upp styrplattan. Notera hur starthakarna sitter och ta sedan bort dem.

Lyft försiktigt upp remskivan och notera spåret där fjäderns ände sitter. Lyft ut fjädern.

Sätt in den nya fjädern, placera den inre änden runt klacken i kåpan.

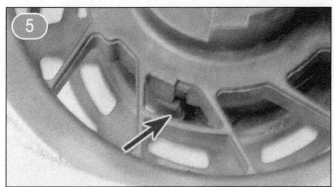

Montera remskivan, placera den yttre änden av fjädern i spåret i remskivan (vid pilen).

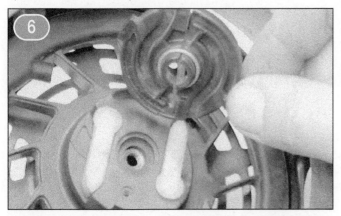

Undersök om starthakarna är skadade eller mycket slitna och sätt tillbaka dem i remskivan. Sätt styrplattan på starthakarna, se till att styrstiften på starthakarna hakar i motsvarande urtag på styrplattans undersida. Dra åt mittbulten.

Med hjälp av en skruvmejsel (eller liknande), dra runt remskivan ungefär sju hela varv och rikta in snörhålet i remskivan mot hålet i kåpan. Det exakta antalet varv beror på snörets längd. Lås remskivan i detta läge genom att sticka in en skruvmejsel (eller liknande) genom ekrarna i remskivan och hålen i motorkåpan. Var extremt försiktig när du gör detta. Det kan gå ganska trögt att dra upp fjädern, och om skruvmejseln slinter kommer remskivan/fjädern att rotera tillbaka med våldsam kraft.

Mata snöret genom det yttre hålet i kåpan och genom hålet i remskivan. Knyt en knut i änden av snöret. Spänn snöret och ta bort skruvmejseln från remskivans ekrar. Var beredd på att fjädern kommer att dra tillbaka snöret med stor kraft. Montera startmekanismen/motorkåpan.

Kapitel 8

Touch-N-Mow™ är Briggs & Stratton Corporations varumärke

Systemet 'Touch-N-Mow' använder en spänd spiralfjäder till att lagra energin från de sista motorvarven. När det är dags att starta motorn igen, använder mekanismen fjäderkraften till att rotera svänghjulet/vevaxeln och starta motorn. Innan mekanismen demonteras måste den avaktiveras.

> ⚠ **Varning!** *Det är mycket viktigt att 'Touch-N-Mow' mekanismen avaktiveras innan några reparationer utförs på den här typen av motor. Om detta inte görs kan svänghjulet/vevaxeln oväntat börja rotera med stor kraft, och följaktligen också eventuella skärblad som är anslutna!*

. . . och dra sedan utlösningsarmen utåt och bakåt med en tång.

Systemet är nu avaktiverat.

> ⚠ **Varning!** *Att dra armen utåt aktiverar startmotorn, vilket gör att svänghjulet/vevaxeln roterar – håll alla fingrar etc. ur vägen för skärbladen/svänghjulskuggarna.*

Vrid 'Touch-N-Mow' säkerhetsnyckel till det <u>olåsta</u> läget . . .

Lossa de tre klämmorna och ta bort plastkåpan som sitter över snörstarten.

. . . koppla loss tändstiftskabeln från tändstiftet . . .

Ta bort säkerhetsnyckeln. Koppla loss röret och töm bränsletanken, eller var beredd på bränslespill. Skruva loss de tre skruvarna (vid pilarna) upptill, och skruven vid den nedre, bakre kanten (som också hjälper till att hålla startmotorn) . . .

. . . och ta bort bränsletanks-/toppkåpan. Notera hur den passar över säkerhetsnyckelns axel (vid pilen).

. . . den övre kåpan . . .

Demontera luftfilterkåpan . . .

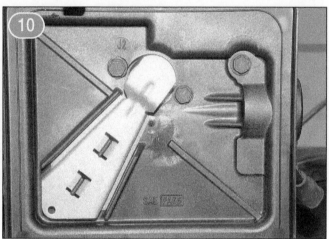

. . . och den bakre plåten.

. . . ta bort luftfiltret . . .

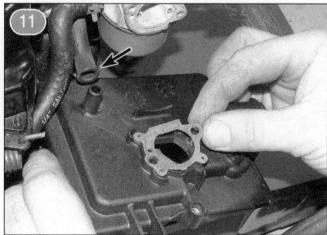

Ta vara på packningen mellan den bakre plåten och förgasaren. Observera ventilationsslangen som ansluts till den bakre plåten (vid pilen).

Lossa låsmuttrarna till startmotorns reglagevajer och dra loss vajern från fästet på startmotorn.

Man kan inte köpa reservdelar till startmekanismen. Försök inte att montera isär enheten ytterligare, eftersom det kan leda till allvarliga skador. Om enheten fallerar, byt ut den.

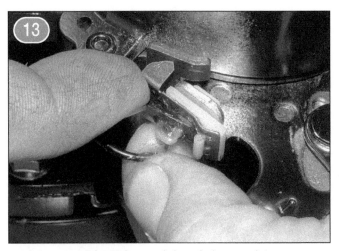

Tryck in mässingkontakten och koppla loss tändningens stoppkabel från startmekanismens hus.

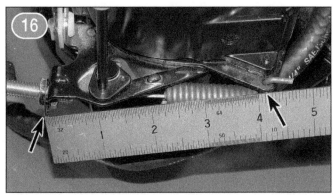

Montering sker i omvänd ordning, men det är viktigt att reglagevajern justeras korrekt. Med vajern i stoppläget (helt utdragen), ska avståndet från den bakre kanten av vajerns stödfäste till mitten av fjäderns fästhål vara minst 104,78 mm (4,125 tum) . . .

Med hjälp av en T30 Torx-bit (Briggs & Stratton del nr. 19518), lossa startmekanismens kvarvarande fästbult (vid pilen), och ta bort 'Touch-N-Mow' enheten.

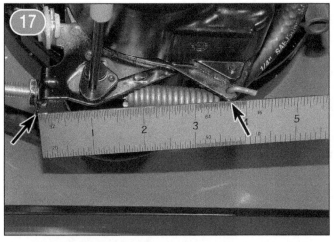

. . . och med vajern i startläget måste avståndet vara mellan, 92,07 och 95,25 mm (3,625 och 3,75 tum).

Isärtagning

Innan isärtagningen påbörjas, läs kapitel 5. De åtgärder som beskrivs där gäller alla motorer, och om instruktionerna följs metodiskt i rätt ordning, gör det både isärtagning och hopsättning enklare.

Demontera motorn från maskinen och gör sedan enligt följande:

☐ Se kapitel 2 för allmänna tips om isärtagning.

☐ Skruva loss de två bultarna och ta bort förgasarens sköld.

☐ Skruva loss fästbulten och ta bort luftfilterkåpan. Ta ut filtret.

☐ Demontera luftfilterhuset och primerpumpen. Gänglås används på de tre bultarna. Koppla loss motorns ventilationsrör från huset.

☐ Ta loss den övre plastkåpan (galler) från motorn genom att trycka ner fästklämman i urtaget i sidan av kåpan och lyfta upp den.

☐ Koppla loss bränsleröret från förgasaren till bränsletanken. Var beredd på bränslespill.

☐ För att demontera bränsletanken, skruva loss de tre fästbultarna upptill och bulten under sidan som håller tanken till vevhuset. Notera hur distansen och brickan sitter.

☐ Skruva loss bulten och ta loss oljepåfyllningsröret. Observera att det sitter en O-ring längst ner på röret.

☐ Ta bort de fyra fästbultarna och lyft bort motorkåpan/startmekanismen.

☐ Skruva loss de två fästbultarna, koppla loss tändspolens jordkabel och ta bort svänghjulsbromsen.

☐ Skruva loss de två bultarna som håller avgassystemets värmesköld.

☐ Avgassystemets två fästbultar är låsta med en bricka med flikar. Bänd upp flikarna, skruva loss bultarna och ta bort avgassystemet.

☐ Skruva loss bultarna som håller förgasaren. När förgasaren tas bort, haka loss länkstaget och fjädern från regulatorarmen.

☐ Skruva loss flottörskålens bult och ta bort flottörskålen. Var beredd på bränslespill.

☐ Tryck ut flottörens pivåstift och lyft försiktigt ut flottören med nålventilen.

☐ Undersök skicket på nålventilen och sätet; leta efter skador eller slitage (se kapitel 5). Undersök om flottörskålens O-ring är sprucken etc. Flottörskålens mutter innehåller huvudmunstycket. Kontrollera att hålen inte är igensatta. Om så behövs, rengör hålen genom att blåsa genom dem eller använda ett tunt nylonborst. Använd aldrig en nål eller ståltråd till att rengöra ett munstycke. Undersök om flottören är skadad eller läcker.

☐ Koppla loss jordkabeln från tändspolen, skruva loss de två bultarna och demontera förgasarens fäste/länkageplatta. Notera hur fiberbrickorna sitter.

☐ Demontera cylinderblockets kåpa.

☐ Demontera vevhusets kåpa.

☐ Haka loss länkstaget från regulatorarmen.

☐ Dra loss tändstiftshatten från tändstiftet, skruva loss de två bultarna och ta bort tändspolen.

☐ Muttern som håller svänghjulet till vevaxeln kan sitta väldigt hårt. För att hålla svänghjulet stilla, om tillverkarens specialverktyg inte finns till hands, placera en remtång runt svänghjulets kant och håll fast det medan muttern lossas. Du kan behöva ta hjälp av någon som håller fast motorn medan du gör detta.

☐ Demontera startapparatens fläns. Se kapitel 5, dra sedan loss svänghjulet från vevaxeln. Om du använder tillverkarens avdragare kan du behöva skära gängorna i svänghjulet. Hålen för avdragaren är tydligt markerade på svänghjulet, och bultarna i avdragaren är utformade så att de skär gängorna. Ta vara på kilen från vevaxeln.

☐ Demontera insugsgrenröret.

☐ Skruva loss de två fästbultarna och ta loss motorns vevhusventilation (som också utgör en kåpa över lyftarhuset).

☐ Ta bort ventilationskammarens kåpa – fyra bultar.

☐ Demontera tändstiftet.

☐ Med hjälp av ett handtag med en 3/8" fyrkantsanslutning, skruva loss oljesumpens plugg och tappa av oljan i en lämplig behållare.

☐ Skruva loss de åtta topplocksbultarna och lyft bort topplocket. Om så behövs, knacka försiktigt på topplocket, längs fogen, med en mjuk hammare.

Kapitel 8

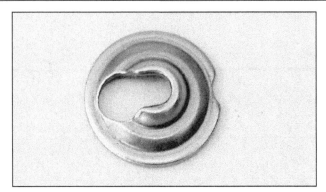

☐ Vrid avgasventilens fjäderbricka tills hacket i kanten är vänt utåt. Fjäderbrickorna har två överlappande hål, ett större än det andra. Detta gör att skaftet kan flyttas i brickan. Med hjälp av en spetstång (eller liknande), tryck ihop fjädern, flytta brickan bort från cylindern, skjut av brickan från ventilskaftets ände och ta bort ventilen. Upprepa på insugsventilen. Det är viktigt att märka komponenterna (eller lägga dem i en särskild ordning), så att de kan sättas tillbaka på sina ursprungliga platser om de ska återanvändas.

☐ Undersök om ventilstyrningarna är repiga eller kraftigt slitna. Undersök ventilsätet och renovera om så behövs (se kapitel 5).

☐ Skruva loss de sju fästbultarna och ta bort oljesumpen, som sitter på två stift i vevhusets fogyta. Man kan behöva knacka lätt på den med en mjuk hammare för att den ska lossna. Notera brickan i änden av kamaxeln.

☐ För att kunna ta bort PTO-axeln, skruva loss insexskruven från sumpens utsida. Stick in en lämplig dorn genom skruvhålet och driv bort valstappen från drevet på PTO-axeln. Ta bort fästskruven och låsplattan och dra bort axeln från sumpen.

☐ Dra bort kamaxeln och regulatorn från vevhuset. Ta vara på brickorna i ändarna av axeln. Den här enheten kan inte tas isär ytterligare.

☐ Dra ut kamföljarna. Det är viktigt att märka följarna (eller lägga dem i en särskild ordning) så att, om de ska återanvändas, de kan sättas tillbaka på sina ursprungliga platser.

☐ Kamaxeldrevet bör kunna dras bort från vevaxeln utan problem. Om Woodruffkilen (halvmåneformad) är lös, ta vara på denna.

☐ Skruva loss bultarna till vevlageröverfallet och ta bort överfallet.

☐ Ta bort sotavlagringar längst upp i cylinderloppet med ett mjukt verktyg och tryck försiktigt upp vevstaken och kolven ut ur cylindern. Var försiktig så att du inte skadar loppet med vevstaken.

☐ Ta försiktigt ut vevaxeln ur vevhuset.

☐ Vevaxelns oljetätningar kan nu bändas ut från vevhuset och sumpen. Notera vilken väg de sitter.

☐ Innan du tar bort regulatorns arm och spak, markera spakens position på axeln. Det är viktigt att spaken sätts tillbaka i exakt samma läge. Ta bort spakens klämbult och dra bort spaken från axeln. Bänd loss "push-on" klämman av stål och ta bort regulatorns arm/axel från vevhuset.

☐ Undersök skicket på vevaxellagret, kamaxellagret och cylinderloppet; leta efter slitage, repor eller sprickor. Om cylinderloppet är skadat, slitet så att det blivit ovalt eller för stort, krävs specialkunskaper och -utrustning för att det ska kunna åtgärdas. Detsamma gäller för slitna eller skadade lager. Dessa kan brotschas ur, så att bussningar (som kan köpas från reservdelsåterförsäljare), kan sättas in, men detta kräver särskilda verktyg och specialistkunskaper. Undersök alla hål för att se om gängorna är skadade, och reparera vid behov genom att sätta in insatsgängor av rätt storlek (se kapitel 2).

☐ Om så behövs, ta bort kolvringarna från kolven genom att försiktigt öppna upp ringarna i ändarna och föra upp dem från kolven. Observera vilken väg ringarna sitter, så att de kan sättas tillbaka på samma sätt.

☐ Ta bort låsringen och tryck sedan ut kolvbulten från kolven.

Hopsättning

Montera nya oljetätningar i vevhuset och oljesumpen genom att försiktigt trycka in dem på plats med en hylsa av korrekt storlek. Tätningarna ska monteras med den skarpa gummikanten vänd mot motorns insida.

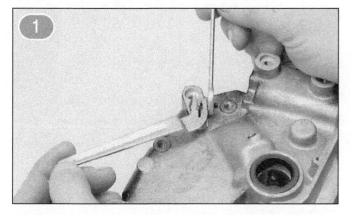

Montera regulatorarmen i vevhuset. Notera brickan som sitter mellan armen och vevhuset på insidan. Sätt en ny "push-on" klämma på utsidan av vevhuset. Rikta in det tidigare gjorda märket och montera regulatorspaken. Dra åt klämbulten.

Smörj läppen på vevhusets oljetätning med ny motorolja och montera vevaxeln i vevhuset, med den koniska änden först.

Om kolvbulten hade tagits bort, sätt tillbaka denna i kolven/vevstaken. Kolven ska monteras med hacket i kronan vänt mot vevaxelns koniska ände, och den "öppna" sidan av vevstaken mot kamaxellagret. Om kolvbulten inte vill röra sig, lägg ner kolven i hett vatten i några minuter. Detta får aluminiumet att expandera och kolvbulten att glida lättare.

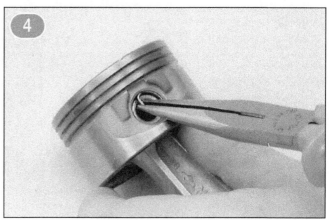

Använd alltid en ny låsring.

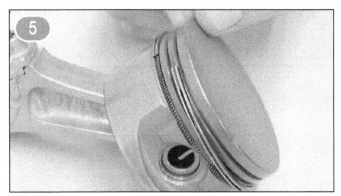

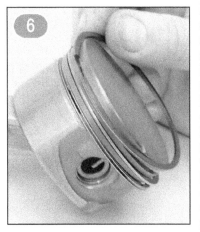

Montera kolvringarna på kolven. Oljeringen (den nedersta) ska monteras först. Öppna försiktigt upp spiraldelen bara precis så mycket att den kan föras ner över kolven och in i spåret.

Montera den andra delen av oljeringen på samma sätt. Placera den så att spiraldelen hamnar inuti den andra delen. Montera sedan kompressionsringen i det mittersta spåret. Den här ringen måste monteras med fasningen vänd nedåt. Den övre kompressionsringen har en symmetrisk profil. Om någon ring är märkt med en liten prick, montera då ringen med denna sida vänd uppåt.

Försiktighet: *Kolvringar är mycket sköra. Om de töjs ut för mycket går de sönder.* Placera de tre ringgapen så att de hamnar med 120° mellanrum runt kolven.

Smörj kolvringarna och cylinderloppet med olja. Med hjälp av en kolvringskompressor, montera sedan kolven i loppet uppifrån genom att mata ner vevstaken först. Se till att hacket i kolvkronan pekar mot vevaxelns koniska ände, och att vevstaken inte skrapar cylinderväggarna. Tryck in kolven i loppet, så att den glider ut ur kompressorn när ringarna går in i loppet. Om så behövs, knacka försiktigt ut kolven ur kompressorn och in i loppet med ett hammarskaft eller liknande. Stanna dock upp och undersök saken om du stöter på oväntat motstånd.

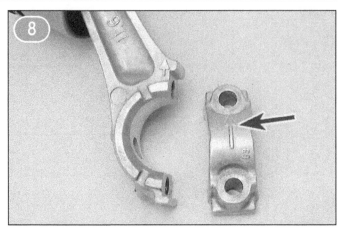

Smörj lite olja på vevaxellagertappen och placera vevstakens ände på lagertappen. Montera överfallet så att pilen pekar mot kolven (vid pilen).

Om du har en momentnyckel, dra åt bultarna till det moment som anges i Tekniska Data. Om inte, dra åt bultarna ordentligt, men inte alltför hårt. Rotera vevaxeln för att kontrollera att den kan röra sig fritt.

Om Woodruffkilen har tagits bort, sätt tillbaka den på vevaxeln. Sätt sedan kamaxeldrevet på vevaxeln med inställningsmärket vänt utåt (vid pilen).

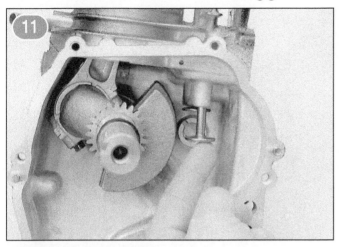

Lägg lite olja på kamföljarna och sätt sedan in varje kamföljare i samma hål som den tagits ut från.

Vrid vevaxeln tills inställningsmärket pekar mot mitten av kamaxellagrets hål i vevhuset. Smörj lite olja på kamaxellagertappen och montera kamaxeln med relevanta brickor/shims i var ände. Den lilla inställningsgropen som är borrad i kamaxeldrevet måste vara exakt i linje med märket på drevet på vevaxeln när de två dreven går i ingrepp. Rotera vevaxeln två varv för att kontrollera att rörelsen är korrekt. Rikta in regulatorns huvud mot armen.

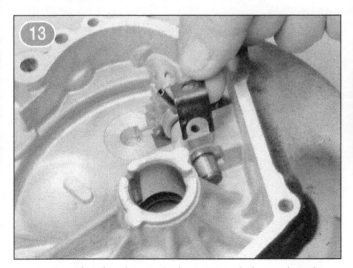

Om PTO-axelns drev har tagits bort, sätt på detta på axeln när den sätts in i sumpen. Sätt på låsplattan och dra åt fästbulten ordentligt.

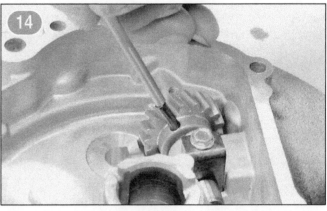

Rikta in hålen i PTO-axeln och drevet mot varandra, och driv in en ny valstapp i drevet tills den går jäms med kanten. Sätt in insexskruven i hålet i sumpen.

Placera den nya packningen över styrstiften i vevhusets packningsyta. Montera oljesumpen och dra åt de sju fästbultarna ordentligt. Lägg gänglåsvätska på bulten som går in i ventilationskammaren (vid pilen). Sätt tillbaka pluggen i sumpen.

Innan du monterar ventilfjädrarna, vrid vevaxeln tills kolven är i ÖD i kompressionstakten. Fortsätt att vrida vevaxeln sakta tills kolven har flyttat sig nedåt i loppet ungefär 6 mm. Sätt in ventilerna i respektive styrning och, med hjälp av kapitel 5, kontrollera båda ventilspelen. Spelen anges i avsnittet *Tekniska Data*. När korrekt ventilspel har erhållits, ta bort ventilerna igen.

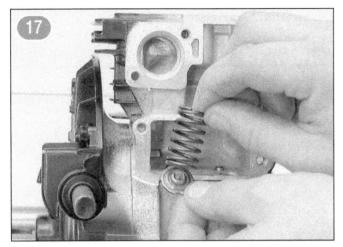

Sätt avgasventilens fjäder och bricka på plats i ventilhuset. Se till att hacket i kanten av brickan är vänt utåt.

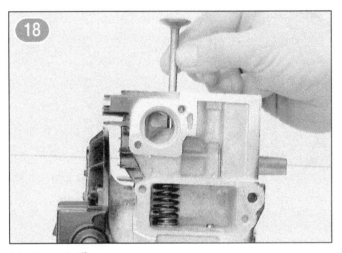

Montera ventilen.

Med hjälp av en spetstång (eller liknande), tryck ihop fjädern, för brickan över ventilskaftets ände och flytta in brickan mot cylindern. Släpp ut fjädern sakta och kontrollera att brickan sätter sig ordentligt på ventilskaftets ände. Upprepa för insugsventilen.

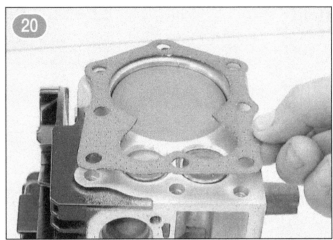

Lägg den nya topplockspackningen på plats – den passar bara på ett sätt. Använd ingen fogmassa.

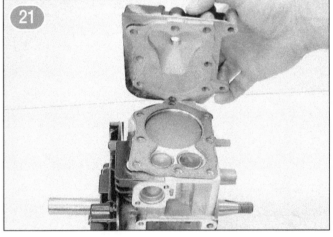

Montera topplocket och dra åt de åtta fästbultarna jämnt, i diagonal ordning, till det åtdragningsmoment som anges i *Tekniska Data*.

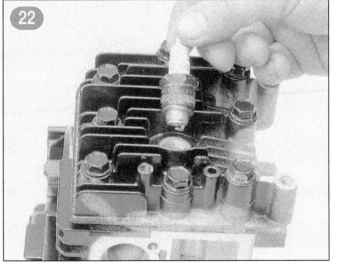

Montera tändstiftet.

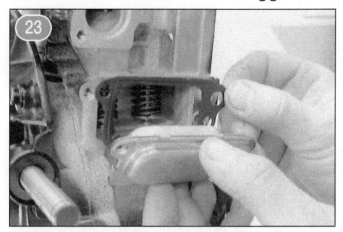

Undersök om skivventilen i vevhusventilationen är sprucken eller deformerad. Avståndet mellan skivventilen och huset får inte vara överskrida 1,1 mm. Ventilen hålls på plats av en inre fästbygel, som deformeras om alltför högt tryck läggs an på skivan. Om ventilen är defekt, byt ut vevhusventilationen. Byt ut packningen och sätt tillbaka vevhusventilationen med de två bultarna. Dra åt bultarna.

Sätt tillbaka ventilationskammarens kåpa med en ny packning. Dra åt de fyra bultarna ordentligt.

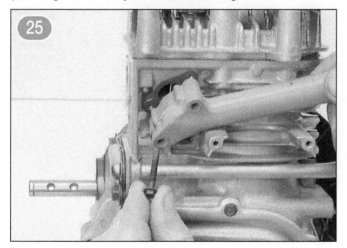

Montera insugsgrenröret med en ny packning.

Placera svänghjulet på vevaxelns koniska ände och sätt in kilen.

Montera startflänsen över änden på vevaxeln och sätt på fästmuttern. Dra åt muttern till det moment som anges i *Tekniska Data*. Håll svänghjulet stilla med hjälp av en remtång runt dess kant. Du kan behöva ta hjälp av någon som kan hålla i motorn.

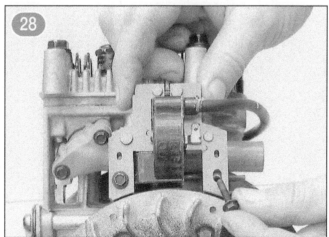

Montera tändspolen. Spolen är märkt "Cylinder side" på en sida och "This side out" på den andra.

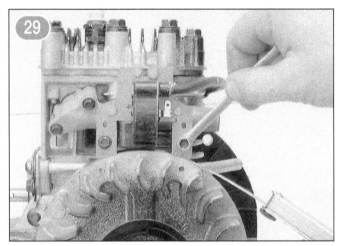

Innan du drar åt de två fästbultarna, vrid svänghjulet så att magneterna hamnar på motsatt sida mot spolen, och använd bladmått till att mäta luftgapet mellan benen på spolen och svänghjulet. Korrekt luftgap anges i *Tekniska Data*. Fästhålen i benen är avlånga; flytta spolen tills korrekt luftgap erhålls. Dra åt bultarna ordentligt. Sätt tillbaka tändstiftshatten på tändstiftet.

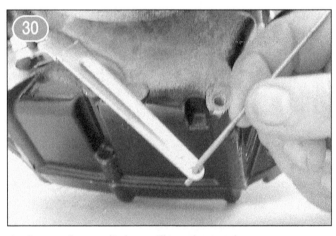

Anslut regulatorns länkage till regulatorspaken.

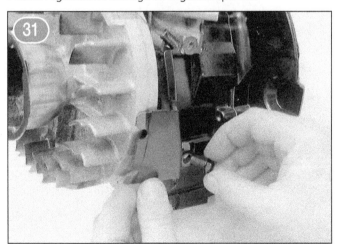

Montera vevhusets kåpa och fäst med bulten.

Montera motorblockets kåpa, som också fästs med en enda bult.

Med fiberbrickorna på rätt platser, montera förgasarens fäste/länkageplatta. Se till att tändkabeln dras under plattan. Anslut jordkabeln till tändspolen. Mata den andra kabeln bakom spolen, under ventilationsröret till svänghjulsbromsens fästplats.

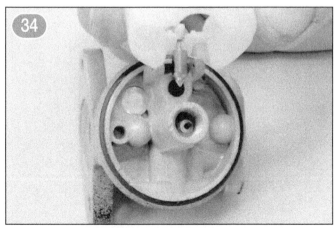

Montera ihop förgasaren genom att sätta in nålventilen i hållaren i flottören och försiktigt sänka ned enheten på plats.

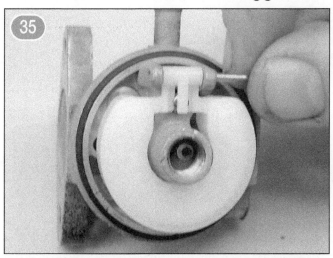

Stick in flottörens pivåstift. Man kan inte justera flottörens höjd.

Använd en ny O-ring (vid pilen) och montera förgasaren. Dra åt de två skruvarna ordentligt.

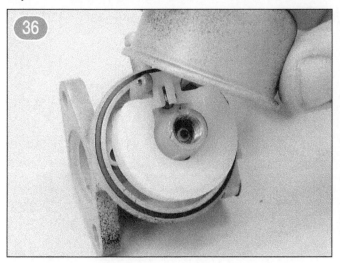

Montera flottörskålen och fäst med bulten. Dra inte åt bulten för hårt.

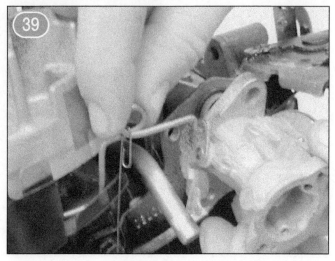

Haka i änden av regulatorlänkaget i gasspjällarmen.

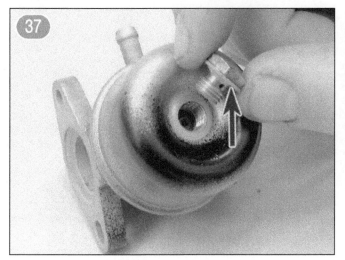

Notera fiberbrickan mellan bulten och flottörkammaren (vid pilen).

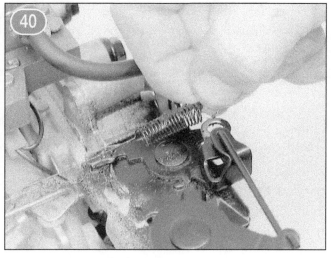

Anslut regulatorlänkagets fjäder.

Kapitel 8

Montera avgassystemet och dra åt de två fästbultarna.

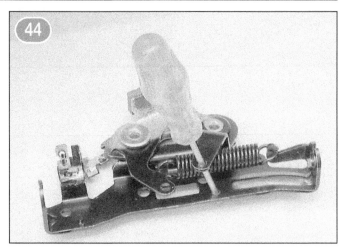

För att kunna montera svänghjulsbromsen måste man dra ut bromsfjädern. Dra isär bromsarmarna och stick in en skruvmejsel genom hålen i fästbyglarna.

Böj upp flikarna på låsbrickan för att låsa fast bultarna.

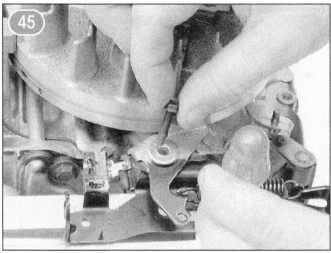

Sätt enheten på plats och dra åt de två fästbultarna. Ta bort skruvmejseln.

Montera avgassystemets sköld och dra åt de två fästbultarna ordentligt.

Anslut tändspolens jordkabel.

Montera motorkåpan/startmekanismen. Innan du drar åt de fyra fästbultarna, se till att kåpans kant hakar i vevhuskåpan som redan har monterats.

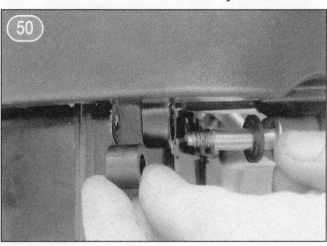

Notera distansen som sitter mellan den nedre fästbygeln och vevhuset, och brickan som sitter under bultskallen.

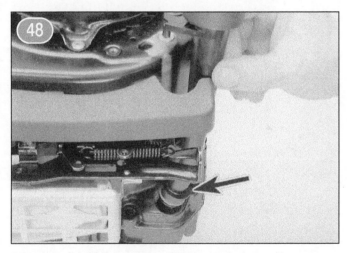

Montera oljepåfyllningsröret. Observera O-ringen längst ner (vid pilen).

Återanslut bränsleröret mellan bränsletanken och förgasaren. Fäst ändarna på röret med de två klämmorna.

Bränsletanken hålls fast av fyra bultar. Tre på ovansidan och en längre bult på undersidan.

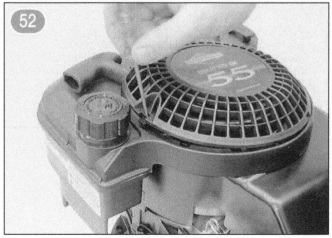

Montera plastkåpan.

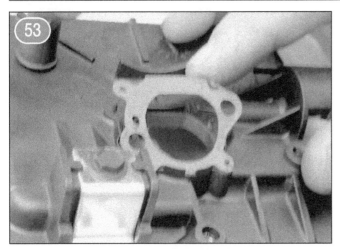

Använd en ny packning och lägg låsvätska på de tre
fästbultarna, montera huset på förgasaren . . .

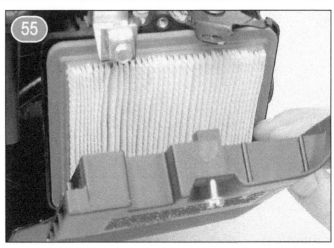

Montera luftfiltret och kåpan. Dra åt fästbulten ordentligt.

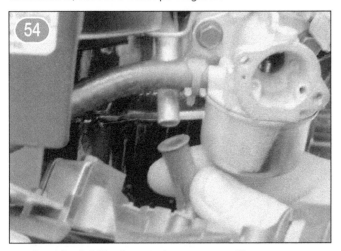

...och anslut luftfilterhuset/primerpumpen till motorns
ventilationsrör.

Sätt tillbaka förgasarskölden och fäst den med de två
bultarna.
   Kom i håg att fylla på oljesumpen med rätt mängd olja av
korrekt grad.

Briggs & Stratton I/C "L Head" 5 hk motor med horisontell vevaxel

Tekniska data	Hopsättning
Isärtagning	Startmekanism – reparation

Tekniska Data

Ventilspel (kalla):

Insug	0,13 till 0,18 mm
Avgas	0,23 till 0,28 mm
Tändstiftstyp	NGK B2LM
Tändstiftens elektrodavstånd	0,75 mm
Vevaxelns axialspel	0,05 till 0,20 mm
Avstånd mellan tändspole och svänghjul	0,254 till 0,355 mm

Kolvringsgap:

Kompressionsringar	0,80 mm max
Oljekontrollring	1,14 mm max
Oljegrad	SAE 30, SAE 10W–30
Oljekapacitet	0,62 liter

Åtdragningsmoment:

Vevstaksöverfallets bultar	11 Nm
Topplocksbultar	16 Nm
Svänghjulsmutter	88 Nm
Vevhusets ändkåpa, bultar	10 Nm

Kapitel 9

Isärtagning

Innan isärtagningen påbörjas, läs kapitel 5. De åtgärder som beskrivs där gäller alla motorer, och om instruktionerna följs metodiskt i rätt ordning, gör det både isärtagning och hopsättning enklare.

☐ Skruva loss de två bultarna och ta bort luftfilterkåpan. Lyft ut filtret.

☐ Demontera luftfilterhuset.

☐ Motorkåpan/startmekanismen sitter fast med fyra bultar. Två uppe på och en på var sida längst ner på vevhuset. Ta bort kåpan.

☐ Bänd upp flikarna på låsbrickan och skruva loss avgassystemets bultar. Ta bort systemet.

☐ Lossa Torxskruven som håller förgasaren till bränsletanken så mycket att motorns ventilationsrör kan kopplas loss och lyftas bort.

☐ Skruva loss de två Torxskruvarna och ta bort fjärreglagepanelen. Koppla loss länkaget och tändspolens jordkabel när panelen tas bort.

☐ Koppla loss tändspolens jordkabel under bränsletanken genom att skruva loss fästmuttern.

☐ Demontera förgasaren och bränsletanken tillsammans. Två bultar håller förgasaren till topplocket och en, under bränsletanken, håller tanken till vevhuset. När enheten tas bort, ta vara på värmeskölden, koppla loss länkaget mellan regulatorarmen och gasspjället, och fjädern mellan regulatorarmen och pivåplattan.

☐ För att separera förgasaren från bränsletanken, skruva loss Torxskruvarna och haka loss gasspjällänkaget. Lyft bort förgasaren från tanken. Var beredd på läckage.

☐ Ta bort det tunna nätet som sitter över huvudmunstycket och rengör det vid behov. För att komma åt pilotmunstycket för rengöring, lossa kåpans mässingsskruv.

☐ Undersök om silen längst ner i bränsle pick-up röret är skadad eller smutsig. Silen är ömtålig, så borsta eller gnugga inte på den.

☐ Bränslepumpen sitter ihop med förgasaren. Skruva loss de fyra Torxskruvarna, ta bort kåpan, membranet, skålen och fjädern. Kontrollera om delarna är smutsiga eller om membranet är skadat.

☐ Skruva loss tändspolens två fästbultar, koppla loss tändstiftshatten från stiftet och ta bort spolen. Notera hur deflektorplattan sitter på plats på haken på spolens ankare.

☐ Muttern som håller svänghjulet till vevaxeln kan sitta mycket hårt. Svänghjulet måste hållas stilla, och om inte tillverkarens särskilda verktyg finns till hands, använd en remtång runt svänghjulets kant medan muttern lossas. Du kan behöva hjälp med att hålla motorn stilla.

☐ Demontera startmekanismens fläns och gallret.

☐ För att ta bort svänghjulet, knacka på dess baksida med en mjuk hammare samtidigt som du drar bort det från vevhuset. Knacka inte på aluminiumdelen eller på magneterna på svänghjulet. Ta vara på kilen från vevaxeln.

☐ Skruva loss de två bultarna och ta bort vevhusets kåpa.

☐ För att ta bort motorblockets kåpa, skruva loss de tre topplocksbultarna och bulten på sidan av motorblocket.

☐ Skruva loss de kvarvarande fem bultarna och lyft bort topplocket. Notera att de tre bultarna runt avgasventilen är något längre än de andra.

☐ Skruva loss de två fästbultarna och bänd loss lyftarhusets kåpa/vevhusventilationen.

☐ Vrid avgasventilfjäderns bricka tills hacket i kanten är vänt utåt. Fjäderbrickorna har två överlappande hål, ett större än det andra. Detta gör att ventilskaftet kan glida i brickan. Med hjälp av en spetstång (eller liknande), tryck ihop fjädern, flytta brickan bort från cylindern, skjut av brickan från änden av ventilskaftet och ta bort ventilen. Upprepa för insugsventilen. Det är viktigt att märka delarna (eller lägga dem i en särskild ordning) så att, om de ska återanvändas, de kan sättas tillbaka på sina ursprungliga platser.

☐ Undersök om ventilstyrningarna är repiga eller kraftigt slitna. Undersök ventilsätena och renovera efter behov (se kapitel 5).

☐ Med hjälp av ett verktyg med 3/8" fyrkantsanslutning, lossa oljesumpens plugg och tappa av motoroljan i en lämplig behållare.

☐ Ta bort all rost och smuts från vevaxeln. Skruva loss de sex fästbultarna och ta bort vevhusets ändkåpa.

☐ Om så behövs kan regulatorskålens enhet dras loss från ändkåpan.

☐ Skruva loss vevstaksöverfallets bultar. Ta vara på oljekastaren och lageröverfallet.

☐ Ta bort sotavlagringar längst upp i loppet med ett mjukt verktyg och tryck försiktigt upp vevstaken och kolven ur cylindern. Var försiktig så att du inte skadar cylinderväggarna med vevstaken. Om så behövs, ta bort kolvringarna från kolven genom att försiktigt öppna upp ringarna i ändarna och föra upp dem över kolven. Notera vilken väg ringarna sitter monterade. Ta bort låsringen och tryck ut kolvbulten från kolven.

☐ Rikta in inställningsmärket på vevaxelns motvikt med borrningen på kamaxeldrevet och dra ut vevaxeln och kamaxeln tillsammans.

☐ Dra ut kamföljarna. Det är viktigt att märka upp (eller lägga i särskild ordning) följarna så att, om de ska återanvändas, de kan sättas tillbaka på sina ursprungliga platser.

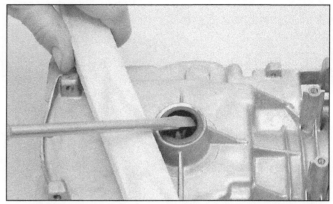

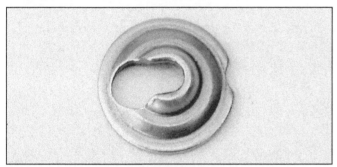

☐ Om du behöver ta loss regulatorspaken från axeln, markera spakens läge på axeln innan du lossar klämbulten. Dra ut "R-klämman" och ta ut regulatoraxeln från vevhuset.

☐ Om så behövs, bänd ut vevhusets och ändkåpans oljetätningar. Notera vilken väg de sitter.

☐ Undersök skicket på vevaxellagret, kamaxellagret och cylinderloppet; leta efter slitage, repor eller sprickor. Om cylinderloppet är skadat, slitet så att det blivit ovalt eller för stort, krävs specialkunskaper och -utrustning för att det ska kunna åtgärdas. Detsamma gäller för slitna eller skadade lager. Dessa kan brotschas ur, så att bussningar (som kan köpas från reservdelsåterförsäljare) kan sättas in, men detta kräver särskilda verktyg och kunskaper. Undersök alla hål för att se om gängorna är skadade, och reparera vid behov genom att sätta in insatsgängor (se kapitel 2).

☐ Om vevaxelns kullager på utloppssidan behöver bytas behövs en lagerpress, eftersom lagret har presspassning på axeln. För att montera ett nytt lager, sänk ner lagret i 120°C varm olja. Vidta alla nödvändiga säkerhetsåtgärder för att skydda dig mot oljestänk. Kläm fast vevaxeln i ett skruvstäd med mjuka käftar, skjut på lagret på axeln med sköldsidan vänd inåt. När lagret svalnar drar det åt om lagertappen. Kyl inte av lagret genom att doppa det i vatten.

Hopsättning

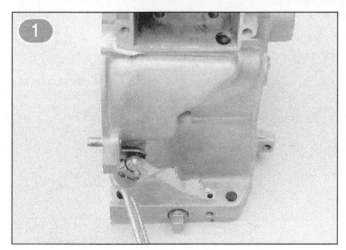

Om regulatorarmen har tagits bort, sätt tillbaka denna i vevhuset och lås med "R-klämman". Sätt tillbaka regulatorspaken på armen med hjälp av tidigare gjorda märken. Dra åt klämbulten.

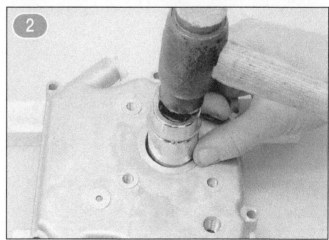

Montera nya oljetätningar i vevhuset och oljesumpen genom att försiktigt trycka in dem på plats med en hylsa av lämplig storlek. Tätningarna ska monteras med den skarpa gummikanten vänd mot motorns insida.

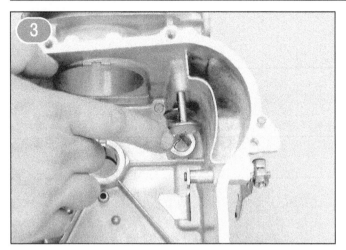

Montera tillbaka kamföljarna i sina respektive hål. Lite fett kan hjälpa till att hålla följarna på plats.

Olja kamaxel- och vevaxellagertapparna. Vevaxeln och kamaxeln måste sättas in tillsammans. Innan axlarna förs in i vevhuset, haka ihop drevet på vevaxeln med drevet på kamaxeln och rikta in inställningsmärkena mot varandra. Montera sedan axlarna i vevhuset.

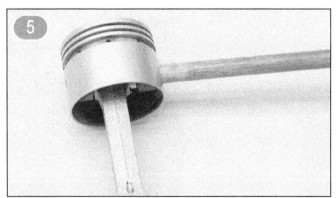

Om kolvbulten har tagits bort, sätt tillbaka den i kolven/vevstaken. Om kolvbulten kärvar, lägg ner kolven i hett vatten i några minuter. Detta får aluminiumet att expandera och kolvbulten att glida lätt.

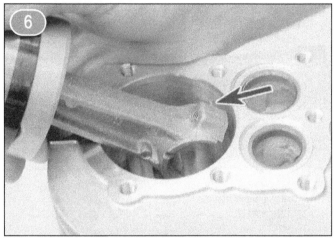

Kolven monteras med låsringsspåret vänt mot vevaxelns koniska ände och vevstaken med den gjutna klacken (vid pilen) vänd mot kamaxellagret.

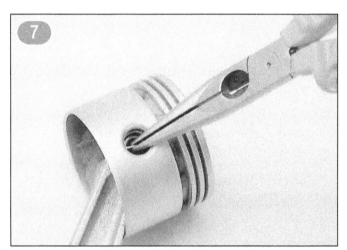

Montera alltid en ny låsring i kolven.

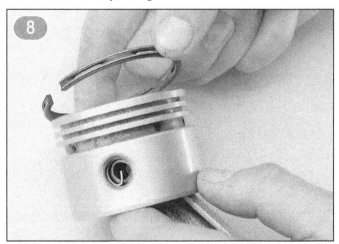

Montera kolvringarna på kolven. Oljeringen (den nedersta) ska monteras först. Töj försiktigt ut ringen precis så mycket att den kan föras ned över kolven och in i spåret. Oljeringen har en symmetrisk profil.

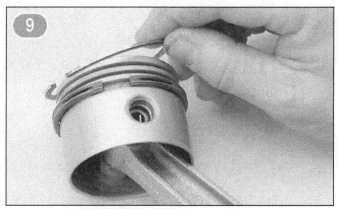

Montera sedan kompressionsringen i det mittersta spåret. Ringen måste monteras med urholkningen vänd nedåt. Den översta kompressionsringen är symmetrisk. Om ringarna är märkta med en prick, måste ringen dock monteras med denna märkning vänd uppåt. **Försiktighet:** *Kolvringar är mycket sköra. Om de töjs ut för mycket går de sönder.* Placera de tre ringarnas ändgap så att de hamnar runt kolven med 120° mellanrum.

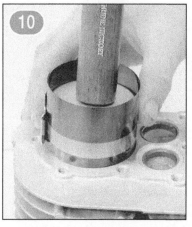

Smörj kolvringarna och cylinderloppet med olja. Med hjälp av en kolvringskompressor, montera kolven i cylindern genom att föra ner vevstaken först. Se till att inte skrapa cylinderloppet med vevstaken. Pressa ner kolven i cylindern, ut ur kompressorn allt eftersom ringarna går in i cylindern. Om så behövs, knacka försiktigt ut kolven ur kompressorn och in i cylindern med ett hammarskaft eller liknande, men om du stöter på oväntat motstånd, stanna upp och undersök saken.

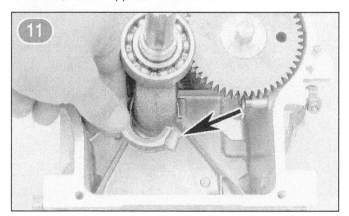

Smörj lite olja på vevaxellagertappen och placera vevstaksänden på lagertappen. Montera överfallet med den gjutna klacken (vid pilen) mot kamaxeln.

Montera oljekastaren och, om du har en momentnyckel, dra åt bultarna till det moment som anges i *Tekniska Data* (vevstaksöverfallets bultar). Om inte, dra åt bultarna ordentligt, men inte alltför hårt. Rotera vevaxeln för att kontrollera att den kran röra sig fritt.

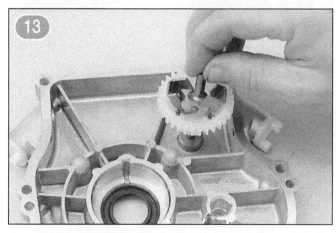

Om de tagits bort, tryck fast brickan och regulatorns skålade drev på dess axel på insidan av vevhusets ändkåpa.

Smörj ramlagrets kulbana med rikligt med fett. Lägg en ny packning på plats över styrstiften och montera vevhusets ändkåpa. När kåpan sätts på stiften kan man behöva rotera regulatorns drev för att få det att gå i ingrepp med kamaxeldrevet.

Dra åt bultarna till ändkåpan, jämnt och i diagonal ordning, till det moment som anges i *Tekniska Data*. Kontrollera att vevaxelns axialspel är inom angivna gränser. Om spelet är mindre än angiven minimigräns, måste en extra papperspackning läggas under vevhusets ändkåpa. Om spelet överstiger den övre gränsen, måste man montera en särskild tryckbricka på vevaxeln, mellan ramlagret och det drev som driver kamaxeln.

Innan du monterar ventilfjädrarna, vrid vevaxeln tills kolven är i ÖD i kompressionstakten. Fortsätt sedan att vrida vevaxeln långsamt tills kolven har flyttat sig nedåt i loppet ungefär 6 mm. Sätt in ventilerna i respektive styrning och, med hänvisning till kapitel 4, kontrollera ventilspelen. Korrekt spel anges i *Tekniska Data*. När korrekt spel har erhållits, ta bort ventilerna igen.

Sätt insugsventilens fjäder och bricka på plats i ventilhuset. Se till att hacket i brickan är vänt utåt. Sätt tillbaka ventilerna.

Med hjälp av en spetstång (eller liknande), tryck ihop ventilfjädern, för brickan över änden av ventilskaftet och flytta brickan mot cylindern. Släpp fjädern långsamt och kontrollera att brickan har satt sig som den ska på ventilskaftet. Upprepa proceduren för avgasventilen. Notera att ett fjädersäte ska placeras i toppen av avgasventilfjädern.

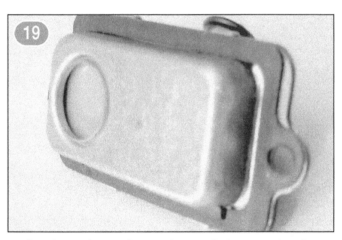

Undersök om skivventilen i vevhusventilationen är sprucken eller deformerad. Avståndet mellan skivventilen och huset får inte överskrida 1,1 mm. Ventilen hålls på plats av en inre fästbygel, som deformeras om alltför högt tryck läggs an på skivan. Om ventilen är defekt, byt ut vevhusventilationen. Byt ut packningen och sätt tillbaka vevhusventilationen/kåpan med de två bultarna. Dra åt bultarna.

Lägg den nya topplockspackningen på plats. Den går bara att montera på ett sätt på grund av hålens placering. Använd ingen fogmassa.

Montera topplocket och kåpan.

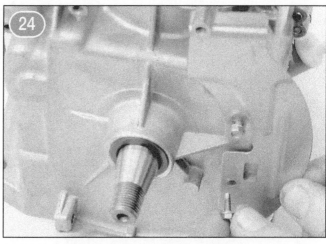

Montera vevhusets kåpa och fäst den med de två bultarna.

De tre långa bultarna (vid pilarna) ska sitta i hålen runt avgasventilen. Bulten med förlängning ska sitta enligt bilden. Dra åt topplocksbultarna jämnt, i diagonal ordning, till det moment som anges i *Tekniska Data*.

Montera svänghjulet på vevaxelns koniska ände och sätt i kilen i kilspåret.

Dra åt bulten som håller motorblockets kåpa.

Montera svänghjulets nät och startapparatens fläns, dra sedan åt svänghjulsmuttern till det moment som anges i *Tekniska Data*. Lägg en remtång runt kanten på svänghjulet för att hålla det stilla. Du behöver ta hjälp av någon som kan hålla motorn stilla.

Kapitel 9

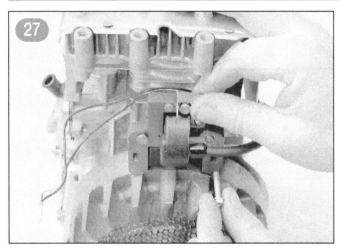

Montera tändspolen. Spolen är märkt "Cylinder side" på en sida, och "This side out" på den andra.

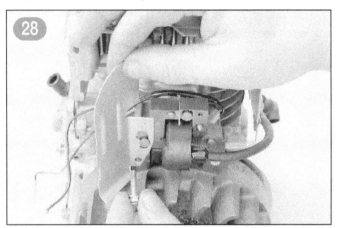

Montera deflektorplattan på dess fästhake på ankaret.

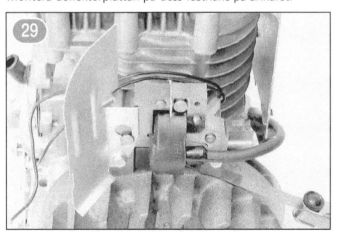

Innan du drar åt de två fästbultarna, vrid svänghjulet så att magneterna hamnar på motsatt sida mot tändspolen, och använd bladmått till att mäta avståndet mellan de två benen på spolen och svänghjulet. Korrekt luftgap anges i *Tekniska Data*. Fästhålen i benen är avlånga; flytta spolen tills korrekt gap erhålls. Dra åt bultarna ordentligt. Sätt tillbaka tändstiftshatten på tändstiftet.

Montera bränslepumpens fjäder, skål och membran på förgasaren. Fäst kåpan med de fyra torxskruvarna.

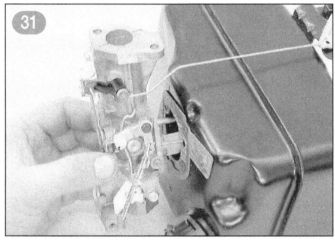

Montera förgasaren på bränsletanken med en ny packning. Förgasaren skruvas fast vid tanken med två Torxskruvar – en lång som går ner genom förgasarhuset, och en kort som går genom fästflänsen.

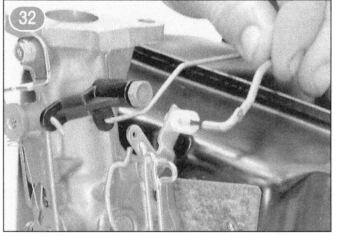

Återanslut gasspjällänkaget.

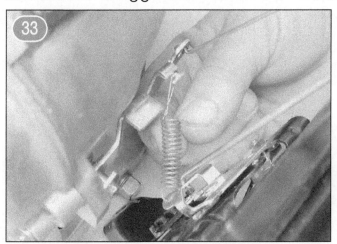

Montera förgasaren och bränsletanken. När enheten monteras, anslut regulatorlänkaget och fjädern.

Montera fjärreglagepanelen på förgasaren/tanken. När panelen monteras, anslut chokelänkaget och se till att gasspjällarmens stift hakar i det glidande länkaget. Fäst panelen med de två Torxskruvarna.

Montera värmeskölden mellan förgasaren och topplocket. Skruva fast den med de två fästbultarna. Bränsletanken hålls med en bult längst ner på vevhuset.

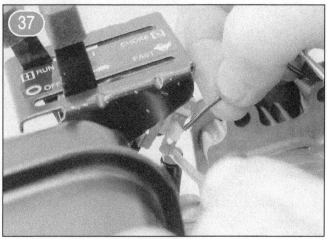

Anslut tändspolens jordkabel. Kontrollera att den fungerar.

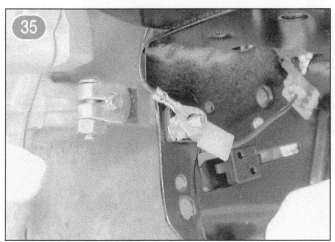

Anslut tändspolens jordkabel under bränsletanken.

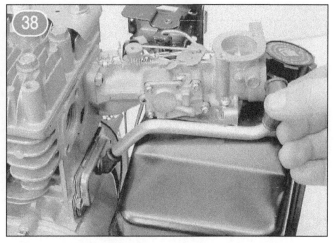

Montera ventilationsröret mellan vevhusventilationen och luftintaget. Röret hålls fast med en klämma som sitter under en Torxskruv som håller ihop förgasaren och tanken.

Kapitel 9

Montera avgassystemet. Dra åt fästbultarna och lås dem genom att bända över flikarna på låsbrickan.

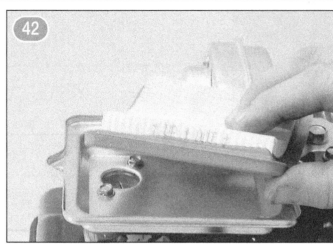

Montera filtret. En sida är märkt "UP".

Motorkåpan/startmekanismen hålls på plats av fyra bultar – två uppe på och en på var sida som håller kåpan till vevhuset. Innan du drar åt bultarna, se till att kåpan hakar i motorblockets kåpa ordentligt, och att inte tändkabeln har hamnat i kläm.

Skruva fast luftfilterkåpan med två bultar.

Kom ihåg att fylla på oljesumpen med rätt mängd olja av korrekt grad.

Montera luftfilterhuset och skruva fast det med de fyra bultarna med inbyggda skaksäkra brickor.

Startmekanism – reparation

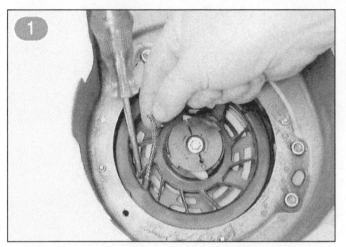

Demontera startmekanismen/motorkåpan och dra ut startsnöret så långt det går. Lås remskivan i det här läget genom att sticka in en skruvmejsel (eller liknande) genom ekrarna i remskivan och hålen i motorkåpan.

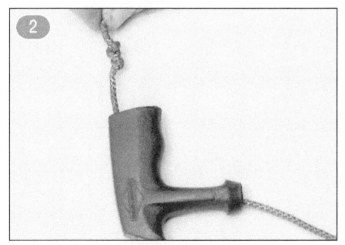

För att byta ut snöret: Där snöret går genom remskivan, klipp av knuten och dra bort snöret från startmekanismen. Mata det nya snöret genom det yttre hålet i kåpan och det inre hålet i remskivan. Knyt en knut. Mata sedan den andra änden av snöret genom hålet i starthandtaget och knyt en knut även här. Spänn snöret och ta bort skruvmejseln från remskivan. Var beredd på att fjädern drar in snöret med våldsam kraft. Sätt tillbaka startmekanismen/motorkåpan.

För att byta ut fjädern: Där snöret går genom remskivan, knyt upp knuten och dra bort snöret från startmekanismen. Ta bort skruvmejseln från remskivan. Skruva loss mittbulten från spärrmekanismen och lyft upp styrplattan. Notera hur starthakarna sitter och ta sedan bort dem.

Lyft försiktigt ut remskivan och notera urtaget där fjäderns ände ska sitta. Lyft ut fjädern.

Sätt den nya fjädern på plats och placera den inre änden runt klacken på kåpan.

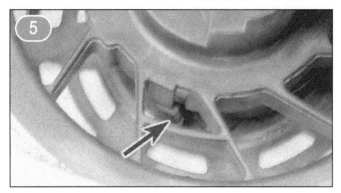

Montera remskivan och haka i den yttre änden av fjädern i skåran på remskivan (vid pilen).

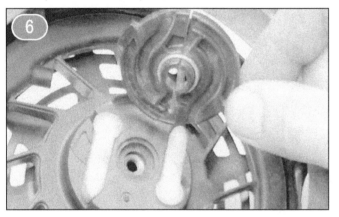

Undersök om starthakarna är skadade eller mycket slitna, sätt sedan tillbaka dem på remskivan. Montera styrplattan på starthakarna och se till att styrstiften på starthakarna går in i motsvarande urtag på plattans undersida. Dra åt mittbulten.

Med hjälp av en skruvmejsel (eller liknande), dra runt remskivan ungefär sju hela varv och rikta in snörhålet i remskivan mot hålet i kåpan. Det exakta antalet varv beror på snörets längd. Lås remskivan i detta läge genom att sticka in en skruvmejsel (eller liknande) genom ekrarna i remskivan och hålen i motorkåpan. Var extremt försiktig när du gör detta. Det kan gå ganska trögt att dra upp fjädern, och om skruvmejseln slinter kommer remskivan/fjädern att rotera tillbaka med våldsam kraft.

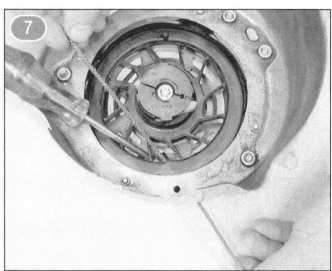

Mata snöret genom det yttre hålet i kåpan och genom hålet i remskivan. Knyt en knut i änden av snöret. Spänn snöret och ta bort skruvmejseln från remskivans ekrar. Var beredd på att fjädern kommer att dra tillbaka snöret med stor kraft. Montera startmekanismen/motorkåpan.

Briggs & Stratton 35 Sprint/Classic 2,6 kW fyrtaktsmotor

10

Tekniska data	Hopsättning
Isärtagning	Startmekanism – reparation

Tekniska Data

Tändstiftens elektrodavstånd	0,76 mm
Tändstiftstyp	NGK B2LM
Ventilspel (kalla):	
Insug	0,13 till 0,18 mm
Avgas	0,18 till 0,23 mm
Avstånd mellan tändspole och svänghjul	0,15 till 0,25 mm
Oljegrad	SAE 30
Oljekapacitet	0,6 liter
Åtdragningsmoment:	
Svänghjulsmutter	74 Nm
Vevstaksöverfallets bultar	11 Nm
Topplocksbultar	16 Nm

Kapitel 10

Isärtagning

Innan isärtagningen påbörjas, läs kapitel 5. De åtgärder som beskrivs där gäller alla motorer, och om instruktionerna följs metodiskt i rätt ordning, gör det både isärtagning och hopsättning enklare. I följande instruktioner antas att motorn har demonterats från maskinen.

☐ Skruva loss oljesumpens plugg med ett verktyg med 3/8" fyrkantsanslutning. Tappa av oljan i en lämplig behållare.

☐ Skruva loss fästbulten och ta bort luftfiltret/kåpan. Ta vara på tätningsbrickan.

☐ Demontera svänghjulsbromsens kåpa.

☐ Skruva loss de två fästbultarna och ta bort avgassystemets sköld.

☐ Motorkåpan/startmekanismen är fäst med två bultar. En går in i topplocket och den andra går in i vevhuset på sidan. Skruva loss bultarna och ta bort kåpan/startmekanismen.

☐ Notera hur de två gasspjällfjädrarna sitter och ta sedan loss dem från gasspjällänkaget.

☐ Skruva loss de två fästbultarna och ta bort förgasaren och bränsletanken tillsammans. När enheten tas bort, haka loss gasspjällänkaget från motorregulatorn.

☐ För att separera förgasaren från bränsletanken, skruva loss de sex fästskruvarna och bänd försiktigt loss förgasaren från tanken. När förgasaren demonteras, se till att inte tappa bort fjädern som sitter mellan förgasarhuset och fästets packning/membran. Var beredd på bränslespill.

☐ Ta bort det tunna nätet som sitter över huvudmunstycket och rengör det om så behövs. Rengör också väldigt försiktigt det fina nätet/silen som sitter i änden av bränsle pick-up röret. Rengör andra, dolda munstycken eller luft-/bränslepassager enbart genom att blåsa genom dem.

☐ Förgasaren har fasta huvud- och pilotmunstycken och ingen ytterligare isärtagning är möjlig.

☐ Ta bort vevhuskåpan som sitter mellan bränsletanken och vevhuset.

☐ Dra försiktigt loss tändstiftshatten från tändstiftet.

☐ Skruva loss de två fästbultarna och ta bort tändspolen tillsammans med regulatorarmen. När spolen demonteras, koppla loss jordkabeln.

☐ För att ta bort svänghjulsbromsen, kila fast bromsen i "OFF"-läget med en skruvmejsel. Skruva loss de två fästbultarna och ta bort bromsen. Koppla loss tändspolens jordkabel.

☐ Bänd upp låsflikarna, skruva loss bultarna och ta bort avgassystemet.

☐ Muttern som håller svänghjulet till vevaxeln kan sitta mycket hårt. Svänghjulet måste hållas stilla, och om inte tillverkarens särskilda verktyg finns till hands, använd en remtång runt svänghjulets kant medan muttern lossas. Du kan behöva hjälp med att hålla motorn stilla.

☐ Demontera startmekanismens fläns. Se kapitel 2 och dra loss svänghjulet från vevaxeln. Om du använder tillverkarens avdragare kan du behöva skära gängorna i svänghjulet. Avdragarhålen är tydligt märkta på svänghjulet, och avdragarbultarna är så utformade att de kan skära gängorna. Ta vara på kilen från vevaxeln.

☐ Demontera insugsgrenröret.

☐ Skruva loss de två fästbultarna och bänd loss motorns vevhusventilation/lyftarhusets kåpa.

☐ Demontera tändstiftet.

☐ Skruva loss de åtta topplocksbultarna och lyft bort topplocket tillsammans med kåpan.

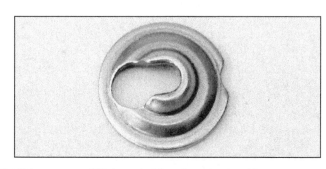

☐ Vrid avgasventilfjäderns bricka så att hacket i kanten hamnar utåt. Fjäderbrickan har två överlappande hål, ett större än det andra. Detta gör att ventilskaftet kan glida i brickan. Tryck ihop fjädern med hjälp av en spetstång (eller liknande), flytta brickan bort från cylindern, skjut bort brickan från ventilskaftets ände och ta bort ventilen. Upprepa för insugsventilen. Det är viktigt att märka komponenterna (eller lägga dem i särskild ordning) så att, om de ska återanvändas, de kan sättas tillbaka på sina ursprungliga platser.

☐ Undersök om ventilstyrningarna är repade eller mycket slitna. Undersök ventilsätena och renovera efter behov (se kapitel 5).

☐ Skruva loss motorns ventilationsrör från vevhuset.

☐ Kontrollera att inte vevaxeln är smutsig eller rostig. Skruva loss de sex fästbultarna och ta bort oljesumpen. Sumpen sitter på två stift i vevhusets packningsyta, och man kan behöva knacka lätt på sumpen med en mjuk hammare för att den ska lossna.

☐ Demontera oljekastaren från änden av vevaxeln.

☐ Rikta in inställningsmärket på kamaxeldrevet med märket på drevet som sitter på vevaxeln. Ta försiktigt bort kamaxeln.

☐ Dra ut kamföljarna. Det är viktigt att märka kamföljarna (eller lägga dem i särskild ordning) så att, om de ska återanvändas, de kan sättas tillbaka på sina ursprungliga platser.

☐ Kamaxeldrevet bör gå lätt att dra loss från vevaxeln.

☐ Skruva loss vevstaksbultarna och ta bort överfallet.

☐ Ta bort sotavlagringar längst upp i cylinderloppet med ett mjukt verktyg och tryck försiktigt upp vevstaken och kolven ur cylindern. Var noga med att inte skada cylinderloppet med vevstaken.

☐ Om så behövs, ta bort kolvringarna från kolven genom att försiktigt öppna upp dem i ändarna och dra upp dem över kolven. Notera hur ringarna sitter för att underlätta monteringen. Ta bort låsringen och tryck ut kolvbulten ur kolven.

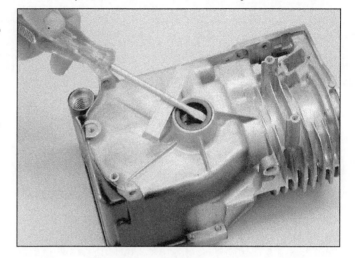

☐ Bänd ut oljetätningarna från vevhuset och oljesumpen.

☐ Undersök skicket på vevaxellagret, kamaxellagret och cylinderloppet; leta efter slitage, repor eller sprickor. Om cylinderloppet är skadat, slitet så att det blivit ovalt eller för stort, krävs specialkunskaper och -utrustning för att det ska kunna åtgärdas. Detsamma gäller för slitna eller skadade lager. Dessa kan brotschas ur, så att bussningar (som kan köpas från reservdelsåterförsäljare), kan sättas in, men detta kräver särskilda verktyg och specialistkunskaper. Undersök alla hål för att se om gängorna är skadade, och reparera vid behov genom att sätta in insatsgängor av rätt storlek (se kapitel 2).

Hopsättning

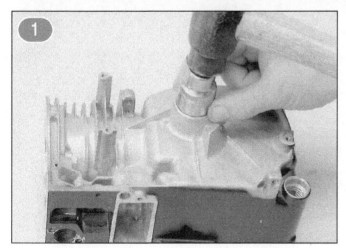

Montera nya oljetätningar i vevhuset och oljesumpen genom att försiktigt pressa in dem på plats med en hylsa av lämplig storlek. Tätningarna ska monteras med den skarpa gummikanten vänd mot motorns insida.

Olja ramlagertappen på vevaxeln och för in vevaxelns koniska ände först.

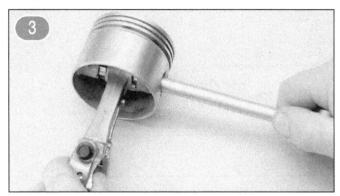

Om kolvbulten har tagits bort, sätt tillbaka den i kolven/vevstaken. Kolven monteras med låsringsspåret mot den vevaxelände som inte är konisk, och den "öppna" sidan av vevstaken mot kamaxellagret. Om kolvbulten inte vill röra sig, sänk ned kolven i hett vatten i några minuter. Detta får aluminiumet att expandera och kolvbulten att glida lättare.

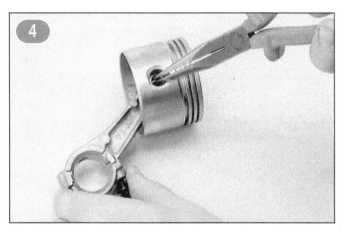

Montera alltid en ny låsring.

Montera kolvringarna på kolven. Oljeringen (den nedersta) ska monteras först. Öppna försiktigt upp spiraldelen precis så mycket att den kan föras ned över kolven och in i spåret. Montera sedan den andra delen på samma sätt och placera den så att spiraldelen hamnar inuti den andra delen. Montera därefter kompressionsringen i det mittre spåret. Ringen måste monteras med fasningen vänd nedåt. Den övre kompressionsringen är symmetrisk. Om ringarna är märkta med en liten prick, måste de dock monteras med denna markering vänd uppåt. **Varning:** *Kolvringar är mycket sköra. Om de töjs ut för mycket går de sönder.* Placera ringarnas ändgap så att de hamnar runt kolven med 120° mellanrum.

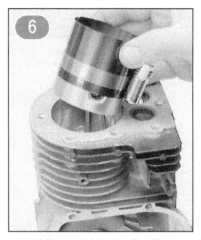

Smörj kolvringarna och cylinderloppet med olja. Med hjälp av en kolvringskompressor, montera kolven i cylindern uppifrån genom att mata ner vevstaken först. Var försiktig så att inte vevstaken skrapar cylinderväggarna. Tryck in kolven i cylindern så att den glider ut ur kompressorn när ringarna går in i loppet. Om så behövs, knacka försiktigt på kolven med ett hammarskaft eller liknande, men stanna upp och undersök saken om du stöter på oväntat motstånd.

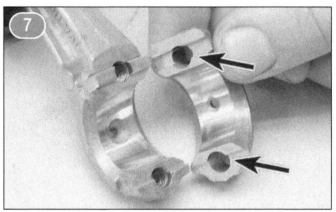

Olja vevaxellagertappen och placera vevstakens ände på axeln. Sätt sedan dit vevstaksöverfallet. På grund av överfallets fasade utförande passar den bara på ett sätt (vid pilarna). Om du har en momentnyckel, dra åt bultarna till det moment som anges i *Tekniska Data*. Om inte, dra åt bultarna ordentligt men inte alltför hårt. Vrid vevaxeln för att kontrollera att den kan röra sig fritt.

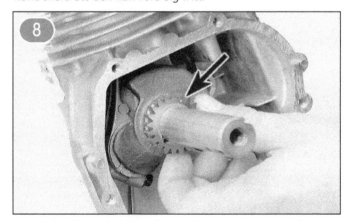

Trä på det drev som driver kamaxeln på vevaxeln, med inställningsmärket vänt utåt (vid pilen). Drevet placeras över ett stift i vevaxeln.

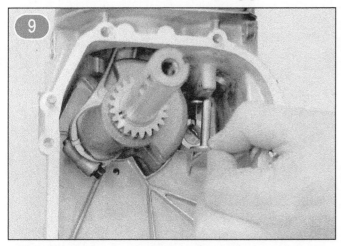

Olja kamföljarna och sätt tillbaka dem på de ursprungliga platserna.

Vrid vevaxeln tills inställningsmärket på drevet pekar mot mitten av kamaxellagerhålet i vevhuset. Smörj lite olja på kamaxellagertappen och montera kamaxeln.
Inställningsmärkena på de två dreven måste vara exakt i linje när dreven är i ingrepp (vid pilen). Vrid vevaxeln två varv för att kontrollera att den rör sig som den ska.

Montera oljekastaren i änden av kamaxeln.

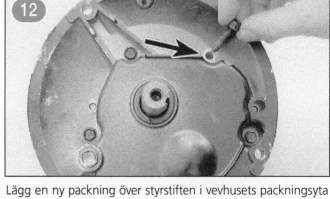

Lägg en ny packning över styrstiften i vevhusets packningsyta och sätt tillbaka sumpen. Se till att inte skada oljetätningens läpp. Skruva fast sumpen med de sex bultarna och använd gänglås på på den bult som går in i motorns ventilations-kammare (vid pilen). Sätt tillbaka pluggen och mätstickan.

Innan du monterar ventilfjädrarna, vrid vevaxeln tills kolven är i ÖD i kompressionstakten. Fortsätt sedan att vrida axeln sakta tills kolven har dragits ned i loppet ungefär 6 mm. Sätt i ventilerna i respektive styrning och kontrollera båda ventilspelen (se kapitel 4). Korrekt spel anges i avsnittet Tekniska Data. När rätt ventilspel har erhållits, ta bort ventilerna igen.

Montera avgasventilens fjäder och bricka i lyftarhuset, med fjäderns tätt lindade ände vänd mot ventilhuvudet. Se till att hacket i kanten av brickan är vänt utåt. Sätt in avgasventilen. Med en spetstång (eller liknande), tryck ihop fjädern, skjut brickan över änden av ventilskaftet och flytta in brickan mot cylindern.
Släpp fjädern sakta och kontrollera att brickan sitter korrekt på ventilskaftets ände. Upprepa proceduren för insugsventilen.

Undersök om skivventilen i vevhusventilationen är sprucken eller deformerad. Avståndet mellan skivventilen och huset får inte överskrida 1,1 mm. Ventilen hålls på plats av en inre fästbygel, som deformeras om alltför högt tryck läggs an på skivan. Om ventilen är defekt, byt ut vevhusventilationen. Byt ut packningen.

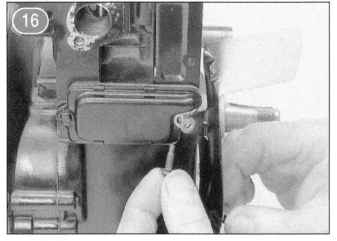

Sätt tillbaka vevhusventilationen/kåpan och vevhuskåpan med de två bultarna. Dra åt dem ordentligt.

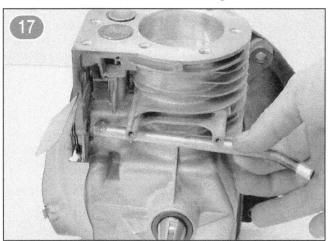

Fetta in gängorna på motorns ventilationsrör och skruva in det i ventilationskammaren.

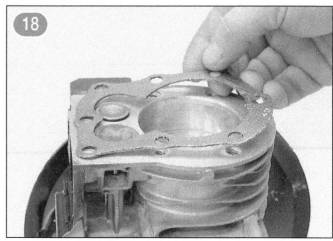

Lägg den nya topplockspackningen på plats. Packningen kan bara placeras på ett sätt på grund av hålens placering. Använd ingen fogmassa.

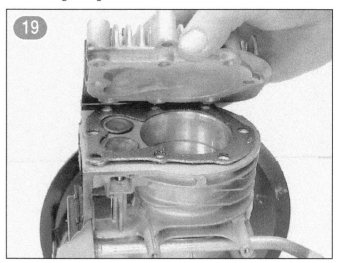

Montera topplocket och kåpan.

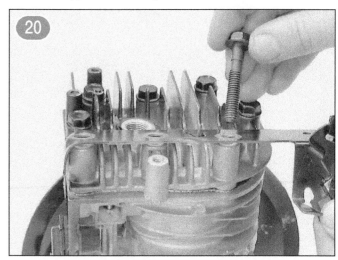

Dra åt de åtta fästbultarna jämnt och i diagonal ordning, till de åtdragningsmoment som anges i *Tekniska Data*. Montera tändstiftet.

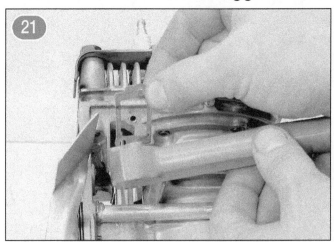

Montera insugsgrenröret med en ny packning.

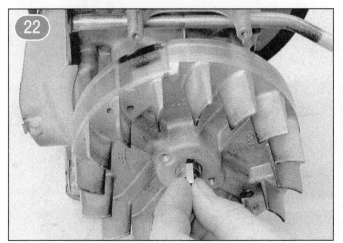

Sätt svänghjulet på plats över den koniska änden av vevaxeln, rikta in kilspåret och skjut in kilen på plats.

Montera svänghjulets nät och startmekanismens fläns, dra sedan åt svänghjulsmuttern till det moment som anges i *Tekniska Data*. Lägg en remtång runt kanten på svänghjulet för att hålla det stilla. Du behöver ta hjälp av någon som kan hålla motorn stilla.

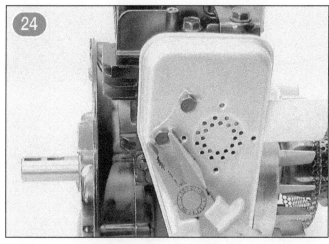

Undersök packningens skick och montera avgassystemet. Lås de två fästbultarna på plats genom att böja upp flikarna på låsbrickan.

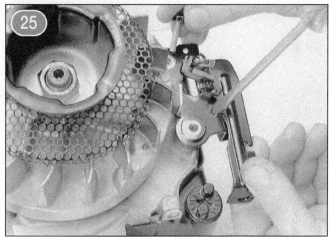

Kila fast svänghjulsbromsen i "off"-läget med en skruvmejsel, montera den sedan på vevhuset med de två fästbultarna. Ta bort skruvmejseln.

Dra tändspolens jordkabel under motorns ventilationsrör och genom fästklämman, och anslut den till motorns stoppelement på svänghjulsbromsen.

Montera tändspolen och motorns regulator med de två fästbultarna. Spolen är märkt "Cylinder side" på ena sidan och "This side out" på den andra. Innan du drar åt de två fästbultarna, vrid svänghjulet så att magneterna hamnar på motsatt sida mot tändspolen och använd bladmått till att mäta luftgapet mellan de två benen på spolen och svänghjulet. Korrekt luftgap anges i *Tekniska Data*. Fästhålen i benen är avlånga; flytta spolen tills korrekt luftgap erhålls. Anslut tändpolens jordkabel. Sätt tillbaka tändstiftshatten på tändstiftet.

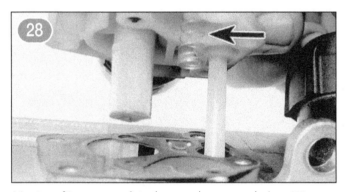

Montera förgasaren på tanken med en ny packning. När förgasaren monteras, se till att fjädern är korrekt placerad i förgasarhuset (vid pilen). Dra åt de sex fästbultarna ordentligt.

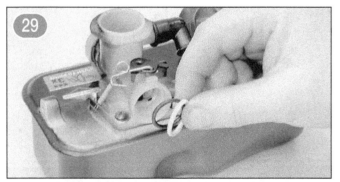

Fogen mellan förgasaren och insugsgrenröret är tätad med en O-ring, som hålls av en krage i förgasarutloppet. Bänd försiktigt ut kragen och undersök om O-ringen är sliten eller skadad. Montera en ny O-ring om du är tveksam. Sätt tillbaka kragen genom att trycka den på plats.

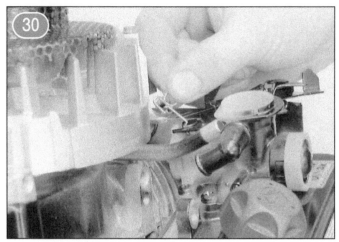

När förgasaren och bränsletanken är monterad, anslut länkaget mellan gasspjällarmen och regulatorn och anslut också ventilationsröret. Fäst enheten med ändfästbulten, men dra inte åt den.

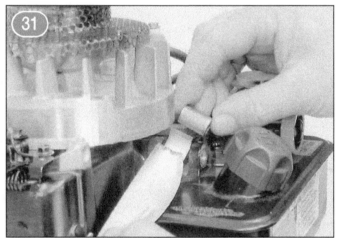

Montera vevhusets kåpa och distansen, sätt in bränsletankens fästbult och dra åt båda fästbultarna.

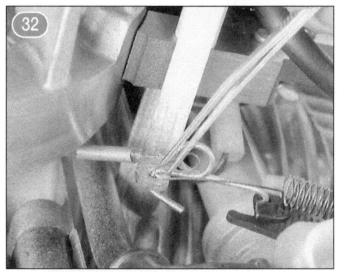

Haka fast regulatorns returfjäder ...

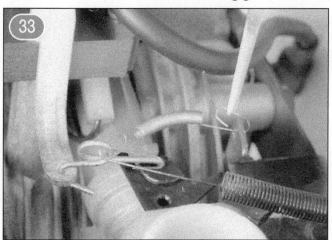

... och gasspjällfjädern.

Montera motorkåpan/startmekanismen och fäst med de två bultarna. En sitter upptill i topplocket och en går in i vevhuset och den håller också fast vevhusets kåpa.

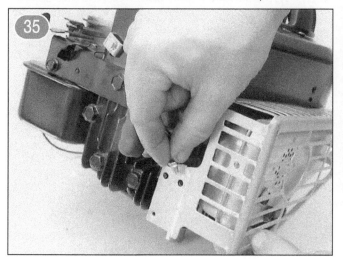

Montera avgassystemets sköld med de två fästbultarna. En går in i topplocket och den andra in i vevhuset, och den bulten håller också fast motorkåpan.

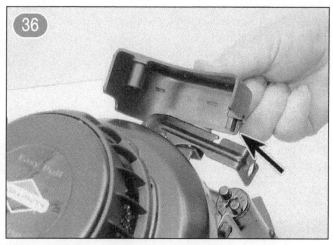

Notera styrpiggen (vid pilen), och montera svänghjulsbromsens kåpa.

Montera luftfiltret, och glöm inte tätningsbrickan mellan huset och förgasaren.

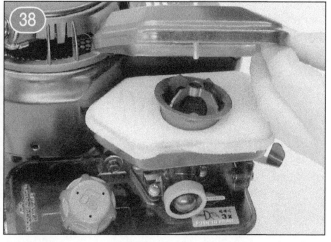

Om luftfiltret är smutsigt, rengör det med rent bränsle och dränk in det i ren motorolja. Pressa ut överflödig olja från skumgummit och sätt tillbaka filtret i huset.

Kom ihåg att fylla på rätt mängd olja av korrekt grad.

Kapitel 10

Startmekanism – reparation

Demontera startmekanismen/motorkåpan och dra ut snöret så långt det går. Lås fast remskivan i det här läget genom att sticka in ett litet träblock genom kåpan bredvid klacken på remskivans kant. Klacken låser träbiten och håller på så sätt remskivan stilla.

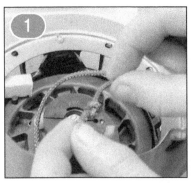

För att byta ut snöret: Där snöret går genom remskivan, klipp av knuten och dra bort snöret från startmekanismen. Mata det nya snöret genom det yttre hålet i kåpan och det inre hålet i remskivan. Knyt en knut. Mata sedan den andra änden av snöret genom hålet i starthandtaget och knyt en knut även här. Spänn snöret och ta bort träbiten. Var beredd på att fjädern kommer att dra in snöret med våldsam kraft. Montera startmekanismen/motorkåpan.

För att byta ut fjädern: Där snöret går genom remskivan, knyt upp knuten och dra bort snöret från startmekanismen. Skruva loss mittbulten från startmekanismen och lyft av styrplattan. Notera hur starthakarna sitter och ta sedan bort dem.

Lyft försiktigt ut remskivan och observera det lilla urtaget där fjäderns ände passar in. Lyft sedan ut fjädern.

Sätt i den nya fjädern och placera den inre änden runt klacken i mitten av kåpan.

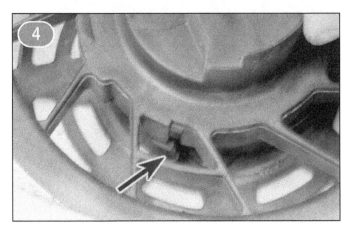

Montera remskivan och haka fast den yttre änden av fjädern i urtaget i skivan (vid pilen).

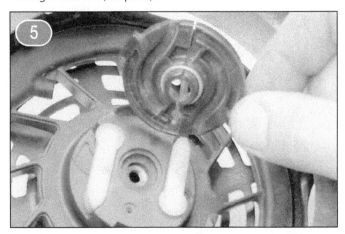

Kontrollera om starthakarna är skadade eller mycket slitna, sätt sedan fast dem på remskivan. Sätt tillbaka styrplattan på starthakarna och se till att styrpiggarna på hakarna går in i urtagen i plattans undersida. Dra åt mittbulten.

Med hjälp av en skruvmejsel (eller liknande), dra mycket försiktigt runt remskivan ungefär sju hela varv, och rikta in snörhålet i remskivan mot hålet i kåpan. Det exakta antalet varv beror på snörets längd. Lås remskivan i detta läge genom att sticka in ett litet träblock genom kåpan intill klacken i remskivans kant. Var oerhört försiktig när du gör detta. Det kan gå ganska trögt att dra upp fjädern, och om träbiten slinter kommer remskivan/fjädern att rotera tillbaka med våldsam kraft.

Mata snöret genom det yttre hålet i kåpan och hålet i remskivan. Knyt en knut i änden av snöret. Spänn snöret och ta bort träbiten från kåpan. Var beredd på att fjädern kommer att dra in snöret med en oerhörd kraft. Kontrollera funktionen och sätt sedan tillbaka startmekanismen/kåpan.

Honda GXV 120 OHV fyrtaktsmotor

Tekniska Data	Hopsättning
Isärtagning	Startmekanism – reparation

Tekniska Data

Tändstiftets elektrodavstånd	0,7 till 0,8 mm
Ventilspel:	
Insug	0,08 till 0,13 mm
Avgas	0,13 till 0,18 mm
Avstånd mellan tändspolen och svänghjulet	0,25 mm
Kolvringsgap (standard)	0,23 till 0,525 mm
Roto-stop (knivkoppling), justering av vajer (fritt spel vid änden av spaken)	5 till 10 mm
Drivkopplingsvajer (fritt spel vid handtaget)	5 till 10 mm
Hastighetsreglage vajer (fritt spel i änden av spaken)	1 till 3 mm
Olja	SAE 10W-40

Isärtagning

Innan isärtagningen påbörjas, läs kapitel 5. De åtgärder som beskrivs där gäller alla motorer, och om instruktionerna följs metodiskt i rätt ordning, gör det både isärtagning och hopsättning enklare. I följande instruktioner antas att motorn har demonterats från maskinen.

☐ Skruva loss de två muttrarna som håller luftrenartrumman till förgasaren. Skruva loss bulten som håller luftrenaren till motorn. Ta bort luftrenaren tillsammans med motorns ventilationsrör.

☐ Ta bort bränslepåfyllningslocket.

☐ Ta bort motorkåpan.

☐ Ta bort bränsletanken från motorn. Koppla loss bränsleröret från tanken och dra ut filtret från tankanslutningen när röret tas bort. Handskas varsamt med filtret, det är mycket ömtåligt.

☐ Ta bort kopplingens mittbult. Ta bort täckplattan, fjädern, kopplingsplattan och tryckplattan.

☐ Notera noggrant hur alla fjädrar och länkar sitter, för att underlätta korrekt återmontering.

☐ Ta bort länkagets fästplatta från motorn.

☐ Ta bort förgasaren och plastisolerblocket. Demontera sedan flottörkammaren och nålventilen så att dessa kan undersökas. Ta isär bränslekranen.

☐ Demontera tändningsenheten.

☐ Demontera avgassystemets ljuddämpare (består av kåpa, ljuddämparbox och packning).

☐ Ta bort mittbulten som håller ihop bromsenheten och lyft bort Roto-stop bromskomponenter.

☐ Ta bort Woodruff-kilen från vevaxeln.

☐ Skruva loss och ta bort de tre flänsbultarna och fjädrarna från bromshuset och lyft av huset.

☐ Lyft upp kulhållaren från kullagerplattan.

☐ Ta bort Roto-stop returfjädrar och lyft upp kullagerplattan.

☐ Ta bort den runda distansen från vevaxeln.

☐ Som en säkerhetsåtgärd, gör ett permanent märke på regulatorspaken och axeln. Om spaken lossnar är det enkelt att ställa in den till korrekt ursprungsläge.

☐ Skruva loss svänghjulsmuttern från vevaxeln och lyft av den roterande hålskärmen/startnavet, och svänghjulet och skovelhjulet. Ta bort kilen från vevaxeln.

☐ Ta bort ventilkåpan och packningen.

☐ Demontera topplocket komplett med ventilerna.

☐ Ta bort vevhuskåpan. Notera noggrant var bultarna av olika längd sitter, för att underlätta hopsättningen.

☐ Märk vevstaken och överfallet innan det senare tas bort. Överfallet kan monteras båda vägarna, men det måste sättas tillbaka vänt åt samma håll som innan demonteringen.

☐ Dra ut kolven och vevstaken ur cylindern. Var försiktig så att du inte repar loppet.

☐ Dra ut kamaxeln och sedan vevaxeln. Dra loss R-klämman från drivaxeln. Dra ut drivaxeln från vevhuskåpan.

☐ Demontera momentarmen.

☐ Lyft undan bakaxeln.

☐ Koppla loss gasvajern och drivvajern.

☐ Ta bort skyddsplattan från axeln.

☐ Skruva loss slutväxelhusets bultar, separera husets två halvor och ta ut de inre komponenterna.

Observera: *Om du tycker att det är svårt att följa dessa instruktioner, titta på bilderna i hopsättningsavsnittet som börjar på nästa sida. Om de följs i omvänd ordning, kan man med hjälp av bilderna identifiera de komponenter som nämns ovan.*

Hopsättning

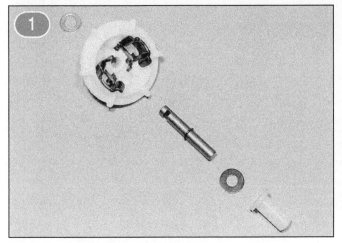

Regulatorns komponenter visas i bilden ovan. Sätt C-klämman i spåret i axeln; det är lättare att göra det i det här läget.

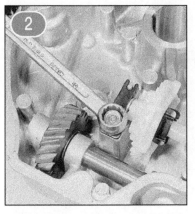

Skjut på regulatorhjulet på regulatoraxeln från änden med ett spår i. Vikterna på hjulet måste vara vända bort från spåret. Sätt den mindre brickan på axeln efter hjulet. Med hjulet och brickan så långt in på axeln som det går, sätt in axeln i vevaxelkåpan. Spåret i axeln passar ihop med en kil ingjuten i kåpan. Montera axelns klamma så att gaffeln i änden hakar i piggen på kåpan. (Det drev som syns i bilden har ännu inte monterats i detta läge). Placera den större brickan på axeln, sätt sedan nylonbussningen på axeln så att flänsen hakas i mellan vikterna.

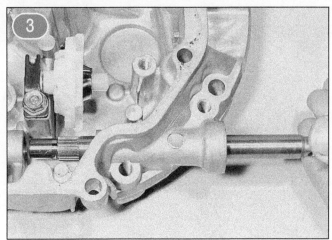

Sätt in drivaxeln i vevhusets kåpa.

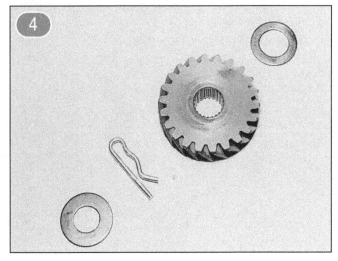

Drevet och dess tillhörande fästkomponenter visas i bilden ovan.

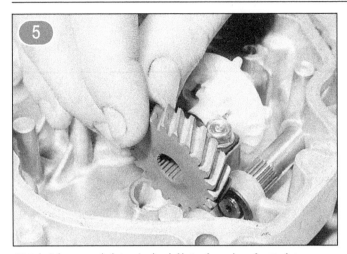

5 Sätt brickan med det mindre hålet på axeln, så att det hamnar mellan det första lagret och drevet. För in axeln i drevet.

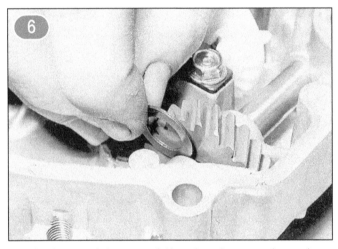

6 Sätt brickan med det större hålet på änden av axeln, tryck sedan in axeln i det andra lagret.

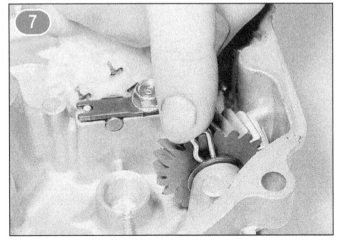

7 Sätt in klämman mellan drevet och brickan. Placera klämmans raka ben i hålet i axeln och tryck tills den klickar på plats.

8 Montera en ny oljetätning i vevhusets kåpa om så behövs, på samma sätt som beskrivits tidigare för andra motorer.

9 Drivaxeln har också en oljetätning. Om så behövs, byt ut tätningen innan drivaxeln sätts tillbaka.

10 Montera en ny oljetätning till vevhusets svänghjulslager om så behövs.

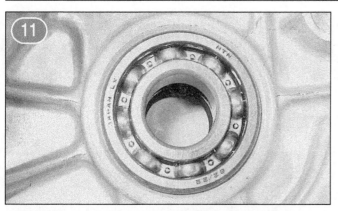

Svänghjulslagret i vevhuset är ett kullager. För att byta ut det, ta bort oljetätningen och driv in det gamla lagret mot vevhusets insida. Sätt in det nya lagret från insidan. Driv in det i huset med ett rör som bara ligger an mot den yttre lagerbanan. Om man slår på kulburen eller den inre banan skadas lagret. Håll lagret rakt när det drivs in i gjutgodset.

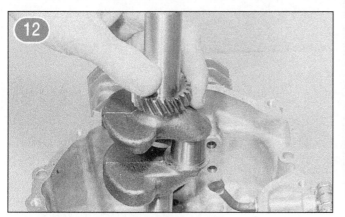

Smörj lite olja på den raka delen av vevaxeln i den koniska änden. Sätt in vevaxeln i vevhusets lager.

Sätt ihop vevstaken med kolven så som den satt innan isärtagningen, d.v.s. med oljehålet på samma sida som pilen på kolvkronan. Om kolvbulten har tagits bort, sätt tillbaka den så som den satt förut och sätt tillbaka låsringarna ordentligt.

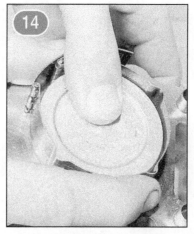

Montera en kolvrings-kompressor på kolven. Olja cylinderloppet och sätt in kolven. Var försiktig så att du inte skadar cylinderväggarna med vevstaken. Pressa ut kolven ur kompressorn och in i loppet. Knacka lätt på kolven med ett hammarskaft eller liknande om så behövs. Stanna dock upp om du stöter på oväntat motstånd och undersök orsaken. Pilen på kolvkronan måste peka mot tryckstångens hål i gjutgodset.

Vänd på motorn och olja vevstakslagertappen, placera vevstaksänden på lagertappen och montera överfallet på samma sätt som den satt innan demonteringen. Det går att montera den fel väg, så var noga. Dra åt bultarna hårt.

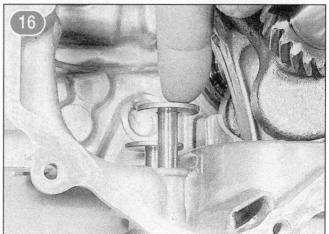

Olja kamföljarna och sätt in dem i de hål där de satt tidigare (markerade under demonteringen).

Undersök tryckavlastarens funktion på kamaxeldrevet. Kontrollera att fjädern inte är skadad eller uttöjd, och att den utövar bra fjäderretur.

För kamaxeldrevet i ingrepp med vevaxeldrevet och rikta in inställningsmärkena mot varandra.

Kontrollera att änden av tryckavlastarens arm och de två flikarna på belastningsarmen inte är slitna, samt att de förblir i ingrepp under belastningsarmens hela rörelse.

Placera en ny packning på vevhuset. Olja kamaxellagret och vevaxellagret. Sätt i stiftet i vevhuset.

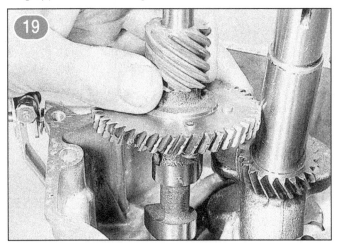

Lägg motorn på sidan, olja kamaxellagret och för in kamaxeln i vevhuset.

Montera ohv oljereturrör i det avlånga hålet i vevhuset.

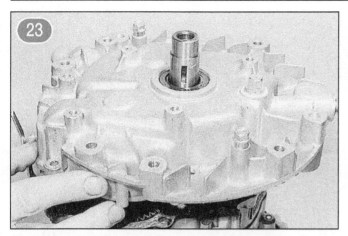

Montera vevhuskåpan, se till att inte regulatorns bussning och bricka faller av. Styr in den inre regulatorspaken i utrymmet mellan regulatorns bussning och vevhusets sida. Haka i kåpan med stiftet och placera kåpan på vevhuset.

Skruva fast vevhuskåpan med de sex bultarna. Dra åt bultarna stegvis i diagonal ordningsföljd, för att undvika att deformera eller spräcka kåpan.

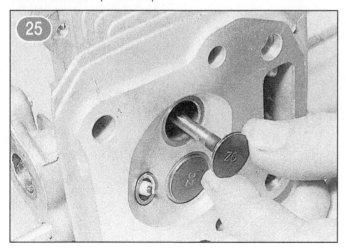

Sätt in ventilerna i topplocket. Avgasventilen är den med något mindre huvud.

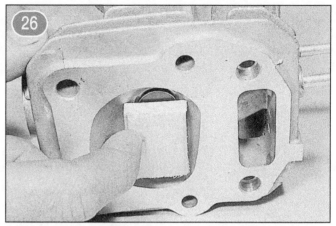

Placera ett litet träblock i topplocket för att hålla ventilerna i sätena medan fjädrarna monteras. Vänd topplocket upp och ned med träblocket på plats.

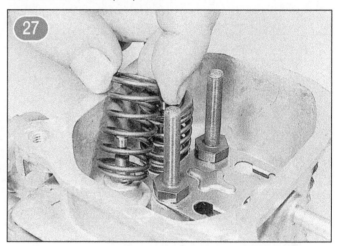

Placera tryckstångsplåten på de två pinnbultarna i topplocket och fäst med de två muttrarna. Sätt ventilfjädern över ventilskaftet.

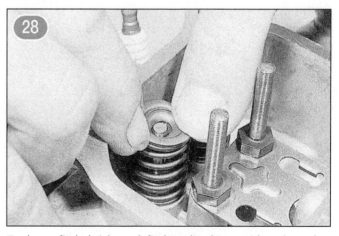

Tryck ner fjäderbrickan på fjädern, lite åt ena sidan så att det större hålet kan föras ner över ventilskaftet. Centrera därefter brickan så att det mindre hålet passar in under skuldran nära änden av ventilskaftet.

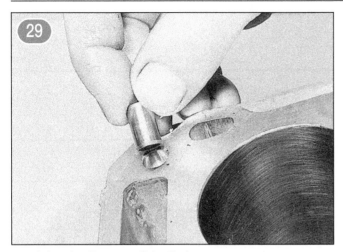

Sätt i de två stiften upptill i cylindern.

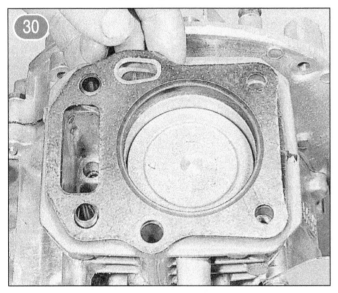

Placera en ny packning på cylindern. Montera det hopsatta topplocket på cylindern.

Fäst topplocket med de fyra bultarna. Dra åt dem i diagonal ordning så att inte topplocket deformeras eller spricker.

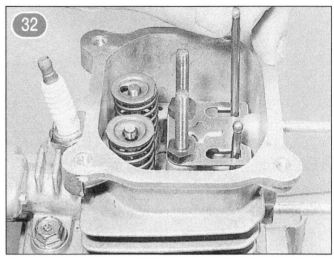

Sätt in tryckstängerna genom fästplattan och placera dem i de konkava hålen i följarna.

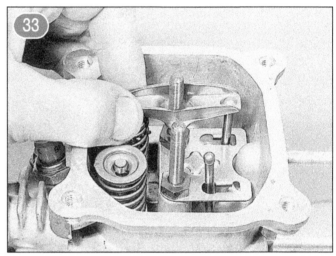

Sätt vipparmarna på pinnbultarna med den mindre gropen placerad på tryckstången.

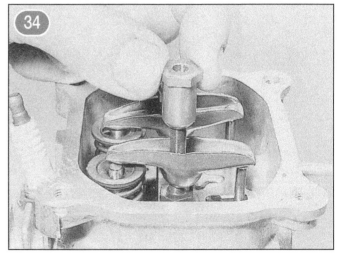

Skruva fast de hylsförsedda muttrarna på pinnbultarna.

Sätt på låsmuttrarna och ställ in ventilspelen till de som anges i *Tekniska Data*. Lås låsmuttrarna. Detta måste göras med kolven i ÖD i arbetstakten.

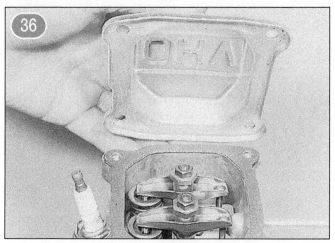

Montera en ny packning till ventilkåpan, lägg på ventilkåpan men dra inte åt bultarna än, eftersom två av de fyra bultarna också används till att skruva fast en annan kåpa.

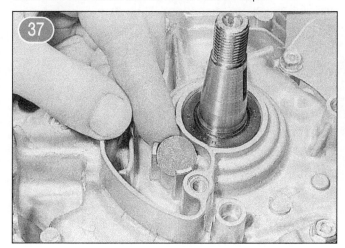

Undersök om vevhusventilationens skivventil är skadad eller deformerad. Byt ut den om så behövs.

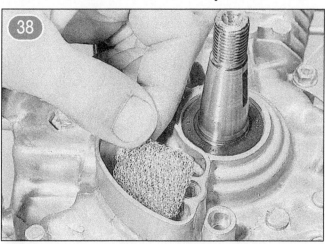

Skölj ur metallnätet i lösningsmedel, torka det ordentligt och sätt tillbaka det i huset.

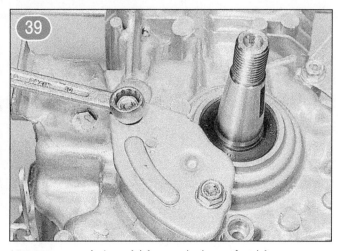

Lägg en ny packning på kåpan och skruva fast kåpan.

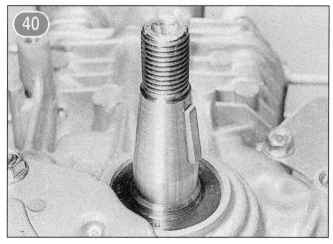

Placera Woodruffkilen i spåret i vevaxeln. Om kilen visar tecken på skador, eller kraftigt gjutskägg, använd en ny kil.

Montera svänghjulet och skovelhjulet på vevaxeln, inriktade mot kilen. Skovelhjulet har fyra styrpiggar som ska gå in i fyra hål i svänghjulet.

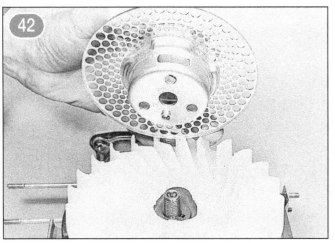

Montera hålskärmen/startnavet på skovelhjulet, med skärmen placerad i hålet i skovelhjulet. De tre hålen i navet passar på tre piggar på skovelhjulet. Sätt sedan på svänghjulsmuttern.

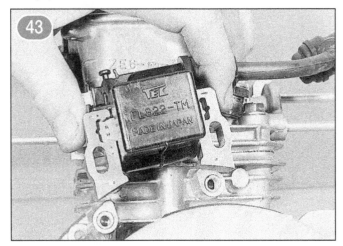

Montera tändspolen.

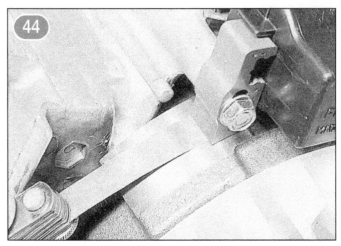

Använd bladmått (som ej innehåller järn) och ställ in luftgapet mellan tändspolens ben och svänghjulet till det som anges.

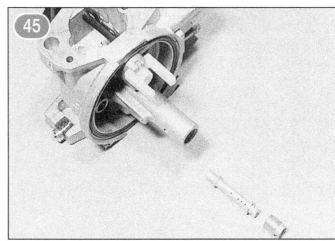

Ta bort huvudmunstycket och mätröret och se om de är smutsiga eller kladdiga. Rengör genom att skölja dem och blåsa genom dem. Peta inte i öppningarna med en nål eller en ståltråd – du kan orsaka skador och förlora inställningen. Sätt tillbaka mätröret och munstycket i förgasaren.

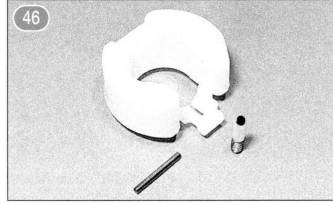

Dra ut gångjärnsstiftet och ta loss flottören. Ta bort nålventilen genom att pressa mot spiralfjädern och dra ut den ur spåret i flottören. Undersök om nålhuvudet är slitet och byt ut ventilen om så behövs.

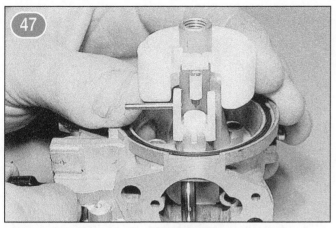

Sätt tillbaka nålventilen i spåret i flottören. Placera flottörens gångjärn mellan förgasarens gångjärnspelare med nålen i hålet mellan pelarna. Tryck in gångjärnssprinten genom hålen och kontrollera att gångjärnet kan röra sig fritt.

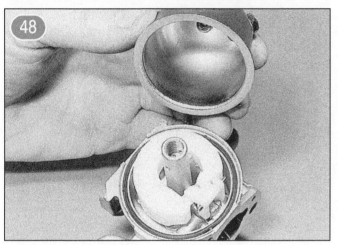

Byt ut flottörkammarens packning om den är missformad eller på annat sätt skadad. Se till att den sitter ordentligt i spåret. Montera flottörkammaren med avtappningspluggen mot chokespjället. Skruva ihop med bulten och fiberbrickan.

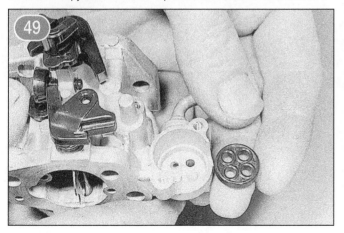

Undersök tätningen med de fyra hålen i bränslekranen och byt ut den om den är skadad eller har blivit hård. Lägg sedan tätningen på de två små upphöjningarna.

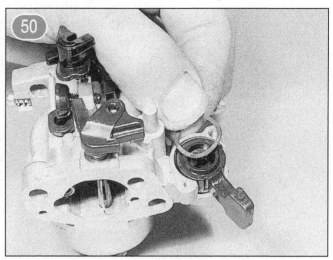

Placera bränslekranens spak i huset och lägg vågbrickan ovanpå.

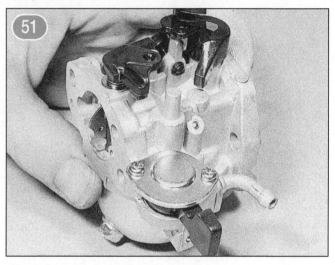

Skruva fast täckplattan över huset.

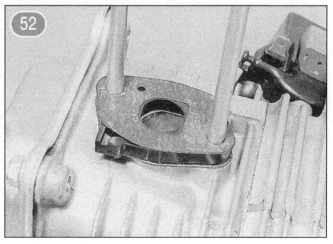

Lägg en ny packning på insugsporten, placera plastisolerblocket ovanpå och lägg sedan en annan packning ovanpå isolerblocket – det lilla hålet i blocket måste peka mot motorns nederdel.

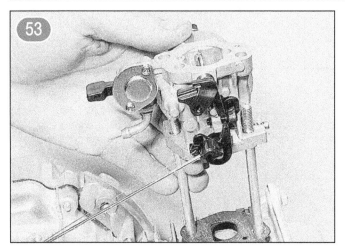

Håll förgasaren nära pinnbultarna och anslut regulatorlänken till det större hålet i gasspjällarmen. Anslut regulatorfjädern till det mindre hålet i armen. Trä sedan på förgasaren på pinnbultarna.

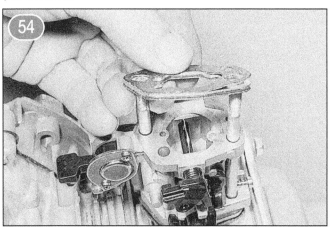

Montera packningen, distansen och den andra packningen på förgasarens insugsport.

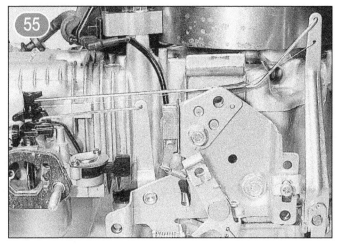

Montera länkageplattan på motorn. Anslut den korta länken från chokespjället till armen på plattan. Anslut spiralfjädern från hålet märkt STD i reglagearmen till det lilla staget längst ner i regulatorspaken.

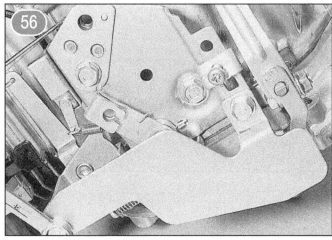

Montera skyddet över länkageplattan.

Placera värmeskölden packning på pinnbultarna vid avgasporten, med det avfasade hörnet placerat enligt ovan.

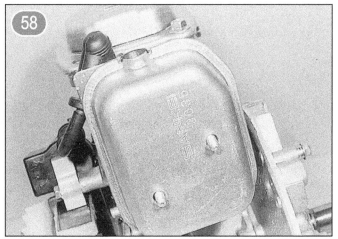

Placera ljuddämparen på pinnbultarna.

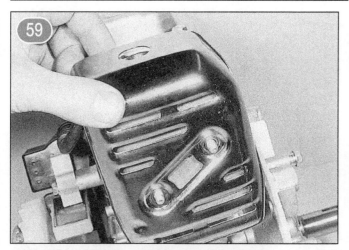

Montera slutligen värmeskölden. Fäst med de två muttrarna.

Placera brickan på bulten, därefter distansröret. Sätt ett gummigrepp på röret. Stick in röret och bulten genom hålet i bränsletanken, genom det andra gummigreppet, och skruva in bulten i fästbygeln på vevhuset.

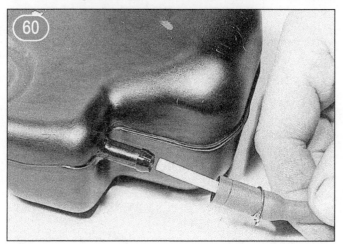

Skölj försiktigt bränslerörets nätfilter i rent bränsle. Blås in i röret från den andra änden för att bli av med partiklar som ligger kvar på filtret. Borsta eller gnugga inte på filtret, eftersom det då kan skadas. Anslut röret till tanken och fäst med klämman.

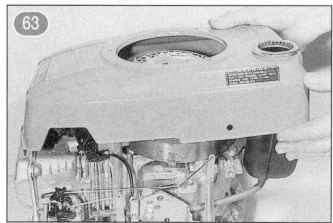

För in bränsleröret bakom länkageplattan och tryck in rörets stödklämma i hålet i länkageplattan. Anslut röret i förgasaren och fäst det med fjäderklämman. Fäst kåpan över motorn med de fem bultarna.

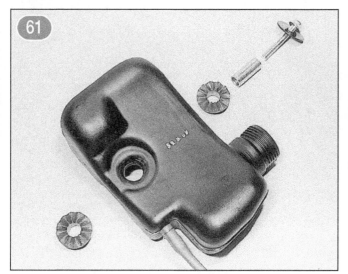

Delarna för bränsletankens infästning visas i bilden.

Placera luftrenartrumman på pinnbultarna på förgasaren.

Kapitel 11

Skruva fast luftrenaren på pinnbultarna med de två muttrarna. Skruva fast luftrenarens fästklack på länkageplattan.

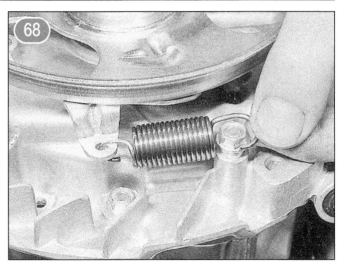

Haka fast de två Roto-stop returfjädrarna på de utstickande armarna och ankarbultarna.

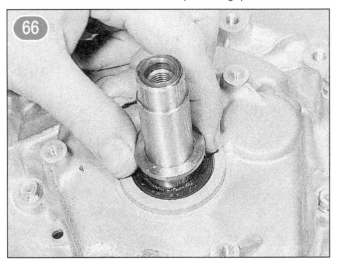

Placera distansen på vevaxeln.

Placera kulhållaren på kullagerplattan med kullagren i de tre fördjupningarna.

Montera Roto-stop kullagerplatta på vevaxeln.

Lägg bromshuset på plats med upphöjningarna över kulorna.

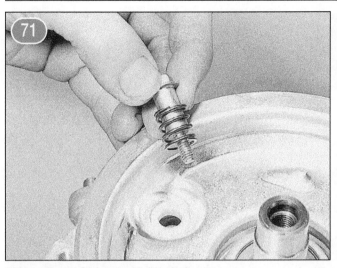

Placera bromsfjädrarna på flänsbultarna.

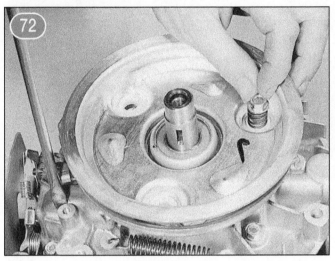

Rikta in bromshuset så att de här tre bultarna hamnar i linje med de gängade hålen i vevhuskåpan. Sätt i flänsbultarna.

Dra åt flänsbultarna. Sätt Woodruffkilen i spåret i vevaxeln.

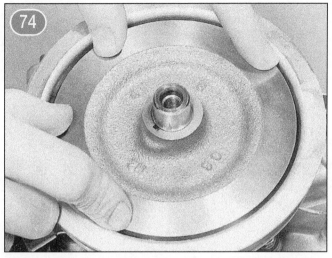

Montera tryckplattan på vevaxeln och rikta in den mot kilen.

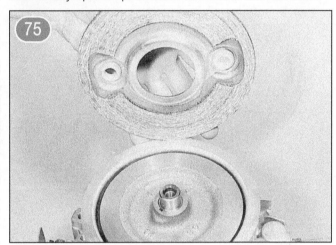

Sätt kopplingsplattan på tryckplattan.

Placera kopplingsfjädern på kopplingsplattan. Sätt täckplattan på kopplingsplattan med de två piggarna i hålen i kopplingsplattan. Täckplattan har ett kullager och en oljetätning i mitten. Byte av dessa är enkelt och man kan följa beskrivningen av byte av vevaxellager, som beskrivits tidigare.

Sätt i och dra åt mittbulten.

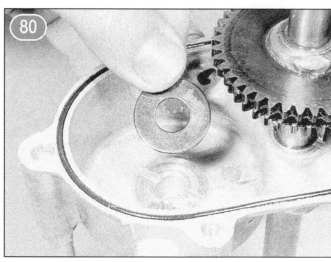

Placera tryckbrickan i huset.

Undersök om tätningen i slutväxelhuset är skadad eller missformad. Se till att den sitter ordentligt i spåret.

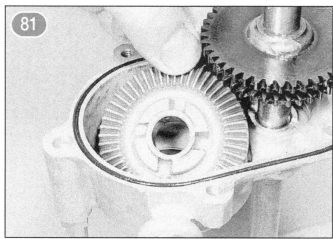

Montera vinkeldrevet.

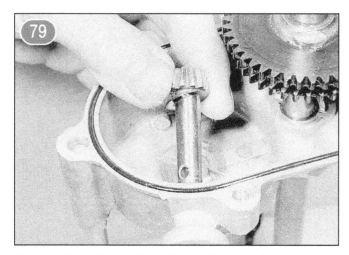

Om så behövs, byt ut oljetätningen vid lagret till vinkeldrevets drivaxel. Sätt sedan in drivaxeln.

För in drivväljargaffeln i lagret i huset.

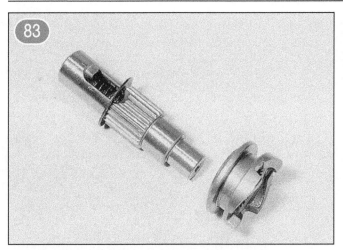

Drivaxeln och kopplingsnavet visas i bilden. Den inre spiralfjädern kan bytas ut om man tar ut tvärkilen.

Montera det större drevet med flänsen vänd uppåt på kopplingsaxeln.

Placera navet på drivaxelns splines. Olja änden av axeln och för in den genom vinkeldrevet in i lagret i huset. Haka i navet i väljargaffeln när axeln sätts in.

Placera därefter det mindre drevet på axeln.

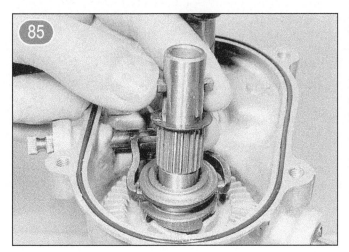

Haka i spärrhakarna på kopplingsnavet med motsvarande spärrhakar på vinkeldrevet.

Sätt på tryckbrickan. Tvärkilen i axeln passar in i korset i det mindre drevet.

Stick in aktiveringskolven i kopplingsaxeln.

Sätt in det ihåliga stiftet i husets kant. Fyll huset med en lätt växellådsolja.

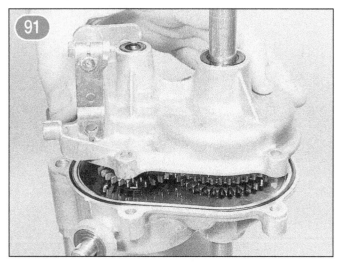

Trä på den andra halvan av huset på axeln, placera den rätt på stiftet och för ihop de två halvorna. Skruva fast med de fem bultarna. Två är längre – en av dessa ska sitta över den förlängda momentarmsbulten, och den andra på motsatt sida av huset.

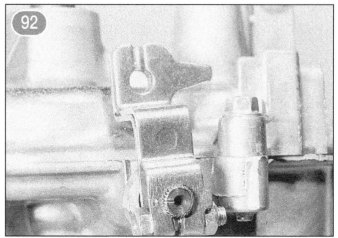

Kläm fast hastighetsväljararmen på väljargaffelns axel. Indexmärket i änden av axeln måste hamna i linje med markeringen på armen.

Montera motorn i maskinen.

Montera snörstarten på motorkåpan.

Placera luftfiltret i luftfilterhuset och montera kåpan.

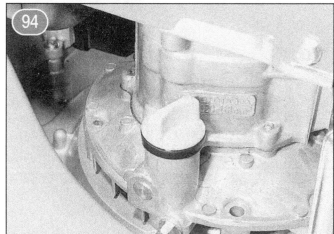

Fyll på olja i motorn till den nivå som indikeras på oljemätstickan.

Startmekanism – reparation

För att montera en ny fjäder eller ett nytt startsnöre, gör enligt följande:

Demontera snörstarten från motorkåpan.

Böj upp tungan intill snörets utgångshål så att snöret kan dras ut.

Lossa remskivans spänning genom att dra ut snöret ungefär 60 cm, hålla fast remskivan och linda upp snöret. Släpp sedan försiktigt remskivan.

Skruva loss mittbulten och lyft av kåpan. Man behöver inte lyfta ut spärrhakarna eller deras fjäder om de inte ska bytas ut, vilket dock är enkelt och visas nedan.

Lyft upp remskivan från axeln. Ta bort fjädern.

Haka fast den yttre änden av den nya fjädern i spåret i huset. Linda upp fjädern moturs i huset, arbeta inåt mot mitten. Lägg en klick fett på fjädern. Sätt fast ett nytt snöre i remskivan om så behövs och linda det moturs runt remskivan. Placera remskivan på axeltappen och vrid den försiktigt moturs tills den går i ingrepp med kroken i den inre änden av fjädern.

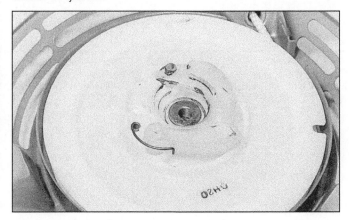

Om ett nytt snöre har monterats, trä änden genom utgångshålet och fäst handtaget med en knut. Byt ut starthakarna och deras fjäder om de är skadade. För att spänna remskivan, vrid den ungefär tre varv moturs, håll den och linda upp slacket i snöret moturs på remskivan, släpp sedan skivan.

Sätt på den lilla kåpan med de två benen på klämman på var sida om piggen på starthaken.

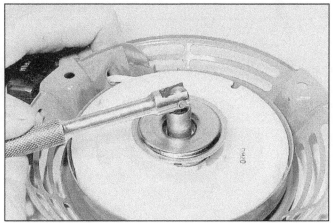

Sätt i och dra åt bulten.

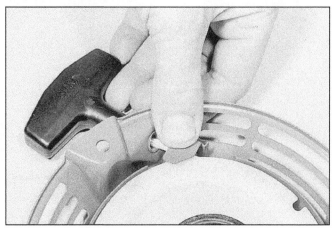

Böj ner tungan över snöret. Dra i starthandtaget och kontrollera att rörelsen är jämn och fri och att snöret dras tillbaka igen. Montera snörstarten på motorkåpan med handtaget vänt mot maskinens vänstra sida.

Kapitel 11

Honda GCV 135 OHC 4,5 hk fyrtaktsmotor

12

Tekniska data

Isärtagning

Hopsättning

Startmekanism – reparation

Tekniska Data

Tändstift...	NGK BPR6ES
Tändstiftets elektrodgap	0,7 till 0,8 mm
Ventilspel (kalla):	
Insug	0,15 mm ± 0.04 mm
Avgas	0,20 mm ± 0.04 mm
Avstånd mellan tändspolen och svänghjulet	0,254 till 0,355 mm
Oljegrad	10W-40
Oljekapacitet	0,55 liter
Åtdragningsmoment:	
Vevstaksbultar	12 Nm
Svänghjulsmutter..	52 Nm

Kapitel 12

Isärtagning

Innan isärtagningen påbörjas, läs kapitel 5. De åtgärder som beskrivs där gäller alla motorer, och om instruktionerna följs metodiskt i rätt ordning, gör det både isärtagning och hopsättning enklare. I följande instruktioner antas att motorn har demonterats från maskinen.

☐ Skruva loss de tre fästmuttrarna och ta bort startmekanismen. Notera de tre distanserna i fästhålen.

☐ Koppla loss bränsleröret från bränsletanken till bränslekranen. Var beredd på bränslespill.

☐ Ta bort oljepåfyllningslocket/mätstickan och häll ut oljan i en lämplig behållare.

☐ Skruva loss de tre fästbultarna och ta bort avgassystemets sköld.

☐ Demontera avgassystemet.

☐ Tryck ner fästklämmorna och ta bort luftfilterkåpan. Ta ut luftfiltret.

☐ Luftfilterhuset sitter fast med tre bultar. Två silverfärgade bultar, som också håller fast förgasaren, och en guldfärgad bult som håller fast huset till länkageplattan. Skruva loss bultarna och, när huset lyfts bort, koppla loss motorns ventilationsrör.

☐ Haka loss fjädern mellan regulatorarmen och länkageplattan.

☐ Skruva loss fästskruven, koppla loss bränsleröret och ta bort bränslekranen.

☐ Skruva loss länkageplattans fästbult. När plattan lyfts bort, koppla loss chokelänkaget samt gasspjällfjädern och -länkaget.

☐ Demontera förgasaren, värmeskölden och isolerblocket.

☐ Skruva loss fästbulten och ta bort förgasarens flottörskål. Ta vara på packningen.

☐ Tryck ut pivåstiftet och lyft försiktigt bort flottören med nålventilen ansluten.

☐ Skruva loss huvudmunstycket och dra ut emulsionsröret.

☐ Skruva loss blandningsjusterskruven och stoppskruven och räkna antalet varv som behövs för att få loss dem.

☐ Skruva loss luftmunstyckets skruv.

☐ Ytterligare isärtagning av förgasaren rekommenderas inte. Rengör bränsle/luftpassager enbart med luft.

☐ Dra försiktigt loss tändstiftshatten från tändstiftet.

☐ Skruva loss de två fästbultarna, koppla loss jordkabeln och ta bort tändspolen.

☐ Svänghjulets fästmutter kan sitta extremt hårt. Använd en remtång till att hålla svänghjulet stilla. Koppla loss svänghjulsbromsens fjäder så att bromsarmen kan tryckas bort från svänghjulet – detta skapar tillräckligt mycket utrymme för montering av remtången. Ta hjälp av någon som kan hålla motorn stilla. Lossa muttern.

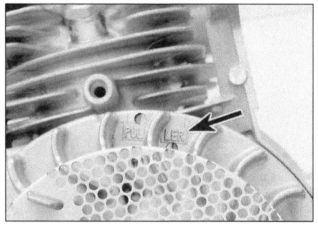

☐ Låt fästmuttern sitta kvar jäms med vevaxelns ände, använd sedan en tvåbent avdragare till att ta bort svänghjulet. Platsen för avdragarens ben är utmärkt i kanten på svänghjulet (vid pilen). Medan avdragaren utövar tryck på vevaxeln, kan lossandet av svänghjulet underlättas om man knackar lätt med en mjuk hammare på avdragarens ände. Ta vara på Woodruff-kilen från axeln.

☐ Skruva loss de två fästbultarna och ta bort svänghjulsbromsen.

☐ Ta bort vevhusventilationen/ventilhuskåpan tillsammans med ventilationsröret.

☐ Böj upp flikarna på säkringsbrickan och skruva loss oljepåfyllningstratten från vevhuset.

☐ Gör inställningsmärken mellan regulatorspaken och axeln. Skruva loss klämbulten och ta bort spaken.

☐ Ta bort tändstiftet.

☐ Skruva loss de fyra fästbultarna och ta försiktigt loss ventilkåpan från topplocket.

☐ Rikta in markeringarna på den yttre sidan av kamaxelns remskiva så att de hamnar i linje med topplockets packningsyta (vid pilarna). Detta ska motsvara ÖD i kompressionstakten.

☐ Dra ut vipparmarnas pivåstift och ta bort vipparmarna. Det är viktigt att märka komponenterna (eller lägga dem i en särskild ordning) så att, om de ska återanvändas, de kan sättas tillbaka på sina ursprungliga platser.

☐ Dra bort remmen från kamaxelremskivan, dra ut remskivans spindel och ta bort kamaxeln/remskivan. Observera O-ringen på remskivans spindel.

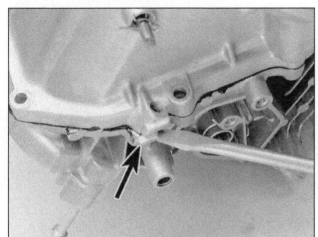

☐ Skruva loss de åtta fästbultarna och bänd försiktigt isär vevhusets två halvor. Det finns särskilda hävpunkter ingjutna vid styrstiften (vid pilen).

☐ Ta vara på den fasade brickan som sitter mellan vevaxeln och vevhuset.

☐ Skruva loss fästbulten och ta bort oljekastaren/regulatorn.

☐ Dra loss "R-klämman" från regulatorarmen och ta bort armen och brickan från vevhuset.

☐ Om kamaxelns drivrem ska återanvändas, notera dess rotationsriktning, ta sedan bort den.

☐ Skruva loss fästbultarna och ta bort vevstaksöverfallet. Tryck sedan försiktigt upp vevstaken i cylindern.

☐ Lyft försiktigt upp vevaxeln från vevhuset.

☐ Dra ner vevstaken och ta bort kolven från cylindern.

☐ Om så behövs, ta bort kolvringarna från kolven genom att försiktigt bända ut dem i ändarna och föra upp dem över kolven. Notera vilken väg ringarna sitter, för att underlätta monteringen.

☐ Ta bort låsringarna och ta bort kolvbulten från kolven.

☐ För att ta bort en ventil, tryck ner fjäderbrickan och tryck den mot den avplanade delen i kanten av brickan. Tack vare fjäderns storlek, är det fullt möjligt att trycka ihop den tillräckligt mycket för hand. Ventilbrickorna har två överlappande hål, ett större än det andra. Detta gör att ventilskaftet kan föras genom brickan. Ta bort fjädern och dra ut ventilen från topplocket. Det är viktigt att märka komponenterna (eller lägga dem i en särskild ordning) så att, om de ska återanvändas, de kan sättas tillbaka på sina ursprungliga platser.

☐ Kontrollera om ventilstyrningarna är repade eller kraftigt slitna. Undersök ventilsätena och renovera dessa efter behov (*se kapitel 5*).

☐ Om så behövs, bänd ut oljetätningarna från vevhusets två halvor.

☐ Undersök skicket på vevaxellagret, kamaxellagret och cylinderloppet. Leta efter slitage, repor och sprickor. Om cylinderloppet är skadat eller så slitet att det har blivit ovalt eller för stort, krävs professionell hjälp och specialutrustning för att det ska kunna återställas. Detsamma gäller slitna eller skadade lager. Undersök alla gängade hål och reparera trasiga gängor med gänginsatser av korrekt storlek (*kapitel 5*).

Kapitel 12

Hopsättning

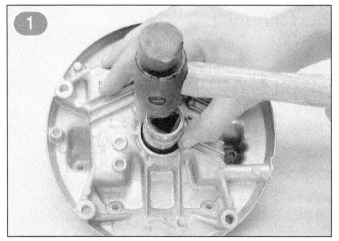

Om så behövs, montera nya oljetätningar i vevhusets halvor med hjälp av en hylsa av korrekt storlek.

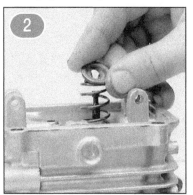

Smörj ventilskaftet med olja och montera avgasventilen i topplocket. Montera avgasventilfjäderns bricka över ventilskaftet. När fjädern trycks ihop, för skaftet genom det större hålet i brickan. Centrera brickan och släpp fjädern långsamt. Kontrollera att brickan sitter som den ska.

Upprepa sedan momenten för insugsventilen.

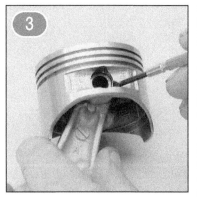

Om kolvbulten har tagits bort, sätt tillbaka denna i kolven/vevstaken. Kolven ska monteras med ventilurtagen i kronan på kamremssidan, och vevstaken med den gjutna klacken i storänden vänd mot insugsporten. Använd alltid nya låsringar vid montering av kolvbulten. Om det är svårt att få in kolvbulten, lägg ner kolven i hett vatten i några minuter. Detta får aluminiumet att expandera och kolvbulten att glida lättare.

Montera kolvringarna i kolven. Alla ringar har ett litet "T" instämplat på den sida som ska vara vänd mot kolvkronan. Oljeringen ska monteras först. Öppna upp ringen bara precis så mycket att den kan föras ner över kolven och in i spåret. Det finns visserligen ett särskilt verktyg för montering av kolvringar, men om man är försiktig klarar man sig utan. Kolvringar är dock mycket sköra. Om de töjs ut för mycket går de sönder. Montera de två andra ringarna på samma sätt. Den översta ringen känns igen på den grå yttre kanten. Placera de tre ringgapen runt kolven med 120° mellanrum.

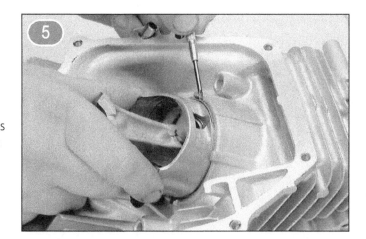

Smörj kolvringarna och cylinderloppet med olja. Se till att ventilurtagen i kolvkronan är på kamremssidan. Sätt in kolvkronan i cylinderloppet. Tryck sakta in kolven i loppet och mata in ringarna i intaget i kanten på loppet. Var mycket försiktig – ringarna går lätt sönder. Om du stöter på oväntat motstånd, stanna upp och undersök saken. När ringarna sitter som de ska i loppet, tryck upp kolven/vevstaken till toppen av cylindern.

Olja vevaxelns lagertappar och sätt in vevaxeln, med den koniska änden först, i vevhuset. Var försiktig så att du inte skadar oljetätningens läpp.

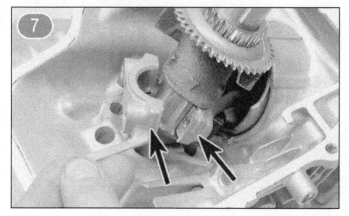

Smörj vevstaksändens lagertapp med olja, dra ner vevstaken och placera den på vevaxeln. Montera vevstaksöverfallet med den gjutna klacken vänd mot insugssidan (vid pilarna). Om du har en momentnyckel, dra åt överfallets fästbultar till angivet åtdragningsmoment. Om inte, dra åt bultarna ordentligt.

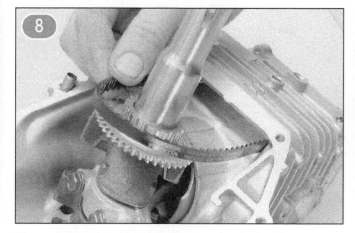

Placera kamaxelns drivrem över vevaxelns ände och upp genom tunneln. Lägg fast remmen på drivremskivans kuggar. Om den gamla remmen återanvänds, se till att dess rotationsriktning blir densamma som förut.

Sätt den fasade brickan över vevaxelns ände med den konkava sidan vänd utåt.

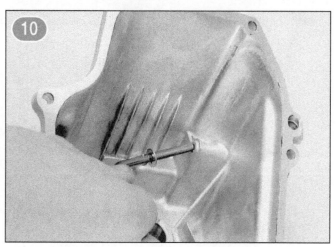

Sätt in regulatorarmen med brickan genom hålet i vevhuset.

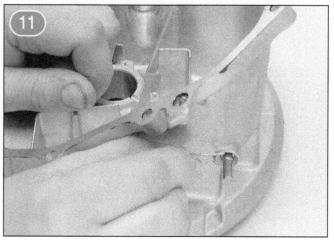

Armen sitter fast med en "R-klämma", som förs in i ett spår i armen på utsidan av vevhuset.

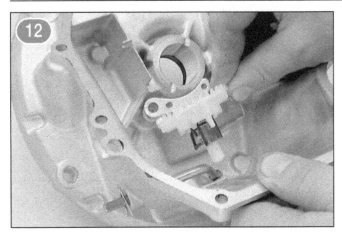

Montera regulatorn/oljekastaren på de två styrstiften i vevhuset. Dra åt fästbulten ordentligt. Se till att regulatorhuvudet hamnar i linje med armen.

Kontrollera att vevhusets två styrstift är på plats (vid pilarna).

Smörj packningsytan med icke härdande RTV-tätning. Olja ramlagertappen och sänk försiktigt ned den andra vevhushalvan på plats. Man kan behöva vrida på vevaxeln lite när vevhuset monteras, för att se till att regulatordrevets kuggar går i ingrepp med motsvarande kuggar på vevaxeln. Var försiktig så att du inte skadar oljetätningens läpp. Dra åt de åtta bultarna jämnt och i diagonal ordning. Rotera vevaxeln för att se att den kan röras fritt.

Vrid vevaxeln till övre dödpunkt (ÖD). I det här läget är kolven, sedd genom tändstiftshålet, i sitt högsta läge, och båda kilspåren i vevaxeln ska vara i läge "klockan tolv" (vid pilen).

Tryck kamaxeldrivremmen försiktigt mot ventilerna och sätt kamaxeln på plats. Undersök O-ringen och sätt in remskivans spindel så att den plana änden är vänd uppåt, och är parallell med ventilkåpans packningsyta.

Rotera kamaxelremskivan tills inställningsmärkena är i linje med ventilkåpans packningsyta (vid pilarna).

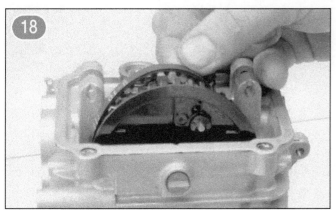

Kontrollera att vevaxeln fortfarande är i ÖD, lägg sedan upp remmen på remskivan utan att vrida kamaxeln eller vevaxeln. När remmen är monterad, kontrollera att inställningsmärkena är rätt inriktade och att vevaxeln är i ÖD. Rotera vevaxeln två hela varv och kontrollera igen. Det finns ingen mekanism för remspänning.

Montera vipparmarna på sina ursprungliga platser. Vipparmarnas pivåstift måste sättas in från tändstiftssidan.

Båda ventilspelen ska kontrolleras med vevaxeln och kamaxeln i ÖD i kompressionstakten, enligt tidigare inställning. Spelen anges i Tekniska Data. Om spelen behöver justeras, lossa relevant ventillyftares mutter, vrid lyftaren tills korrekt spel erhålls och dra sedan åt låsmuttern igen. Kontrollera därefter spelet en gång till.

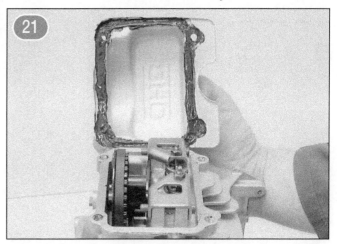

Olja kamaxeln och följarna. Smörj icke härdande RTV-tätning på ventilkåpans packningsyta och montera kåpan. Dra åt de fyra bultarna ordentligt. Montera tändstiftet.

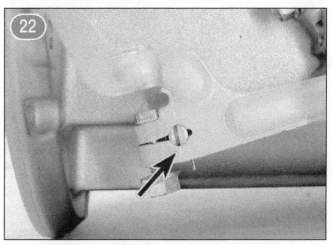

Sätt ihop regulatorspaken med armen och rikta in tidigare gjorda märken (vid pilen). Dra åt klämbulten.

Undersök motorns vevhusventilation, ventilen, kåpan och röret. Sätt tillbaka kåpan. Dra åt fästbulten.

Kapitel 12

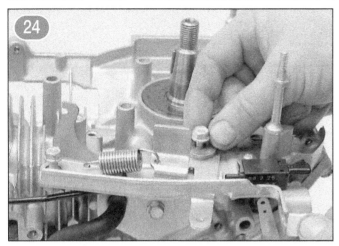

Montera svänghjulsbromsen och dra åt de två fästbultarna ordentligt. Haka inte fast fjädern än.

Håll fast svänghjulet med en remtång. Dra åt fästmuttern till det moment som anges i *Tekniska Data*. Du kan behöva ta hjälp av någon som kan hålla motorn stilla.

Montera Woodruff-kilen och placera svänghjulet på vevaxeln.

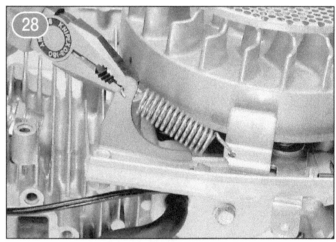

Haka fast svänghjulsbromsens fjäder.

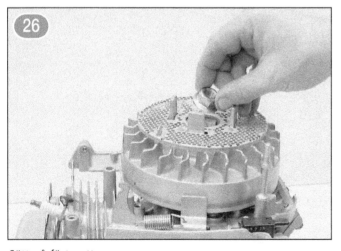

Sätt på fästmuttern.

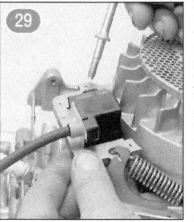

Montera tändspolen, med den förlängda fästbulten inskruvad i hålet i mitten av cylindern och jordkabelns anslutning vänd utåt. Innan du drar åt båda fästbultarna, vrid svänghjulet så att magneterna hamnar på motsatt sida mot tändspolen. Med hjälp av bladmått, mät luftgapet mellan de två benen på spolens ankare och svänghjulet. Korrekt luftgap anges i *Tekniska Data*. Fästhålen i benen är avlånga. Flytta spolen tills korrekt luftgap erhålls. Dra åt bultarna ordentligt och anslut jordkabeln. Sätt tillbaka tändstiftshatten på tändstiftet.

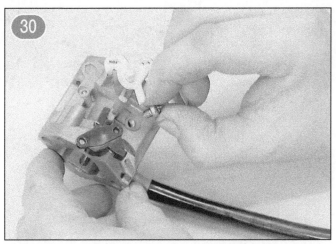

Sätt tillbaka luftmunstyckets skruv på förgasaren.

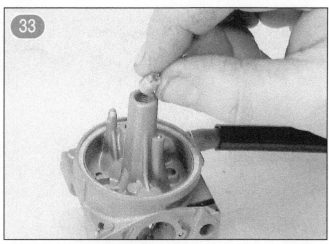

Skruva in huvudmunstycket.

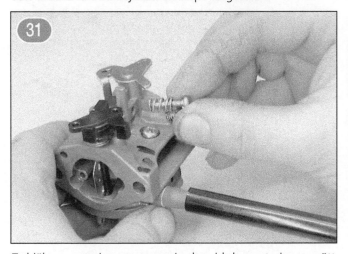

Ta hjälp av noteringarna som gjordes vid demonteringen, sätt tillbaka stopp- och blandningsjusterskruven. Grundinställningen för blandningen görs genom att man skruvar in skruven tills den sätter sig, och sedan skruvar ut den ett helt varv.

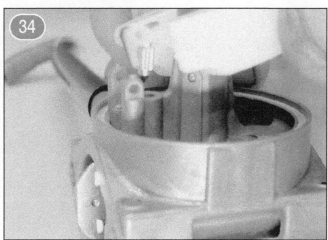

Sätt tillbaka nålventilen på flottören och sätt in ventilen i sätet.

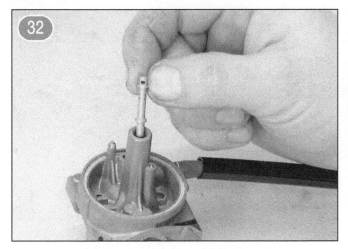

Montera emulsionsröret med de små hålen närmast förgasarens venturi.

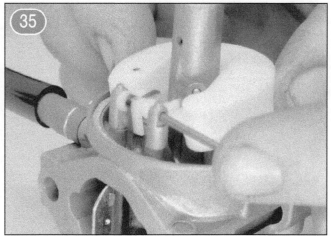

Rikta in flottören mot pivåstiftets hål och sätt in stiftet. Det finns ingen mekanism för justering av flottörhöjden.

Montera flottörskålen, med en ny packning om så behövs.

Undersök fiberbrickans skick och fäst flottörskålen med fästbulten.

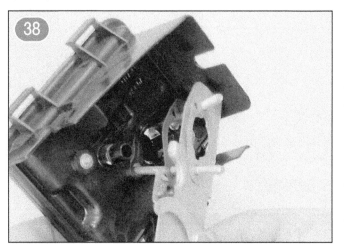

Förgasaren, länkageplattan och luftfilterhuset måste monteras som en enhet. Montera luftfilterhuset på länkageplattan med en ny packning och dra åt fästbulten för hand.

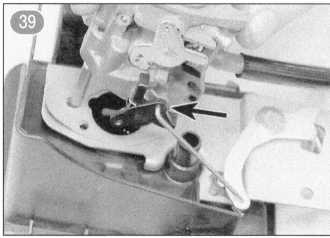

Sätt in de två förgasarfästbultarna genom enheten för att hjälpa till att rikta in packningarna. Haka i chokelänken i armen på förgasaren (vid pilen) och i manöverarmen på länkageplattan, och placera förgasaren på fästbultarna.

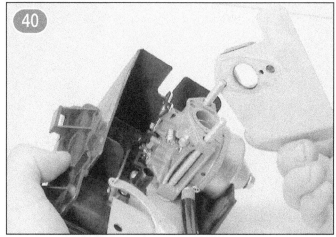

Använd nya packningar och trä på värmeskölden och isolatorblocket på förgasarens fästbultar.

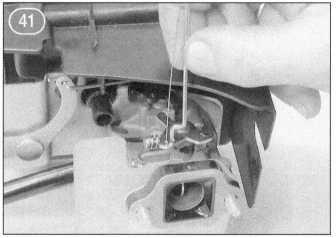

Anslut regulatorlänkaget och fjädern till gasspjällarmen och regulatorspaken.

Sätt in förgasarens fästbultar i hålen i topplocket, men dra inte åt dem än.

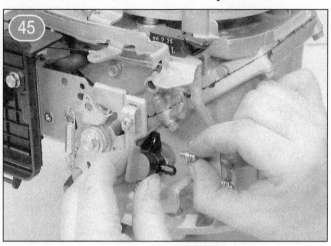

Sätt tillbaka bränslekranen i änden av länkageplattan, dra åt fästskruven och anslut röret mellan förgasaren och bränslekranen. Säkra röret med fästklämman.

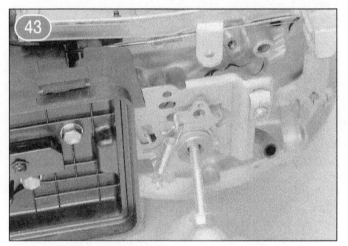

Sätt i länkageplattans fästbult. Dra åt alla fyra bultar till förgasaren/länkageplattan/luftfilterhuset ordentligt.

Placera luftfiltret i filterhuset och sätt fast filterkåpan med klämmorna.

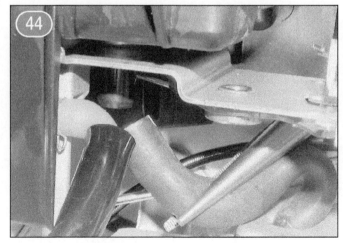

Vänd motorn på sidan och anslut ventilationsröret till luftfilterhuset från undersidan.

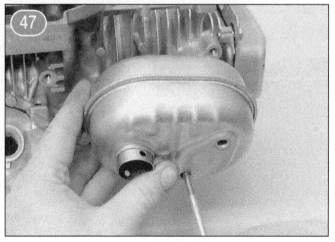

Avgassystemet monteras på topplocket utan packning. Sätt systemet på plats och dra åt de två fästbultarna ordentligt.

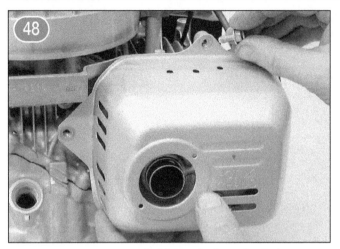

Montera avgassystemets sköld. Dra åt de tre fästbultarna ordentligt.

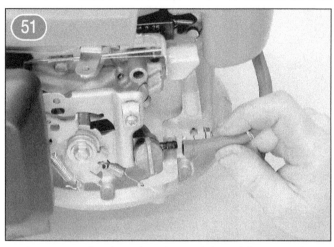

Anslut röret mellan bränsletanken och bränslekranen och säkra den med fästklämman.

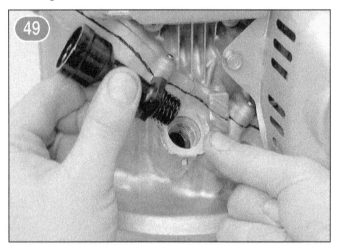

Placera säkringsbrickan över oljepåfyllningshålet i vevhuset, försäkra dig om att styrklacken hakar i ordentligt. Skruva in påfyllningstratten och säkra den på plats genom att böja in flikarna mot muttern.

Montera startapparaten på fästbultarna och dra åt de tre muttrarna ordentligt.

Montera motorn på maskinen.

Kom ihåg att fylla på rätt mängd olja av korrekt typ.

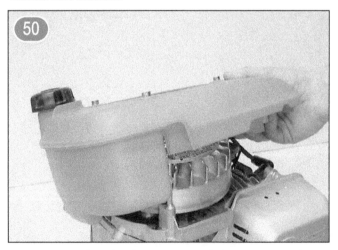

Montera bränsletanken/kåpan på pinnbultarna och se till att tändkabeln går in i spåret på undersidan av kåpan.

Startapparat – reparation

Skruva loss de tre fästmuttrarna och lyft upp startmekanismen från motorkåpan.

Dra ut snöret helt och lås remskivan i detta läge genom att sticka in en skruvmejsel (eller liknande) genom ekrarna i remskivan och ett av hålen i den yttre kåpan.

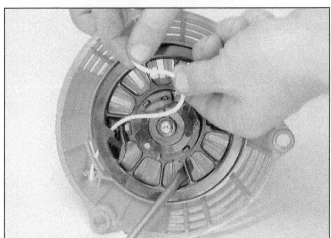

För att byta ut snöret: Där snöret går genom remskivan, klipp av knuten och dra bort snöret från startapparaten. Mata det nya snöret genom hålet i den yttre kåpan och genom hålet i remskivan. Knyt en knut. Mata den andra änden av snöret genom hålet i starthandtaget och knyt en knut även här. Spänn snöret och ta bort skruvmejseln från remskivan. Var beredd på att fjädern kommer att dra in snöret med våldsam kraft. Montera startapparaten på motorkåpan.

För att byta ut startfjädern: Där snöret går genom remskivan, knyt upp knuten och dra bort snöret från startapparaten. Torxskruven som fäster styrplattan har **vänstergänga**. Skruva loss skruven, lyft av styrplattan och ta bort startfjädern och starthakarna.

Lyft försiktigt ut remskivan och notera samtidigt spåret i skivan där fjäderns ände ska hakas i. Lyft ut fjädern.

Montera den nya startfjädern på undersidan av remskivan. Se till att den yttre änden av fjädern hakar i ordentligt i spåret i remskivan (vid pilen).

Montera remskivan på den yttre kåpan och haka i fjäderns inre ände i klacken i mitten av kåpan (vid pilen).

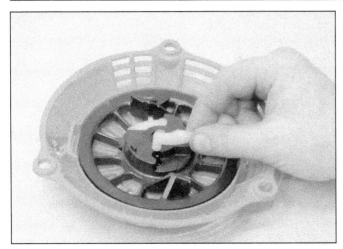

Kontrollera om starthakarna är skadade eller kraftigt slitna. Montera tillbaka dem på remskivan. Sätt i den mittre fjädern.

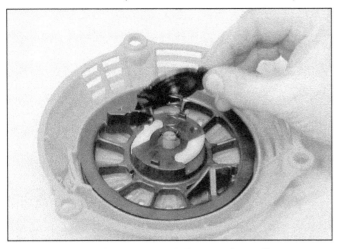

Sätt tillbaka styrplattan på starthakarna och se till att styrpiggarna på starthakarna går in i spåren på undersidan av styrplattan. Dra åt torxskruven (**vänstergänga**).

Dra försiktigt remskivan moturs ungefär sex varv, tills snörets hål i remskivan är i linje med motsvarande hål i den yttre kåpan. Exakt antal varv beror på snörets längd. Lås remskivan i det här läget genom att sticka in en skruvmejsel (eller liknande) genom remskivans ekrar och ett av hålen i den yttre kåpan. Var mycket försiktig när du gör detta. Det kan gå trögt att dra upp fjädern, och om skruvmejseln skulle slinta kommer remskivan att rotera tillbaka med våldsam kraft.

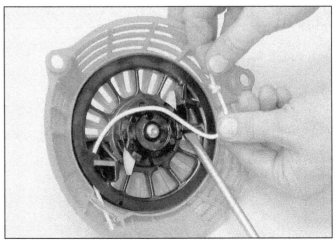

Mata snöret genom hålet i den yttre kåpan och hålet i remskivan. Knyt en knut. Spänn snöret och ta bort skruvmejseln från remskivans ekrar. Låt fjädern dra in snöret. Kontrollera att snörstarten fungerar som den ska. Montera startapparaten på motorkåpan.

Tecumseh
3,5 hk/Vantage 35 fyrtaktsmotor

13

Tekniska data

Isärtagning

Hopsättning

Tekniska data

Tändstiftets elektrodgap	0,8 mm
Avstånd mellan tändspolen och svänghjulet	0,37 mm
Ventilspel:	
Insug och avgas..	0,25 mm
Kolvringsgap	0,18 till 0,43 mm
Olja	SAE 30 eller SAE 10W-30

Observera: *SAE 10W är ett acceptabelt alternativ.* ***Använd inte SAE 10W-40***

Kapitel 13

Isärtagning

Innan isärtagningen påbörjas, läs kapitel 5. De åtgärder som beskrivs där gäller alla motorer, och om instruktionerna följs metodiskt i rätt ordning, gör det både isärtagning och hopsättning enklare. I följande instruktioner antas att motorn har demonterats från maskinen.

☐ Koppla loss tändstiftskabeln. Tappa av oljan.

☐ Koppla loss bränsleröret från tanken.

☐ Koppla loss luftrenarhuset från förgasarens inlopp.

☐ Ta bort motorkåpan komplett med luftrenarhuset – bränsletanken och startapparaten blir kvar på motorn.

☐ Ta bort startapparaten från motorn. Ta bort bränsletanken tillsammans med starthandtaget.

☐ Notera hur regulatorns fjäder, samt länken mellan regulatorskaftet och gasspjällarmen sitter, så att de kan sättas ihop på exakt samma sätt längre fram. Koppla loss fjädern och länken och ta bort förgasaren.

☐ Sätt fast motorns drivaxel i ett skruvstäd med mjuka käftar och ta loss svänghjulsmuttern. Dra inte åt skruvstädet för hårt. Om axeln roterar medan svänghjulsmuttern lossas, sätt tillbaka skärbladets bussning och kilen på drivaxeln och greppa bussningen i skruvstädet.

☐ Demontera svänghjulet från axeln *(se kapitel 2)*.

☐ Ta bort den förskjutna kilen från drivaxeln; ta bort plasthylsan från axeln.

☐ Demontera ventilkåpan.

☐ Demontera topplocket.

☐ Ta bort vevhuskåpan, haka loss slutväxeldrevet när den lyfts upp. Ta bort oljepumpen från kamaxeln.

☐ Demontera kamaxeln.

☐ Märk upp vevstaksöverfallet så att det kan sättas tillbaka på samma sätt vid monteringen, ta sedan bort det.

☐ Dra upp kolven ur cylindern. Se till att inte skrapa cylinderväggarna med vevstaken.

☐ Märk upp kamföljarna så att du med säkerhet kan sätta tillbaka dem i samma hål vid hopsättningen, ta sedan bort dem.

☐ Demontera ventilerna.

☐ Demontera vevhusventilationen från den nedre delen av vevhuset.

Hopsättning

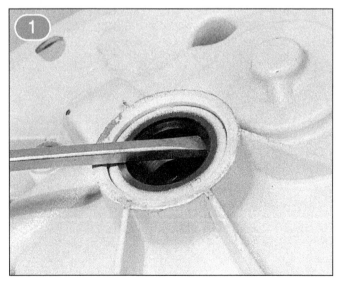

Montera nya oljetätningar i vevhuset om så behövs, enligt beskrivning för tidigare motorer.

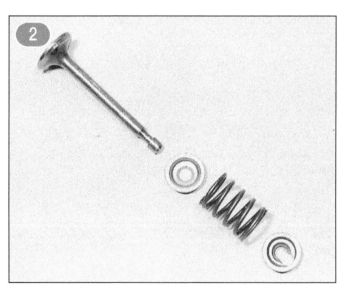

Ventilkomponenterna visas i den ordning de sätts ihop.

Ventilen märkt med ett "I" i mitten är insugsventilen. Var noga med att inte förväxla ventilerna.

Smörj vevaxeln med olja och sätt in den i lagret i vevhuset.

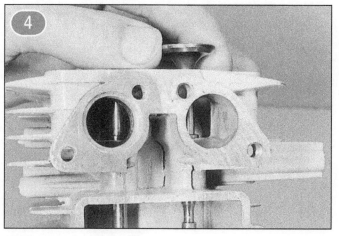

Sätt in ventilen i styrningen.

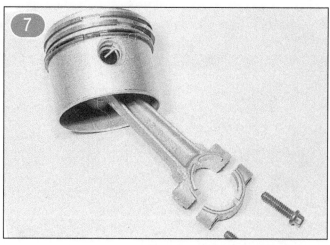

Sätt ihop kolvringarna och vevstaken på kolven. Ringarna måste monteras vända samma väg och i samma spår som tidigare. Kolvbulten och vevstaken måste också sitta ihop på samma sätt som innan demonteringen. Se till att fästa låsringarna ordentligt. När vevstaken sitter ihop inne i cylindern, måste serienumren på vevstaken vara vända mot den öppna änden av vevhuset.

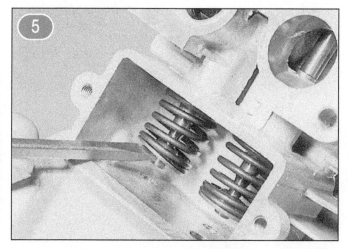

Montera den bricka som har ett enkelt hål på ventilskaftet, med den skålade sidan vänd mot ventilhuset. Placera fjädern mot brickan. Sätt sedan brickan med det avlånga hålet på ventilskaftet, med den skålade sidan vänd in mot fjädern, och förskjut den så att ventilskaftet kan gå igenom den större änden av hålet. Tryck upp brickan och skjut in den så att den smalare delen av hålet hakar i under skuldran på ventilskaftet; detta låser fjädern på ventilen. Montera båda ventilerna på samma sätt (den här bilden visar en avgasventil).

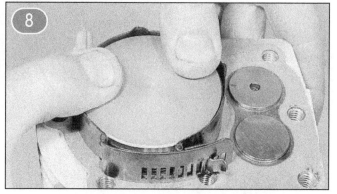

Sätt en kolvringskompressor på kolven. Olja cylinderväggarna. Sätt in kolven uppifrån, men var försiktig så att du inte skrapar loppet med vevstaken. Tryck ut kolven ur kompressorn, knacka försiktigt på den med ett hammarskaft om så behövs. Om du stöter på motstånd, stanna upp och undersök saken.

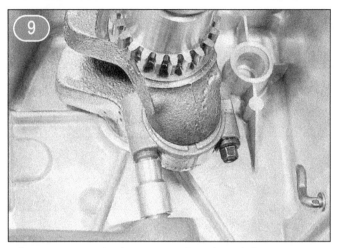

9

Olja vevtappen och placera vevstaksänden på den. Montera överfallet, rätt väg enligt tidigare gjorda markeringar. Dra åt de två bultarna hårt.

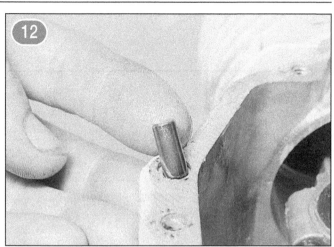

12

Sätt de två stiften i hålen i vevhuset. Lägg på en ny vevhuspackning.

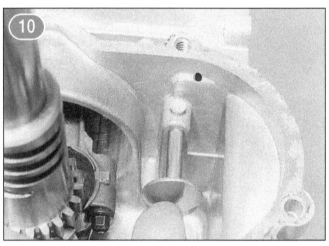

10

Olja kamföljarna och sätt in dem i samma hål som de satt i innan demonteringen, enligt gjorda noteringar.

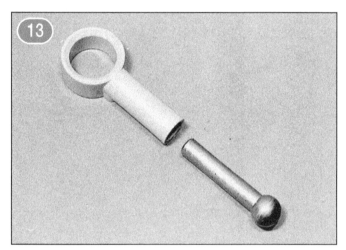

13

Sätt in oljepumpens kolv i huset.

11

Olja kamaxellagret och sätt in kamaxeln i vevhuset. Låt kamdrevet gå i ingrepp med vevaxeldrevet och ställ in inställningsmärkena mot varandra.

14

Montera pumpen på kamaxeln, med den fasade sidan av hålet i det vita plasthuset vänt nedåt mot kamdrevet.

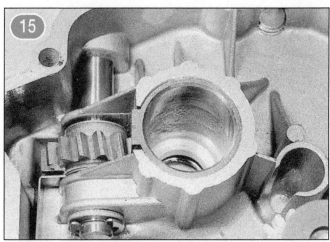

Slutväxelaxeln och -drevet hålls i vevhuset med en låsring som har en platt bricka bakom sig.

Vevhuskåpan redo för montering.

Drevet är fastkilat i axeln och har en tryckbricka på var sida, en med ett vinklat "anti-spinn"-ben. Demontering och montering av ett nytt drev eller en ny axel är relativt enkelt och bör kunna göras med hjälp av bilden.

Kontrollera att regulatorns glidbussning och vikter kan röras fritt och undersök om de verkar slitna. Om någon del är skadad måste hela regulatorn bytas ut. För att ta loss regulatorn, bänd loss C-klämman ur spåret i axeln, dra loss spolen, ta bort den andra låsringen och lyft av drevenheten och brickan under den. Hopsättning görs i omvänd ordning.

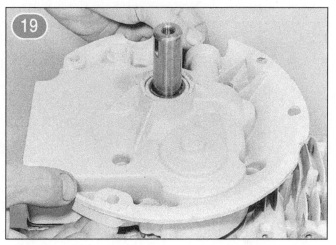

Olja vevaxel- och kamaxellagren, trä sedan på kåpan på vevaxeln. Vrid slutväxelaxeln lite för att få drevet att gå i ingrepp med skruvhjulsdrevet på vevaxeln om så behövs. Placera kåpan på stiften. Titta genom vevhusventilationens hål för att se att oljepumpkolvens kulände sitter korrekt i sitt hus, och att regulatorspaken vilar som den ska mot regulatorspindeln. Sätt i husets sex bultar med fjäderbrickorna och dra åt dem i diagonal ordning.

Kontrollera ventilspelen. Båda ventilerna ska ha ett spel på 0,25 mm. Justering av ventilspelen görs genom att man slipar ventilskaftets spets för att öka spelet, eller slipar in ventilsätet för att minska det. Det finns dock gränser för hur mycket sätet kan slipas. I svåra fall måste man montera nya ventiler. Detta arbete kräver proffskunskaper och specialverktyg.

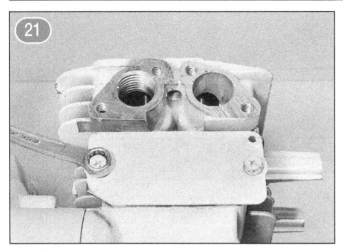

21

Sätt tillbaka ventilkåpan med det avfasade hörnet placerat nedtill till vänster.

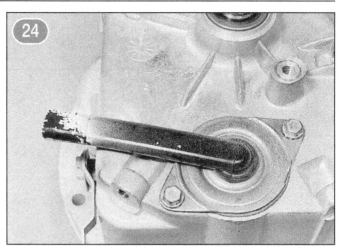

24

... och sätt på kåpan och röret och skruva fast den med de två bultarna och de skaksäkra brickorna. Se till att märkningen TOP på kåpan är vänd mot motorns övre del.

22

Undersök vevhusventilationen. Ventilen i botten av skålen måste kunna röra sig fritt, vara ren och oskadd. Tvätta stålullen i lösningsmedel och torka den. Placera den runda brickan på skuldran halvvägs ner i skålen. Placera stålullen på brickan.

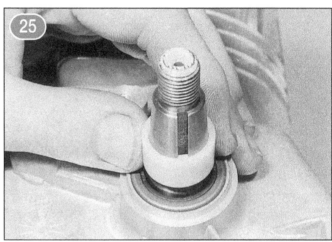

25

Sätt på plasthylsan på vevaxeln med kilen i spåret i vevaxeln.

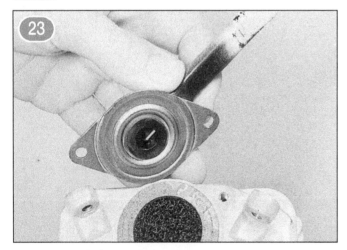

23

Lägg skålen i hålet i vevhuset. Lägg på en ny packning...

26

Placera den förskjutna kilen i spåret enligt bilden ovan, med den längre förskjutningen till vänster.

Montera svänghjulet på vevaxeln, med spåret inriktat mot kilen...

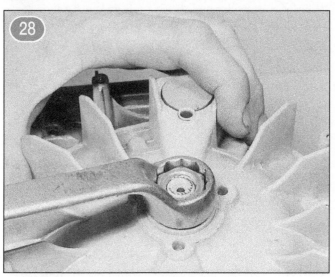

... och fäst det på plats med muttern och brickan.

Montera tändspolen. Använd sedan bladmått utan järn...

... och ställ in avståndet till 0,37mm.

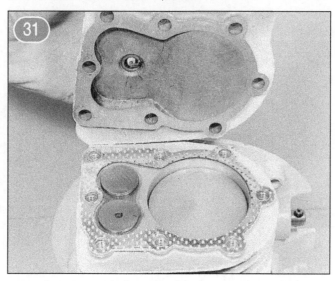

Lägg på en ny topplockspackning och montera topplocket. Dra ner varje bult lite i taget i diagonal ordning.

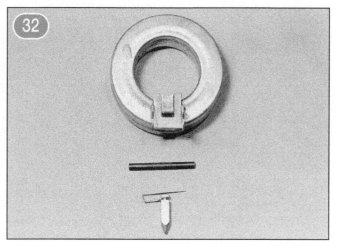

Flottörkomponenterna visas i bilden. Undersök om nålventilen har fått slitkanter eller är skadad på annat sätt och byt ut den om så behövs.

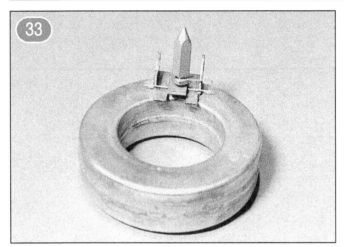

Sätt ihop nålventilen på flottören med klämman.

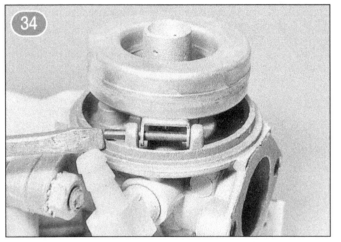

Placera flottörens gångjärn mellan gångjärnsklackarna på förgasaren, med nålventilen instucken i oljehålet, och stick in gångjärnsstiftet.

Undersök om flottörskålens tätning är skadad eller deformerad och byt ut den om så behövs. Placera skålen på förgasaren.

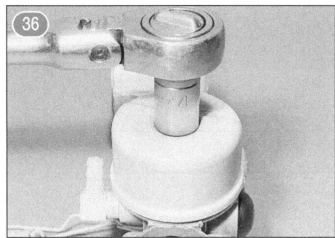

Skålen fästs på plats med det gängade huvudmunstycket. Kontrollera att huvudmunstycket är rent och oskadat. Skölj och blås för att rengöra det om så behövs. Använd aldrig en nål eller en ståltråd i kalibrerade hål – de kan skadas och inställningen kan gå förlorad.

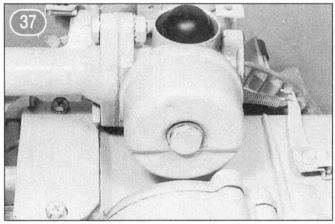

Avsatsen på flottörskålen måste placeras så som visas i bilden för att flottören ska få full rörelsefrihet.

Montera förgasaren och länkageplattan på motorn med en ny packning. Två skruvar och fjäderbrickor används till att fästa förgasaren.

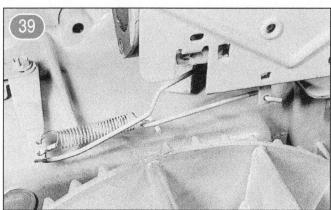

Anslut länken från gasspjället till hålet längst ut i regulatorspaken. Haka fast fjädern i nästa hål i spaken, och dess länk i staget i styrplattan.

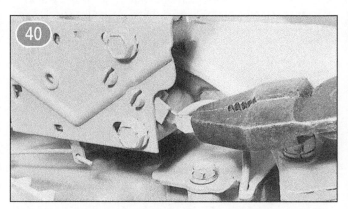

Anslut jordledningen till flatstiftkontakten på länkageplattan.

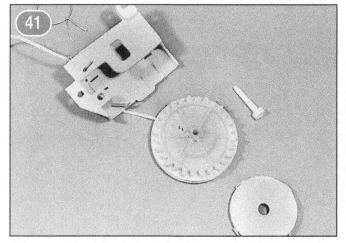

Anslut bränsleröret till förgasaren. Om snörstarten behöver åtgärdas bör detta göras nu, eftersom det är svårt att jobba med startsnöret efter det att bränsletanken och motorkåpan har monterats. Huvudkomponenterna i startapparaten visas i bilden.

Driv ut mittstiftet genom att knacka på den avfasade änden, ta sedan bort remskivan och startfjäderkapseln.

Lyft bort kapseln från remskivan.

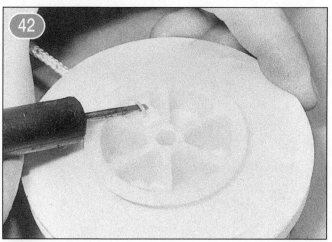

För att frigöra snöret, bänd loss häftklammern i remskivan. Sätt på det nya snöret och slå in klammern igen.

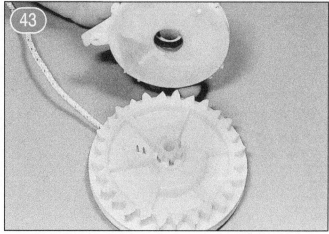

Montera den nya fjäderkapseln på remskivan och vrid den moturs tills kroken på fjädern hakar i spåret i remskivans nav. Detta bekräftas av det ökade motståndet när kapseln vrids.

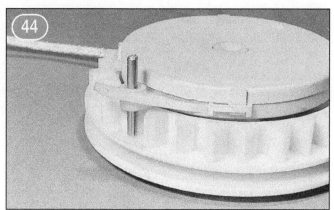

Vrid kapseln ungefär fyra varv för att spänna remskivan. Stick in ett stift genom hålet i stopparmen för att hålla fast skivan. Linda upp snöret medurs på remskivan, från kapselsidan sett. Lämna tillräckligt mycket av snöret för att kunna mata det genom hålet i bränsletanken och sätta fast handtaget.

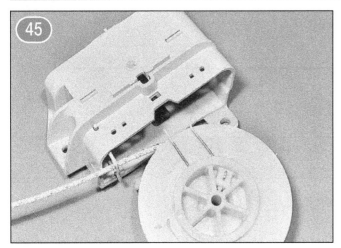

Montera den stora klämman på remskivan. För in remskivan i huset och försäkra dig om att klämmans ben hamnar på var sida om skiljeplattan (änden av skiljeplattan kan precis ses i bilden, vid den övre kanten av huset).

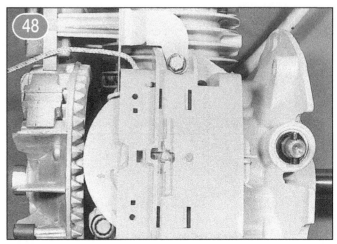

Montera snörstarten på motorn med de två bultarna och de skaksäkra brickorna. Montera samtidigt motorns täckplåt, eftersom den fästs med samma skruvar. Håll emot remskivans spänning, ta bort det tillfälliga låsstiftet från stopparman. Dra ut lite mer av snöret och förankra det temporärt.

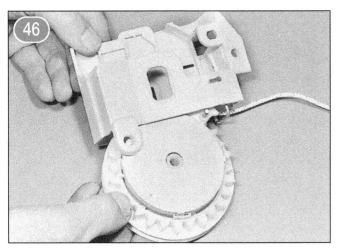

Sett från den andra sidan, visar den här bilden hur remskivan sätts in i huset med stiftet fortfarande i stopparmen. Trä snöret under vajerstyrningen.

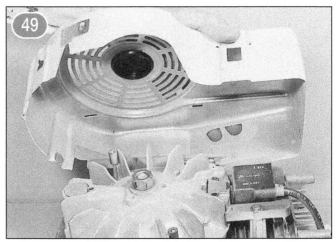

Montera motorkåpan med de fyra bultarna och de skaksäkra brickorna.

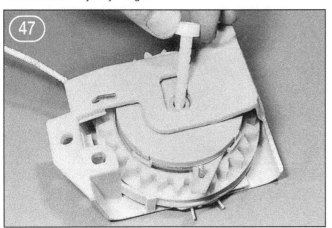

Sätt i mittstiftet. Dra inte bort stiftet från stopparmen än.

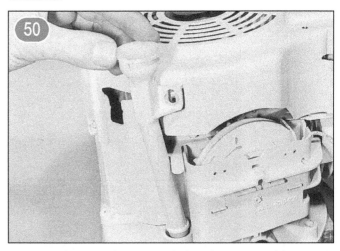

Montera oljemätstickans rör och fäst det på motorkåpan med bulten.

Trä snöret genom hålet i bränsletanken...

... trä ner tanken i spåren i motorkåpan och fäst den med de tre bultarna. Sätt fast handtaget i snöret med fäsklammern. Frigör snöret från den tillfälliga förankringen. Dra i startsnöret för att se att mekanismen fungerar som den ska och att den drar in snöret ordentligt.

Anslut bränsleröret till tanken och fäst det med fjäderklämman.

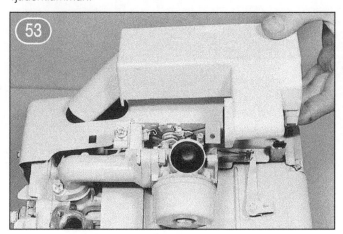

Sätt in luftrenarens inloppstrumma genom hålet i kåpan.

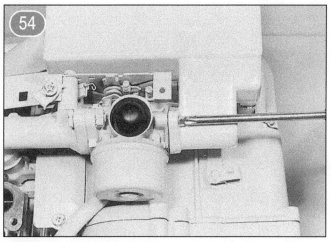

Kontrollera att gummiringen är på plats på luftrenarhusets krökta trumma. Anslut motorns ventilationsrör till röret i hörnet av luftrenarhuset. Placera luftrenarhusets krök på förgasarflänsen och fäst med de två skruvarna.

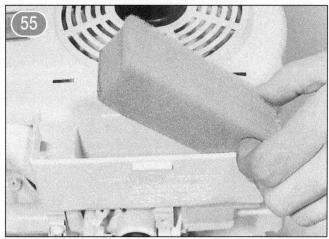

Rengör skumfiltret i lösningsmedel och vrid ur det så att det blir torrt. Placera det i huset.

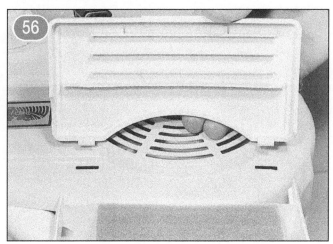

Tryck locket på plats.
Glöm inte att fylla motorn med färsk olja.

Kapitel 13

Tecumseh MV100S tvåtaktsmotor

14

Tekniska data

Isärtagning

Hopsättning

Startapparat – reparation

Tekniska data

Tändstiftets elektrodgap	0,6 till 0,7 mm
Tändstiftstyp	NGK B4LM
Avstånd mellan tändspole och svänghjul	0,3 till 0,4 mm
Åtdragningsmoment:	
Vevstaksbultar	7 Nm
Topplocksbultar	11 Nm
Svänghjulsmutter	47 Nm

x

Kapitel 14

Innan isärtagningen påbörjas, läs kapitel 5. De åtgärder som beskrivs där gäller alla motorer, och om instruktionerna följs metodiskt i rätt ordning, gör det både isärtagning och hopsättning enklare.

Demontera motorn från maskinen och gör enligt följande:

☐ Vrid bränslekranen till läge 'Av'. Lossa fästklämman och ta bort bränsleröret från förgasaren och bränslekranen. Var beredd på bränslespill.

☐ Dra upp fästklämmorna med en tång och haka loss dem från bränsletanken och motorkåpan.

☐ Dra upp bränsletanken ur styrspåren i motorkåpan.

☐ Skruva loss de fyra fästbultarna och ta bort startapparaten från motorkåpan.

☐ Skruva loss de fyra fästbultarna och ta bort motorkåpan. Observera den längre bulten med brickan som också håller fast avgassystemet.

☐ Haka loss gasspjällreturfjädern från gasspjällarmen och fästbygeln.

☐ Skruva loss de två fästmuttrarna och ta bort förgasaren.

☐ För att ta isär förgasaren, skruva loss flottörskålens fästbult. Var beredd på bränslespill. Ta bort flottörskålen och gummipackningen.

☐ Tryck ut pivåstiftet och lyft försiktigt ut flottören med nålventilen fortfarande ansluten.

☐ Huvudmunstycket/emulsionsröret sitter i mitten av förgasarhuset. Skruva loss munstycket/emulsionsröret och ta bort det. Ingen ytterligare isärtagning av förgasaren rekommenderas.

☐ Undersök nålventilen och sätet, leta efter skador eller slitage. Undersök om flottörskålens gummipackning är sprucken etc. Kontrollera att hålen i munstycket/emulsionsröret och förgasarhuset är rena. Om så behövs, rengör hålen genom att blåsa i dem eller med ett tunt nylonborst. Använd aldrig en nål eller en ståltråd till att rengöra ett munstycke. Se efter om flottören är sprucken eller skadad på annat sätt.

☐ Avgassystemets två bultar är låsta med en säkerhetsbricka. Böj upp flikarna, skruva loss bultarna och ta bort avgassystemet. Ta vara på packningen.

☐ Dra försiktigt bort tändstiftshatten från tändstiftet.

☐ Koppla loss tändspolens jordkabel, skruva loss de två fästbultarna och ta bort spolen. Ta bort jordkabeln.

☐ Svänghjulets fästmutter sitter mycket hårt. För att

förhindra att svänghjulet roterar, låt en medhjälpare sticka in en stor skruvmejsel (eller liknande) mellan kuggarna på baksidan av svänghjulet, och den gjutna klacken i vevhusets ändplatta. Skruva loss fästmuttern, ta bort den fasade brickan, startflänsen och gallret.

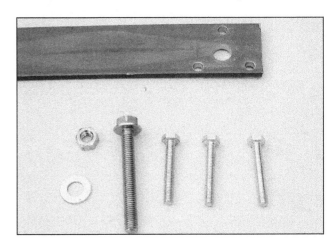

☐ En avdragare behövs för demontering av svänghjulet. En sådan kan köpas hos en gräsklipparspecialist, eller tillverkas enligt följande: Börja med en 6 mm tjock plåt av mjukt stål, borra tre 6,5 mm hål med ungefär 38 mm mellanrum, i form av en liksidig triangel. Dessa hål ska riktas in mot hålen i svänghjulets nav. I mitten av triangeln borrar man sedan ett hål som ska riktas in mot vevaxeln. Sätt ihop avdragaren med tre 6 x 40 mm bultar, och en 8 x 65 mm bult med mutter och bricka.

☐ Oavsett vilken avdragare som används, måste man nu skära gängor i hålen i mitten av svänghjulsnavet, så att dessa kan ta emot de tre 6 mm bultarna.

☐ Placera svänghjulets mutter jäms med vevaxelns ände och sätt i de tre 6 mm bultarna från den hopsatta avdragaren. Se till att den mittersta 8 mm bulten på avdragaren hamnar rakt mot vevaxelns ände, och dra åt 8 mm muttern så att en stark dragkraft läggs an. Man kan behöva hjälpa till lite genom att knacka lätt på svänghjulets kant, på motsatt sida mot magneterna, med en mjuk hammare. Var noga med att endast knacka på den förstärkta delen av kanten. När svänghjulet har frigjorts från vevaxeln, ta bort hjulet, avdragaren och fästmuttern. Ta vara på nylonbussningen och kilen.

☐ Ta bort tändstiftet.

☐ Skruva loss de fyra fästbultarna och ta bort reedventilernas hus längst ner på vevhuset. För att ta bort reedventilerna, skruva loss de två fästbultarna, lyft av fästplattan och ta bort ventilerna.

☐ Lossa de sex topplocksbultarna jämnt i diagonal ordning och ta bort dem.

☐ Arbeta genom hålet längst ner i vevhuset, som uppstått efter reedventilhuset, och skruva loss vevstaksöverfallets bultar. Ta försiktigt bort vevstaksöverfallet. Vevlagret består av 37 nålrullar, som lätt kan falla in i vevhuset om man inte är mycket försiktig när lageröverfallet tas bort. Ta vara på nålrullarna.

☐ Ta bort eventuella sotavlagringar längst upp i cylinderloppet med ett mjukt verktyg och tryck försiktigt

upp kolven och vevstaken ur cylinderloppet – repa inte loppet

☐ Om så behövs, ta bort kolvringarna från kolven genom att försiktigt öppna upp dem i ändarna och föra upp dem över kolven. Notera noggrant hur ringarna sitter för att underlätta monteringen. Ta bort låsringarna och tryck ut kolvbulten ur kolven.

☐ Skruva loss de fyra fästbultarna till vevhusets ändplatta, men försök inte att ta bort plattan i det här läget. En varmluftspistol (eller liknande) underlättar demonteringen av vevaxeln från vevhuset. Kontrollera att inte vevaxeln är smutsig eller rostig. Värm upp den del av vevhuset som omger ramlagret i drivänden (den parallella änden) av vevaxeln. Använd sedan en mjuk hammare till att försiktigt driva loss vevaxeln (med lagret fortfarande på plats) och ändplattan från vevhuset.

☐ Värm upp den del av ändplattan som omger ramlagret och driv loss vevaxeln och lagret från ändplattan med en mjuk hammare.

☐ Om så behövs, bänd loss oljetätningarna från vevhuset och ändplattan och notera vilken väg de sitter.

☐ Ta bort lagren från vevaxeln med en lageravdragare eller en hydraulisk press.

☐ Undersök om cylinderloppet är slitet, repigt eller sprucket. Om loppet är skadat eller så slitet att det har blivit ovalt eller för stort, krävs professionella kunskaper och speciell utrustning för att det ska kunna åtgärdas. Undersök alla hål för att se om gängorna är skadade, och åtgärda om så behövs genom att montera gänginsatser av rätt storlek (se kapitel 2).

Kapitel 14

Hopsättning

Om kullagren tagits bort, montera nya på vevaxeln med en hydraulisk press. Lagren ska monteras med bokstäverna på kanten vända utåt. Tryck lagren ända upp mot skuldran på vevslängarna. Lagret som sitter på vevaxelns drivände (den parallella) är av typen 6005, medan det som sitter på svänghjulsänden (den koniska) är av typen 6203.

Montera de nya oljetätningarna i vevhuset och ändplattan med hjälp av hylsor av passande storlek. Tätningarna ska monteras med den skarpa läppen vänd inåt.

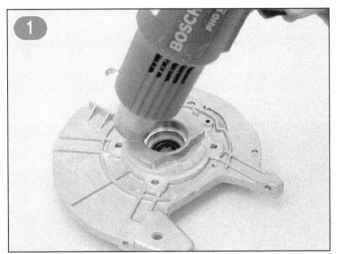

Med hjälp av en varmluftspistol, värm upp lagerhuset i ändplattan. Var försiktig så att du inte skadar oljetätningen. Smörj den inre läppen med tvåtaktsolja.

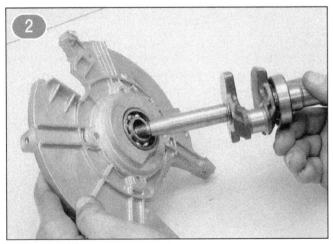

Montera vevaxeln med den koniska änden först i ändplattan. Driv försiktigt in vevaxeln och lagret på plats med en mjuk hammare eller en hydraulisk press.

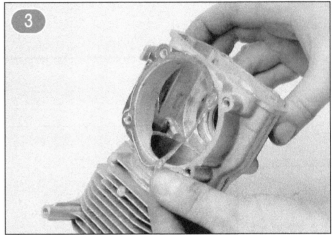

Värm upp lagersätet i vevhuset. Var försiktigt så att inte oljetätningen skadas. Smörj den inre läppen på tätningen med tvåtaktsolja. Lägg en ny packning på plats...

... och sätt fast vevaxeln/ändplattan i vevhuset.

Placera svänghjulets fästmutter jäms med vevaxelns ände och driv eller pressa in lagret på plats. Sätt in ändplattans fyra fästbultar och dra åt dem jämnt. Rotera vevaxeln några gånger för att kontrollera att den kan röra sig fritt. Ta bort svänghjulets fästmutter från änden av vevaxeln.

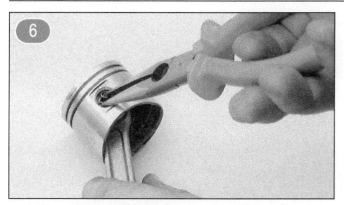

Sätt tillbaka kolvbulten på kolven/vevstaken med nya låsringar. Se till att hacket i kolvkronan är på motsatt sida mot det gjutna märket i vevstakens storände.

Montera ringarna på kolven. Om de gamla ringarna används, se till att montera tillbaka dem på respektive ursprungliga platser. Ringarna har en symmetrisk profil och det spelar ingen roll vilken sida som vänds uppåt. Montera den nedre kompressionsringen först. Öppna upp ringen bara precis så mycket som behövs för att den ska kunna föras ner över kolven och in i det nedre spåret. Upprepa för den övre kompressionsringen. Kolvringar är sköra, om de töjs ut för mycket går de sönder.

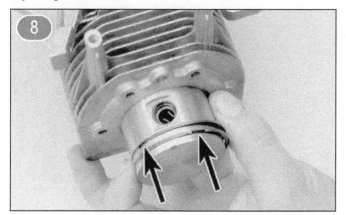

Smörj kolvringarna och cylinderloppet med tvåtaktsolja. Placera kolvringarnas ändgap med ungefär 30° mellanrum på den sida av kolven som har ett hack (vid pilarna). Det kan finnas styrpiggar i spåren som håller ringarna på plats.

Med hjälp av en kolvringskompressor, för in vevstaken och kolven i cylinderloppet, med hacket i kolvkronan vänt mot vevstakens koniska ände. Tryck långsamt ner kolven i loppet och var noga med att inte skada cylinderväggarna med vevstaken. Pressa in kolven i cylindern så att den glider ut ur kompressorn allteftersom ringarna går in i loppet. Om så behövs, knacka lätt på kolven med ett hammarskaft eller liknande för att få ut den ur kompressorn och in i cylindern, men stanna upp och undersök saken om du stöter på oväntat motstånd.

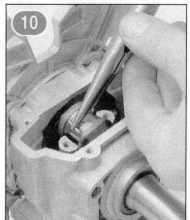

Smörj vevlagertappen med tvåtaktsolja. Placera vevstaksänden på lagertappen, men lämna tillräckligt med utrymme för att kunna montera nålrullarna. Använd sedan en pincett och lägg in nålrullarna, en i taget, i gapet mellan vevstaken och lagertappen.

När gapet mellan vevstaken och lagertappen är fullt, lägg försiktigt på kvarvarande nålrullar på lagertappen tills alla 37 är på plats. Detta är ganska pillrigt och det krävs lite tålamod.

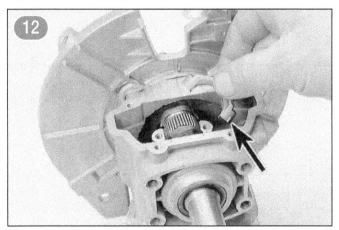

Smörj lagerytan på lageröverfallet med tvåtaktsolja och lägg det försiktigt över nålrullarna. Rikta in det gjutna märket på överfallet mot motsvarande märke på vevstaken (vid pilen).

Lägg en droppe gänglåsvätska på överfallsbultarnas gängor, sätt in bultarna och dra åt dem ordentligt. Om du har en momentnyckel till hands, dra åt bultarna till det moment som anges i *Tekniska data*. Häll en droppe tvåtaktsolja i hålet i änden av överfallet och rotera vevaxeln några gånger för att försäkra att den kan röras fritt.

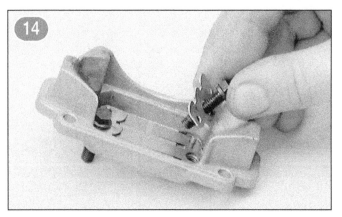

Om reedventilerna har tagits isär, sätt tillbaka ventilerna i huset. Fäst varje ventil med fästplattan och dra åt bulten ordentligt.

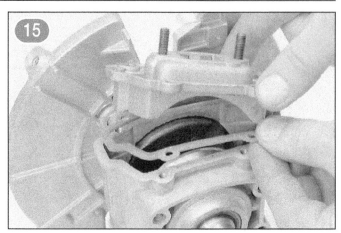

Montera reedventilernas hus längst ner på vevhuset med en ny packning. Dra åt de fyra bultarna ordentligt.

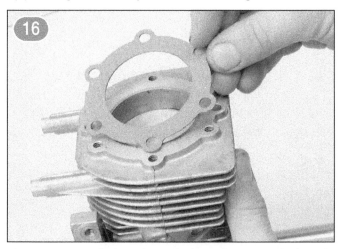

Placera en ny packning på topplocket och sätt topplocket på cylindern. Dra åt de sex topplocksbultarna jämnt i diagonal ordning. Om en momentnyckel finns till hands, dra åt bultarna till det moment som anges i *Tekniska data*. Sätt tillbaka tändstiftet.

Dra nylonbussningen över vevaxelns koniska ände, och se till att klacken går in i kilspåret i axeln. Placera sedan den fyrkantiga kilen i kilspåret.

Montera svänghjulet på vevaxelns koniska ände och rikta in kilspåret mot den tidigare monterade kilen.

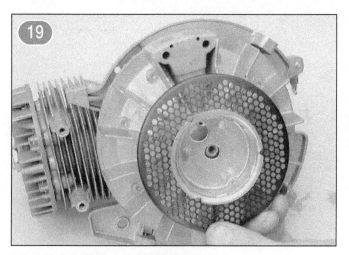

Montera startflänsen och gallret.

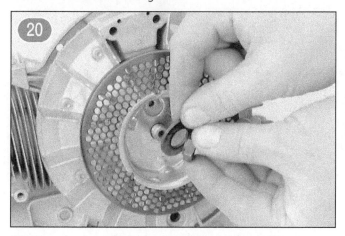

Montera den kupade brickan med den konkava sidan mot startflänsen. Låt en medhjälpare sticka in en skruvmejsel (eller liknande) mellan kuggarna på svänghjulets baksida, och den gjutna klacken på vevhusets ändplatta. Dra åt svänghjulets fästmutter, med skuldran inuti den kupade brickan, till det moment som anges i *Tekniska data*.

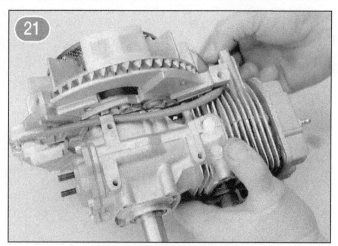

Dra tändspolens jordkabel så som visas.

Montera tändspolen. Innan du drar åt de två fästbultarna, vrid svänghjulet så att magneterna hamnar bredvid spolen. Använd bladmått utan järn och mät luftgapet mellan benen på spolen och svänghjulet. Korrekt gap anges i *Tekniska data*. Hålen i benen är avlånga. Flytta spolen tills korrekt gap uppnås. Dra åt bultarna ordentligt. Sätt tillbaka tändstiftshatten på tändstiftet.

Montera avgassystemet, med en ny packning om så behövs. De två fästbultarna går genom en låsbricka och en förstärkningsplatta.

Kapitel 14

Dra åt bultarna ordentligt och lås dem genom att böja låsflikarna på brickan. Fästbygeln på ljuddämparen fästs längre fram med en av motorkåpans bultar.

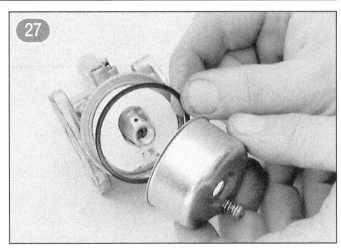

Sätt tillbaka flottörskålen, med en ny gummipackning om så behövs, och säkra den med fästmuttern och fiberbrickan.

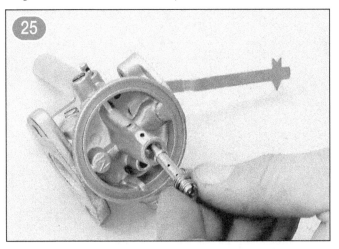

Sätt in huvudmunstycket/emulsionsröret i förgasarhuset. Dra åt munstycket försiktigt.

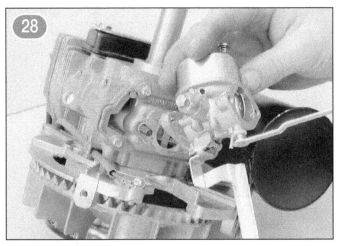

Montera förgasaren på reedventilhuset med en ny packning. Dra åt de två muttrarna ordentligt.

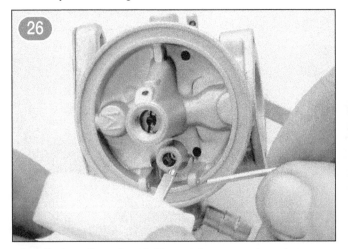

Sätt tillbaka nålventilen i hållaren i flottören och sänk försiktigt ned enheten på sin plats. Rikta in flottören mot pivån och sätt in pivåstiftet. Man kan inte justera flottörhöjden.

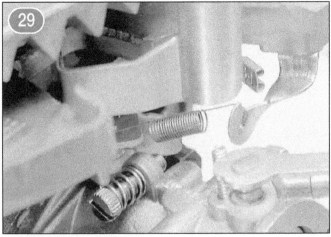

Sätt tillbaka gasspjällets returfjäder på gasspjällarmen och fästbygeln.

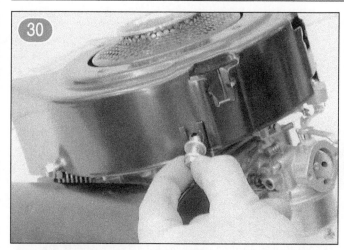

Motorkåpan sitter fast med fyra bultar. Den längre bulten och brickan håller också fast fästbygeln till avgassystemets ljuddämpare.

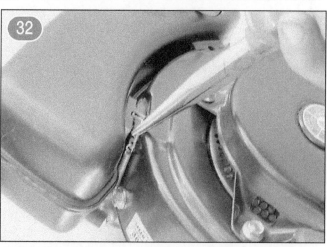

Skjut fast bränsletanken i spåren på motorkåpan. Den ena änden av fästklämman hakar i undersidan av motorkåpan, medan den andra änden ska gå in i styrhålet i bränsletanken.

Montera startapparaten på motorkåpan och dra åt de fyra fästbultarna ordentligt.

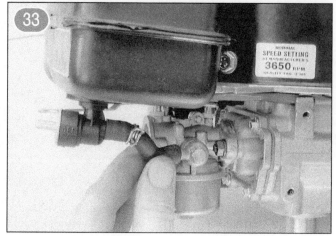

Anslut bränsleröret till förgasaren och bränslekranen. Säkra röret med fästklämman.

Startapparat – reparation

Skruva loss de fyra fästbultarna och ta bort startapparaten från motorkåpan.

Dra ut snöret helt och kläm fast remskivan i detta läge med en självlåsande tång (eller liknande).

För att byta ut snöret: Där snöret går genom remskivan, klipp av knuten och dra loss snöret från startapparaten. Mata det nya snöret genom hålet i den yttre kåpan och genom hålet i remskivan. Knyt en knut.

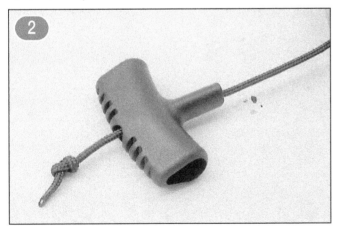

Mata den andra änden av snöret genom starthandtaget och knyt en knut även här. Spänn snöret, ta bort den självlåsande tången och låt startfjädern dra in snöret.

För att byta ut startfjädern: Där snöret går genom remskivan, knyt upp knuten och dra snöret från startapparaten.

Skruva loss den mittre skruven och lyft försiktigt upp starthakens kåpa. Notera att fjädern sitter centralt under kåpan.

Lyft ut starthaken. Notera den lilla fjädern under starthaken. Lyft ut remskivan. Vrid startfjäderns fästkåpa moturs för att lossa den från remskivan. Ta bort fjädern.

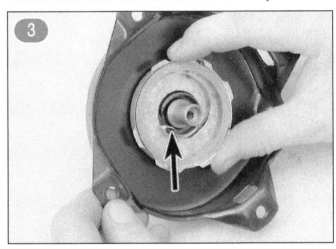

Den nya startfjädern bör komma monterad i fästkåpan. Placera fjädern och fästkåpan i startapparatens yttre kåpa och haka i den inre änden av fjädern med klacken i den yttre kåpan (vid pilen).

Rikta in remskivan med fjäderns fästkåpa så som visas. Montera remskivan över fjädern/fästkåpan och vrid den moturs för att låsa den.

Vrid remskivan ungefär fem och ett halvt varv moturs för att spänna startfjädern, och rikta in snörhålen i den yttre kåpan och remskivan. Exakt antal varv beror på snörets längd. Kläm remskivan på plats med en självlåsande tång (eller liknande).

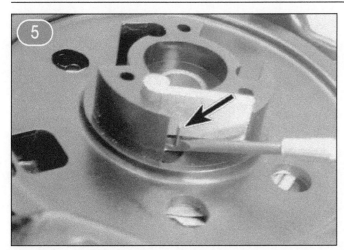

Sätt tillbaka den lilla fjädern i hålet och montera starthaken. Se till att fjäderns ben hamnar på utsidan av starthaken (vid pilen).

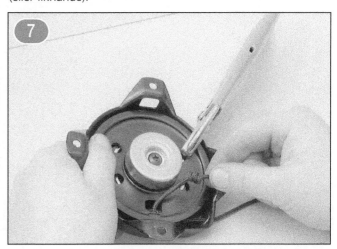

Mata snöret genom hålen i kåpan och remskivan och knyt en knut. Spänn snöret, ta bort den självlåsande tången och låt startfjädern dra in snöret. Kontrollera att startapparaten fungerar som den ska, sätt sedan tillbaka den på motorkåpan med de fyra fästbultarna.

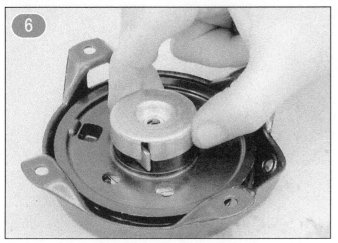

Stick in startfjädern i mitten, sätt på starthakens kåpa, och haka i spärrhaken med spåret i kåpan. Dra åt skruven ordentligt.

Kapitel 14

Ordförklaringar

B

Bladmått
En uppsättning smala stålblad av olika tjocklek. Används till att ställa in avstånd/gap mellan delar, t.ex. tändstiftselektroder eller brytarspetsar.

Brytarspetsar
Elektriska kontakter som styrs av en nock på vevaxeln för att försäkra att bränsleblandningen antänds vid just rätt tidpunkt i motorns arbetscykel.

Bussning
Ett tunt rör som utgör utsidan av ett glidlager. Används ofta i gjutgods av mjuk metall för att förlänga lagrets livslängd.

F

Fjäderbricka
En slitsad fjädrande stålbricka som används till att förhindra att bultar eller muttrar lossnar på grund av vibration.

G

Gasspjäll
En oval platta i förgasaren som svänger på en axel och styr luftflödet genom förgasaren, och därav motorns hastighet.

K

Kamföljare (på vissa motorer samma som ventillyftare)
Särskilt utformat metallstag som sitter mellan kamaxelnockarna och ventilerna för att öppna insugs- och avgasventilerna.

Kolvbult
Kolvbulten är det metallstift som används till att koppla ihop kolven med vevstaken.

Kolvringskompressor
Ett verktyg bestående av ett stålband som dras åt runt kolven så att kolvringarna trycks ihop mot denna vid montering av kolven i cylindern.

Kurvad fjäderbricka
En kupad bricka av fjäderstål som används till att låsa en infästning.

L

Låsring
En hållring av fjäderstål som placeras i ett spår i en axel eller ett hål. Ringen har små flikar i ändarna för att den ska kunna tryckas ihop med en särskild låsringstång när den monteras.

Ordförklaringar

O

Oljekastare

En komponent inuti motorn som sprider olja från sumpen runt vevhusets insida. För smörjning av lagren och kolven.

R

Regulator

De flesta småmotorer har en hastighetsregulator. Denna begränsar motorns maximala hastighet. De två mest vanliga typerna är luftregulator och mekanisk regulator.

Luftregulatorn styr förgasaren alltefter det luftflöde som skapas av svänghjulets kylfläkt, som påverkar en skovel under motorn.

Den mekaniska regulatorn är en enhet som sitter inuti vevhuset, med vikter som roterar; centrifugalkraften tvingar vikterna på plats för att styra förgasaren.

På båda typerna styrs motorns hastighet med en fjäder som sitter fast i gasspjällänken.

S

Snörstart

En startmekanism där snöret dras tillbaka på remskivan av en fjäder. När man drar i snöret överför en spärrmekanism drivkraft till motorn, och drivningen kopplas ur när snöret dras tillbaka av fjädern.

Styrstift

Dessa är stift med tät passning som används för att rikta in delar av motorn mot varandra noggrant.

Shim

En tunn bricka eller remsa som används för justering av spel, t.ex. vevaxelns axialspel.

Saxsprint/saxpinne

Ett stift av ståltråd med en ögla i den ena änden och två parallella ben som utgör själva sprinten. Vid montering böjs benen isär så att stiftet hålls på plats.

Spärrhake

En typ av arm som sitter på en pivå, formad så att den går i ingrepp med en spärrmekanism för att förhindra rörelse i en särskild riktning, t.ex. starthakar i en snörstart.

T

Trådmått/trådtolk

En uppsättning ståltrådar av olika tjocklekar som används till att ställa in avstånd mellan delar, t.ex. tändstiftselektroder eller brytarspetsar.

Tändspole

En induktionsapparat som tillsammans med magneterna på svänghjulet genererar elektricitet och förser tändstiftet med högspänning.

V

Ventilationsventil

Eftersom trycket i vevhuset hela tiden förändras medan motorn är igång, behövs den här ventilen för att jämna ut trycket och förhindra att oljan pressas ut ur motorn.

Vevhus

Huvuddelen av en motor som kan bestå av två eller fler delar. Vevhuset inrymmer vevaxeln och de flesta inre motorkomponenterna.

W

Woodruffkil

Detta är en särskild typ av halvcirkelformad kil som sitter i ett spår med samma profil. Spåret finns på en axel och syftet är att t.ex. ett drev ska fixeras på axeln i ett visst läge.

Ö

Övre dödpunkt (ÖD)

Detta är den punkt där kolven är högst upp i sin rörelsebana. Detta inträffar två gånger per cykel i en fyrtaktsmotor – när kolven är högst upp i kompressionstakten (när gnistan antänder bränslet) och mellan avgas- och insugstakten.

Anteckningar

Anteckningar

Anteckningar

Anteckningar